Kleines Lexikon der
Schiller-Zitate

Von Johann Prossliner

Deutscher Taschenbuch Verlag

Von Johann Prossliner
sind im Deutschen Taschenbuch Verlag erschienen:
Das Lexikon der Nietzsche-Zitate (3367)
Friedrich Nietzsche: Heiterkeit, güldene
Gedichte (20672)
Friedrich Schiller: Des Lebens wechselvolles Spiel
Weisheiten (13271)

Originalausgabe
November 2004
2. Auflage Juli 2005
Deutscher Taschenbuch Verlag GmbH & Co. KG,
München
www.dtv.de
© 2004 Deutscher Taschenbuch Verlag, München
Umschlagkonzept: Balk & Brumshagen
Umschlaggestaltung: Catherine Collin
unter Verwendung der Illustration
›Friedrich Schiller in Karlsbad‹
(© Corbis/Bettmann)
Gesetzt aus der Bembo
Satz: ServiceBüro Burgauner, München
Druck und Bindung: Druckerei C. H. Beck, Nördlingen
Gedruckt auf säurefreiem, chlorfrei gebleichtem Papier
Printed in Germany · ISBN 3-423-34145-9

INHALT

Hinweise zur Benutzung
6

Verzeichnis der Abkürzungen
8

Schiller-Zitate
A – Z
11

Nachwort
Friedrich Schiller oder
Das Geheimnis der geflügelten Worte
243

Hinweise zur Benutzung

Text: Der Abdruck der Zitate erfolgt nach der Ausgabe: Friedrich Schiller: Sämtliche Werke in fünf Bänden. Herausgegeben von Peter-André Alt, Albert Meier und Wolfgang Riedel. Carl Hanser Verlag, München Wien 2004 (text- und seitenidentisch als Taschenbuchausgabe erschienen unter dtv 59068).

Quellenangaben: Es werden Band- und Seitenzahl der obengenannten Ausgabe angegeben, d. h. *II,378* verweist auf Seite 378 im zweiten Band. Damit der jeweilige Kontext auch in anderen Schiller-Ausgaben gefunden werden kann, sind die Fundstellen durch Abkürzungen am Anfang der Quellenangaben gekennzeichnet. So bedeutet beispielsweise *D, Ws. Tod 5,3,* daß dieses Zitat aus einem Drama stammt, nämlich ›Wallensteins Tod‹, und dort in Akt 5, Szene 3 zu finden ist.
Die vollständigen Titel von Schillers Dramen und Prosa-Werken sind im Verzeichnis der Abkürzungen zu finden (Seite 8).
Die Überschriften der Gedichte sind ausgeschrieben.

Stichwörter: Der Alphabetisierung zuliebe stehen die Stichwörter normalerweise in der Nennform, nicht in der flektierten Form, z. B. »Geist, Gefangenschaft des«, nicht »Geistes, Gefangenschaft des«; die flektierte Form ergibt sich aus der Qualifizierung durch »Gefangenschaft des«. Nur wo eine genaue Wortfolge zu verzeichnen war, steht die flektierte Form (z. B. »Lebens goldne Zeit«). In der Regel sind die Stichwörter den zitierten Texten bzw. Schillers Vokabular entnommen und sind entweder die jeweils geläufigsten Vokabeln oder diejenigen, die das jeweilige Thema signalisieren. Unter gleichrangigen Stichwörtern wurde dasjenige gewählt, das im Text an erster Stelle steht. In einigen wenigen Fällen werden auch Begriffe wie »Ästhetizismus« oder »Entfremdung« aufgeführt, weil Schiller zwar das damit Gemeinte beschrieben, nicht aber die dafür heute gängigen Vokabeln verwendet hat. Solche Stichwörter sind mit * gekennzeichnet.

Verweisungen: Ein Zitat aus dem Gedicht ›Die Ideale‹ lautet: »Wie sprang, von kühnem Mut beflügelt, / Beglückt in seines Traumes Wahn, / Von keiner Sorge noch gezügelt, / Der Jüngling in des Lebens Bahn.« Das Thema steht hier am Ende des

Zitats: »Jüngling, Lebens Bahn«. Sucht man jedoch nach »kühner Mut« oder »Mut beflügelt« oder »Traumes Wahn« oder »Sorge, gezügelt von« (weil man diese Worte im Ohr hat oder wissen möchte, was bei Schiller zu *Traum, Wahn, Mut, Kühnheit* oder *Sorge* zu finden ist), wird mit »s. Jüngling, Lebens Bahn« dorthin verwiesen.

Der Schluß dieses Gedichts wurde mit folgenden Versen zitiert: »Beschäftigung, die nie ermattet, / Die langsam schafft, doch nie zerstört, / Die zu dem Bau der Ewigkeiten / Zwar Sandkorn nur für Sandkorn reicht, / Doch von der großen Schuld der Zeiten / Minuten, Tage, Jahre streicht.« Hier steht das Thema am Anfang des Zitats: »Beschäftigung, die nie ermattet«. Die Vokabeln *Bau, Ewigkeiten, Sandkorn, Schuld der Zeiten* und *Minuten* sind als Verweisungen zu finden.

Die Vokabeln der Verweisungen stammen jedoch nicht immer aus den Zitaten. Vorrangiger Zweck der Verweisungen ist, Benützer an diejenige Stelle zu leiten, wo das möglicherweise Gesuchte zu finden ist. Wo also eine begriffliche Vorstellung aus den vorhandenen Vokabeln nicht hervorgeht, wurden diese durch geeignetere ersetzt. So wird man nicht nur das Stichwort »Faktion, Geist der« finden, sondern auch dessen heutige Bedeutung: »Partei, Geist der« (zumal dieses Stichwort im Prolog zu ›Wallensteins Lager‹ vorkommt: »Von der Parteien Gunst verwirrt«).

Auslassungen: Das letztgenannte Zitat beginnt mit dem Substantiv »Beschäftigung«; da hier syntaktisch erkennbar ist, daß es sich um keinen vollständigen Satz handelt, wurde auf ein vorausgehendes Auslassungszeichen verzichtet; unvollständige Zitate beginnen allerdings zumeist mit einem kleingeschriebenen Wort, wodurch sich ein Auslassungszeichen gleichfalls erübrigt. Endet ein Zitat mit einem unvollständigen Satz, ist dies mit drei Punkten gekennzeichnet, manchmal aber auch mit einem Gedankenstrich, wenn dieser im Text vorhanden ist.

Zeichensetzung: Ein Komma in den Stichwörtern stammt nur in wenigen Fällen (wie etwa in dem Zitat zu »Beschäftigung«) aus dem Zitat selbst; in der Regel bedeutet das Komma (wie bei »Jüngling, Lebens Bahn«), daß die Wortfolge gekürzt oder geändert wurde. Umgekehrt bedeuten Verweisungen ohne Komma, z.B. »Hochmut und grob« oder »fromme gesunde Natur«, daß das Zitat genau diese Wortfolge aufweist.

Abkürzungen

Stichwörter sind häufig nicht durch Komma, sondern durch Schrägstrich voneinander getrennt. Ein Epigramm der ›Xenien‹ ist z. B. betitelt »Wissenschaft« und lautet: »Einem ist sie die hohe, die himmlische Göttin, dem andern / Eine tüchtige Kuh, die ihn mit Butter versorgt.« Die Stichwörter dazu lauten: »Wissenschaft, Göttin / Kuh«. Der Schrägstrich zeigt hier an, daß Göttin und Kuh – anders als bei Homers »kuhäugiger Hera« – in Kontrast zueinander stehen; er kann aber auch andere Relationen anzeigen; vor allem beim Lesen von Verweisungen soll damit erkennbar gemacht oder angedeutet werden, worum es im jeweiligen Zitat geht.

In den Zitattexten ersetzt der Schrägstrich den Zeilenumbruch (Versende oder Prosa-Absatz).

Alphabetisierung: An erster Stelle stehen die Wortfolgen ohne Zeichensetzung, gefolgt von den Stichwörtern, die mit Schrägstrich voneinander getrennt sind; an letzter Stelle stehen die Stichwörter, die nach einem Komma qualifiziert wurden.

Verzeichnis der Abkürzungen

G Gedichte
-BA Balladen
-E Epigramme
-EP Epigramme von Schiller
-ET Tabulae votivae (von Schiller und Goethe)
-EX Xenien (von Schiller und Goethe)
-EX-U Unveröffentlichte Xenien (von Schiller und Goethe)
-GE Gelegentliches, Widmungen, Stammbuchblätter
-HU Humoristische Gedichte
-LY Lyrische Gedichte
-PH Philosophische Gedichte

D Dramen
(sofern Titel abgekürzt wurden)
Braut v. M. Die Braut von Messina
Briefe ü. d. D. Karlos Briefe über den Don Karlos
Fiesko Die Verschwörung des Fiesko zu Genua
Huldigung Die Huldigung der Künste
Jungfrau Die Jungfrau von Orleans
Kabale u. L. Kabale und Liebe
Piccolomini Die Piccolomini
Räuber Die Räuber
Tell Wilhelm Tell
W.s Lager Wallensteins Lager
W.s Tod Wallensteins Tod

H **Historische Schriften**
Dreißigj. Krieg Geschichte des Dreißigjährigen Kriegs
Lykurgus u. Solon Die Gesetzgebung des Lykurgus und Solon
Niederlande Geschichte des Abfalls der vereinigten Niederlande von der spanischen Regierung
Moses Die Sendung Moses
Philipp Philipp der Zweite, König von Spanien
Universalgeschichte Was heißt und zu welchem Ende studiert man Universalgeschichte

T **Theoretische Schriften**

T-LI **Literarkritische Schriften**
Bürgers Gedichte Über Bürgers Gedichte [Gottfried August Bürger]
Goethes Egmont Über Egmont, Trauerspiel von Goethe
Goethes Iphigenie Über die Iphigenie auf Tauris

T-ME **Medizinische Schriften**
Zusammenhang Versuch über den Zusammenhang der tierischen Natur des Menschen mit seiner geistigen (Dissertation)

T-PH **Philosophisch-ästhetische Schriften**
Anmut u. Würde Über Anmut und Würde
Ästhetische Erziehung Über die ästhetische Erziehung des Menschen in einer Reihe von Briefen
Gebrauch schöner Formen Über die notwendigen Grenzen beim Gebrauch schöner Formen
Kallias-Briefe Kallias oder Über die Schönheit (Briefe an Gottfried Körner)
Naive u. sentim. D. Über naive und sentimentalische Dichtung
Philos. Briefe Philosophische Briefe
Schaubühne Was kann eine gute stehende Schaubühne eigentlich wirken?
Tragische Kunst Über die tragische Kunst
Über d. Pathetische Über das Pathetische
Zerstreute Betr. Zerstreute Betrachtungen über verschiedene ästhetische Gegenstände

A

Aachen, Kaiserpracht Zu Aachen in seiner Kaiserpracht, / Im altertümlichen Saale, / Saß König Rudolfs heilige Macht / Beim festlichen Krönungsmahle.
G-BA, Der Graf von Habsburg; I,378
ABC, Ordnung im s. Ordnung im ABC
Abend, aller Tage [Wachtmeister:] Und wer weiß, was er noch erreicht und ermißt, / *(pfiffig)* Denn noch nicht aller Tage Abend ist.
D, W.s Lager 7; II,291
Abend, blutiger [Macdonald:] Hör, Deveroux – das wird ein blutger Abend.
D, W.s Tod 5,2; II,526
Abend, verhängnisvoller [Buttler:] Der Sonne Licht ist unter, / Herabsteigt ein verhängnisvoller Abend – ...
D, W.s Tod 4,8; II,509
abenteuerlicher Sohn s. Wallenstein, Charakterbild
Aberglaube, maurischer s. Religion / Religionen
Aberwitz und Wahnwitz s. Genius, Rasenden gleich
Aberwitz, Roß des s. Dummheit, kämpfen mit
abgeguckt [Erster Jäger:] Wie er räuspert und wie er spuckt, / Das habt ihr ihm glücklich abgeguckt ...
D, W.s Lager 6; II,284

Abgeordneter der Menschheit s. Menschheit, Abgeordneter der
abgeschmackte Konventionen s. Natur, verrammeln
abgöttisch, Zeichen s. ehren, Gott / Menschen
Abgrund, Tiefe des s. Tiefe des Abgrunds
Abgrund, Wahrheit im s. Wahrheit, im Abgrund
Abgrund, zurück vom s. Danks deinem Engel
Abrahams Schoß [Kapuziner:] Quid faciemus nos? / Wie machen wirs, daß wir kommen in Abrahams Schoß?
D, W.s Lager 8; II,294
absolut, naiv, sentimentalisch s. Darstellung, naiv / sentimentalisch
absolut, Realität / Formalität s. Realität / Formalität
absolutes Sein / Werden s. Spieltrieb, physisch und moralisch
abstraktes Denken s. Schönheit, Geist und Sinne
Abstraktionsgeist, verzehrt s. Verstand, intuitiv / spekulativ
achten, nichts mehr s. Sakrament, letzte Reise
Achtung / Furcht s. Würde und Anmut, verhüten
Achtung vorenthalten [Philipp:] Im Grabe / Wohnt einer, der mir Achtung vorenthalten. / Was gehn die Lebenden mich an?
D, Don Karlos 5,9; II,206

Achtung, für Jugendträume
s. Träume seiner Jugend
Achtung, Liebe, Begierde   Von der Achtung kann man sagen, sie *beugt sich* vor ihrem Gegenstande; von der Liebe, sie *neigt sich* zu dem ihrigen; von der Begierde, sie *stürzt auf* den ihrigen.
T-PH, Anmut u. Würde; V, 483
addieren / vereinigen
s. Humanität, verkaufen für
Adel   s. a. edel
Adel der Natur, höherer
s. Natur, höherer Adel
Adel, der Menschheit
s. Bürger / Krone
Adel, sittlicher
s. tun, gemein / sein, schön
Adlerflug
s. Schneckengang / Adlerflug
Affekt, Herz, Tragödie   s. Tragödie, griechisch / modern
Affekt, schön / erhaben
s. Seele, schön / erhaben
Affektation, und Überspannung
s. Mensch ohne Form
affektierte Anmut   s. Anmut, affektierte / Würde, falsche
Ägyptens König   s. Polykrates
Ahnen, Gesetze der   s. Großes wirken, Streit / Bund
ahnen, Schöpfer   s. Schöpfer, über Sternen
Ahnungen von Gleichheit
s. Du, brüderliches, Gleichheit

Ajax fiel   Nicht der Feind hat dich entrafft, / Ajax fiel durch Ajax' Kraft ...
G-LY, Das Siegesfest; I, 426
Alba   s. Herzog Alba
alberne Albernheit, deutsch
s. französische Bonmots
alle, einer wie der andre   [Terzky:] Und so sind alle, einer wie der andre.
D, W.s Tod 3, 7; II, 465
allen ohne Unterschied   s. gefallen, Vortrefflichen / allen
aller Tage Abend   s. Abend, aller Tage
Alles rennet   Alles rennet, rettet, flüchtet, / Taghell ist die Nacht gelichtet ...
G-LY, Das Lied von der Glocke; I, 435
allgemein / gemein   s. Schönheit, allgemeine / gemeine
allgemeiner Frühling   s. Ruhe eines Kirchhofs
Alltag / Dichtung   s. Hemderwaschen
Alp zu Alp   s. Freiheit, schauen / hören
alt, veraltet nie   s. Phantasie, ewig jung
alt, veraltet schnell   s. Verdienst veraltet schnell
alt, Zeiten, Schweiz   s. Schweiz, Zeiten, alte
Altar und Kirche   s. Waffen ruhn
Altäre, häusliche
s. Mord / Altäre

Alter ist jung s. Jugend ist alt
Alter, Hafen / Jugend, Ozean
s. Jüngling / Greis
Altertum s. Antike
Altes stürzt / neues Leben [Attinghausen:] Aus diesem Haupte, wo der Apfel lag, / Wird euch die neue beßre Freiheit grünen, / Das Alte stürzt, es ändert sich die Zeit, / Und neues Leben blüht aus den Ruinen.
D, Tell 4,2; II,998
Altes, verschwunden s. Rad der Zeit, fallen in
Amme, Gewohnheit
s. Gemeines, Gewohnheit
Amor / Prometheus
s. Prometheus / Amor
Amor, Bacchus, Phöbus
s. Götter, nimmer allein
Amor, Spiel lassen
s. Moralisten, an die
Amors Kunst, nach Ovid Sag doch, Odysseus, das muß ein tüchtig gesegneter Kerl sein, / Der sich von Amors Kunst nach mir zu singen vermaß.
G-EX-U, Ovid; I,332
Amt / Mann s. Mann / Amt, unterscheiden
Amt und Sendung s. Anklagen, Amt / Lob, Herz
Amt, keine Meinung [Wrangel:] Ich hab hier bloß ein Amt und keine Meinung.
D, W.s Tod 1,5; II,418

Amt, Mensch / Träumer / Jüngling [Philipp zu Karlos:] Du redest wie ein Träumender. Dies Amt / Will einen Mann und keinen Jüngling – [Karlos:] Will / Nur einen Menschen, Vater, und das ist / Das einzige, was Alba nie gewesen.
D, Don Karlos 2,2; II,50
Amts, tun was meines [Fronvogt:] Sorgt ihr für euch, ich tu, was meines Amts.
D, Tell 1,3; II,929
Anbeter / Liebhaber s. Schönheit / Grazie
Anblick der Notwendigkeit
s. Schicksal, Urne des
Andacht kaltes Fieber
s. Fromme, an
Andacht, des Herzens s. Wort, tot / Glaube, lebendig
andersdenkendes Geschlecht
s. Zeiten, andere, kommen
anderswo, Größeres s. Bretter, Welt bedeuten
Andromache s. Hektors Liebe
Anfang, zu ernsthaft [Wallenstein:] Zu ernsthaft / Hats angefangen, um in nichts zu enden. / Hab es denn seinen Lauf!
D, W.s Tod 5,5; II,537 f
Angel, goldene s. Augenblick der Probe
angenehm / gut Das Angenehme [...] *ist* nur, weil es *empfunden* wird; das Gute hingegen *wird empfunden*, weil es *ist*.
T-PH, Zerstreute Betr.; V,544

angenehm träumen s. Leben heißt träumen
Ängste, wegwerfen s. Soldat, furchtlos
Anklagen, Amt / Lob, Herz [Questenberg:] Anklagen ist mein Amt und meine Sendung, / Es ist mein Herz, was gern beim Lob verweilt.
D, Piccolomini 2,7; II,350
Anmut / Kraft s. Knaben, wild, toben
Anmut / Würde So wie die Anmut der Ausdruck einer schönen Seele ist, so ist *Würde* der Ausdruck einer erhabenen Gesinnung.
T-PH, Anmut u. Würde; V,470
Anmut / Würde, Fehler s. Fehler, rügen / bekennen
Anmut / Würde, regieren s. Würde, Herrscher / Anmut, Liberalität
Anmut und Würde, vereint Sind Anmut und Würde, jene noch durch architektonische Schönheit, diese durch Kraft unterstützt, in derselben Person *vereinigt*, so ist der Ausdruck der Menschheit in ihr vollendet [...] Nach diesem Ideal menschlicher Schönheit sind die Antiken gebildet ...
T-PH, Anmut u. Würde; V,481
Anmut und Würde, Wirkung s. Würde und Anmut, verhüten
Anmut, affektierte / Würde, falsche Wenn man auf Theatern und Ballsälen Gelegenheit hat, die affektierte Anmut zu beobachten, so kann man oft in den Kabinetten der Minister und in den Studierzimmern der Gelehrten (auf hohen Schulen besonders) die falsche Würde studieren. [... Die falsche Würde] beschränkt den Gebrauch der Glieder durch einen lästigen Apparat unnützer Zierat und schneidet sogar die Haare ab, um das Geschenk der Natur durch ein Machwerk der Kunst zu ersetzen.
T-PH, Anmut u. Würde; V,487 f
Anmut, bewegliche Schönheit s. Schönheit, bewegliche / fixe
Anmut, Würde, Menschheit Überhaupt gilt hier das Gesetz, daß der Mensch alles mit Anmut tun müsse, was er innerhalb seiner Menschheit verrichten kann, und alles mit Würde, welches zu verrichten er über seine Menschheit hinausgehen muß.
T-PH, Anmut u. Würde; V,479
Anstand, Berechnung s. Mittelbahn des Schicklichen
Anstand, Ketten tragen s. Tugend, feige Weisheit
antike Muster, Barbaren An griechischen und römischen Mustern mußte der niedergedrückte Geist nordischer Barbaren sich aufrichten und die Gelehrsamkeit einen Bund mit den Musen und Grazien schließen ...
H, Universalgeschichte; IV,760

antike Schönheit s. Anmut und Würde, vereint
Antike, Geist der s. Goethe, Iphigenie
Antlitz, entschleiern s. Not gehorchend
Apfel ist gefallen [Stauffacher:] Der Apfel ist gefallen!
D, Tell 3,3; II,984
Aphrodite, die Wunde s. Held, fallend, Schicksal
Apologie des Lasters s. Pöbel, tonangebend
Aranjuez s. Tage, schöne, zu Ende
Arbeit / Genuß Der Geisteszustand der mehresten Menschen ist auf einer Seite anspannende und erschöpfende *Arbeit,* auf der andern erschlaffender *Genuß.*
T-PH, Naive u. sentim. D.; V,765
Arbeit / Genuß s. Mensch, nur Bruchstück
Arbeit, Bürgers Zierde Arbeit ist des Bürgers Zierde, / Segen ist der Mühe Preis, / Ehrt den König seine Würde, / Ehret *uns* der Hände Fleiß.
G-LY, Das Lied von der Glocke; I,439
Arbeit, munter s. Wort, ernstes
Archiv, der Nachwelt s. Zeit, bettelhaft, hektisch
Ärgernis von oben [Kapuziner:] Aber wie soll man die Knechte loben, / Kömmt doch das Ärgernis von oben! / Wie die Glieder, so auch das Haupt! / Weiß doch niemand, an wen *der* glaubt!
D, W.s Lager 8; II,295
Argwohn der Könige [Prior zu Karlos:] Der Argwohn / Der Könige wird *Gräber* nicht durchsuchen. / Das Ohr der Neugier liegt nur an den Türen / Des Glückes und der Leidenschaft. Die Welt / Hört auf in diesen Mauern.
D, Don Karlos 2,14; II,90
Argwohn, fluchwürdiger s. Glaube, fehlender
Argwohn, schwarzer s. irren, Urteil / Herz
Aristokraten / Volk s. Gesellschaft, böse
Aristokraten in Lumpen Vor dem Aristokraten in Lumpen bewahrt mich, ihr Götter, / Und vor dem Sansculott auch mit Epauletten und Stern.
G-EX, Stoßgebet; I,274
aristokratischer Despotismus s. Versammlungen, große / kleine
aristokratische Hunde s. Hunde, aristokratisch / demokratisch
Arkadien, geboren in Auch ich war in Arkadien geboren, / […] Doch Tränen gab der kurze Lenz mir nur.
G-LY, Resignation; I,130
Arm in Arm mit dir [Karlos zu Posa:] Jetzt zum König. / Ich fürchte nichts mehr – Arm in Arm mit

Armbrust

dir, / So fordr ich mein Jahrhundert in die Schranken.
D, Don Karlos 1,9; II,44
Armbrust s. Waffe / Arm
Armee in meiner Faust [Karl:] Ich fühle eine Armee in meiner Faust – Tod oder Freiheit!
D, Räuber 2,3; I,555
Armeen, stampfen [Karl:] Kann ich Armeen aus der Erde stampfen? / Wächst mir ein Kornfeld in der flachen Hand?
D, Jungfrau 1,3; II,707
Arznei, verwegene s. retten / wagen, alles
Ärzte / Kranke s. geheime Struktur, Mensch
Asketik, finster und mönchisch s. Kant, Moralphilosophie
Ästhetik, Gebäude s. Mensch, Spiel, Schönheit
Ästhetik, Labyrinth, Faden Durch die Schönheit wird der sinnliche Mensch zur Form und zum Denken geleitet; durch die Schönheit wird der geistige Mensch zur Materie zurückgeführt und der Sinnenwelt wiedergegeben. […] Dies ist der eigentliche Punkt, auf den zuletzt die ganze Frage über die Schönheit hinausläuft, und gelingt es uns, dieses Problem befriedigend aufzulösen, so haben wir zugleich den Faden gefunden, der uns durch das ganze Labyrinth der Ästhetik führt.
T-PH, Ästhetische Erziehung, 18. Brief; V,624 f
ästhetische Kultur Durch die ästhetische Kultur bleibt also der persönliche Wert eines Menschen oder seine Würde, insofern diese nur von ihm selbst abhängen kann, noch völlig unbestimmt, und es ist weiter nichts erreicht, als daß es ihm nunmehr *von Natur wegen* möglich gemacht ist, aus sich selbst zu machen, was er will – …
T-PH, Ästhetische Erziehung, 21. Brief; V,635
ästhetische Übung Alle andere Übungen geben dem Gemüt irgendein besondres Geschick, aber setzen ihm dafür auch eine besondere Grenze; die ästhetische allein führt zum Unbegrenzten.
T-PH, Ästhetische Erziehung, 22. Brief; V,637
ästhetischer Bildungstrieb s. Reich der Kräfte / des Spiels
ästhetischer Überfluß s. Schönheit, Selbstzweck
ästhetischer Zustand Das Gemüt geht also von der Empfindung zum Gedanken durch eine mittlere Stimmung über, in welcher Sinnlichkeit und Vernunft *zugleich* tätig sind, eben deswegen aber ihre bestimmende Gewalt gegenseitig aufheben […], und wenn man den

Zustand sinnlicher Bestimmung den physischen, den Zustand vernünftiger Bestimmung aber den logischen und moralischen nennt, so muß man diesen Zustand der realen und aktiven Bestimmbarkeit den *ästhetischen* heißen.
T-PH, Ästhetische Erziehung, 20. Brief; V,633
Ästhetizismus* s. Geschmack, Form / Inhalt
Astronomen seid ihr s. Wissen / Vielwisser
Atemholen unter Henkershand [Karlos zu Philipp:] Ich soll und muß aus Spanien. Mein Hiersein / Ist Atemholen unter Henkershand – / Schwer liegt der Himmel zu Madrid auf mir, / Wie das Bewußtsein eines Mords.
D, Don Karlos 2,2; II,51
Athen, Demokratie s. Demokratie, Übel der
athletische Körper s. Spiel / Übung
atmete lang und tief s. Leben, »Er lebt!«
Aufgabe, des Daseins s. Mensch, real / idealisch
aufgeben / verlieren s. eingestehen / verlieren
Aufklärung / Charakter Nicht genug also, daß alle Aufklärung des Verstandes nur insoferne Achtung verdient, als sie auf den Charakter zurückfließt; sie geht auch gewissermaßen von dem Charakter aus, weil der Weg zu dem Kopf durch das Herz muß geöffnet werden. Ausbildung des Empfindungsvermögens ist also das dringendere Bedürfnis der Zeit ...
T-PH, Ästhetische Erziehung, 8. Brief; V,592
Aufklärung der Deutschen s. Nicolai, Friedrich, Aufklärung
Aufklärung, Heiden s. Religion, der Weisen / des Volkes
Aufklärung, Moses s. Judentum, Aufklärung
Auge / Herz, gesund s. gesund, Auge / Herz
Auge des Gesetzes Schwarz bedecket / Sich die Erde, / Doch den sichern Bürger schrecket / Nicht die Nacht, / Die den Bösen gräßlich wecket, / Denn das Auge des Gesetzes wacht.
G-LY, Das Lied von der Glocke; I,438
Auge, Herz, Hand s. Meister, Kunst gewiß
Auge, Licht des s. Licht des Auges
Auge, tränenleer, keines s. menschliches Rühren
Augen sprühen Blitze s. Drache, Zunge, Augen
Augen und Ohren, blind und taub s. Frankreich, was geschieht

Augen, meine beiden offnen
s. verlassen, sich auf
Augen, zum Himmel / im Kot
s. Philosoph / Schwärmer
Augenblick der Probe [Lerma:] Jedwede Tugend / Ist fleckenfrei – bis auf den Augenblick / Der Probe. [...] / [...] An diesem goldnen Angel / Hat manche starke Tugend sich verblutet.
D, Don Karlos 4,4; II,139 f
Augenblick der Rache [Maria:] Sie geht in Wut! Sie trägt den Tod im Herzen! / O wie mir wohl ist, Hanna! Endlich, endlich / Nach Jahren der Erniedrigung, der Leiden, / Ein Augenblick der Rache, des Triumphs! / Wie Bergeslasten fällts von meinem Herzen, / Das Messer stieß ich in der Feindin Brust.
D, Maria Stuart 3,5; II,628 f
Augenblick der Zeit, großer
s. Seelen, starke, verwandt
Augenblick ergreifen s. Jetzt oder nie!
Augenblick im Leben, großer [Illo:] O! nimm der Stunde wahr, eh sie entschlüpft. / So selten kommt der Augenblick im Leben, / Der wahrhaft wichtig ist und groß.
D, Piccolomini 2,6; II,345 f
Augenblick, Herrscher Aus den Wolken muß es fallen, / Aus der Götter Schoß das Glück, / Und der mächtigste von allen / Herrschern ist der Augenblick.
G-LY, Die Gunst des Augenblicks; I, 429
Augenblick, im Paradies [Karlos zur Königin:] Ein Augenblick, gelebt im Paradiese, / Wird nicht zu teuer mit dem Tod gebüßt.
D, Don Karlos 1,5; II,31
Augenblicke, Weltgeist
s. Menschenleben / Weltgeist
Augenblickes Lust Nicht länger wollen diese Lieder leben, / Als bis ihr Klang ein fühlend Herz erfreut, / [...] Des Augenblickes Lust hat sie geboren, / Sie fliehen fort im leichten Tanz der Horen.
G-LY, Abschied vom Leser; I, 442
Augenmerk, Freiheit
s. Wohlstand / Freiheit
Ausdruck der Freiheit s. edel, Form, Geist
Ausdruck, der Menschheit
s. Poesie, Begriff der
ausharren, liebend s. Freundschaft, leise, zart
Ausleger, Kant
s. Könige / Kärrner
Aussaat von Verhängnissen
s. Sterne, Saatzeit erkunden
Autor / Leser Du vereinigest jedes Talent, das den Autor vollendet, / O entschließe dich, Freund, nichts als ein Leser zu sein.
G-ET, An ★★★; I,313

Autor, deutscher s. Beifall finden, oben / unten
Axt im Haus [Tell:] Die Axt im Haus erspart den Zimmermann.
D, Tell 3,1; II,967
Axt, Bad gesegnet [Baumgarten:] Da lief ich frisch hinzu, so wie ich war, / Und mit der Axt hab ich ihm 's Bad gesegnet.
D, Tell 1,1; II,920

B

Bacchus, Amor, Phöbus s. Götter, nimmer allein
Bacchus' Gabe s. Trank der Labe
Bad gesegnet, Axt s. Axt, Bad gesegnet
Bad, ertappen im s. Mann / Mädchen
Bad, See ladet zum s. See, ladet zum Bade
Bahn, des Lebens s. Jüngling, Lebens Bahn
Bahn, Eingang / Ende s. Unendlichkeit / engster Kreis
Bahn, gebahnteste s. Empiriker, sicher / blind
Bahn, Glück, schmal s. Glück, Bahn zum Rennen
Bahn, mitten in der s. Tod, rasch tritt
Ball mit dem Menschen s. Wiege, furchtbare
Ballspiel, Freund s. Freund, Ballspiel
Balsam, fürs Herz s. Trank der Labe
bändigen, mich selbst s. sündigen, laß mich
Barbaren, nordische s. antike Muster, Barbaren
Bartholomäusnacht [Elisabeth zu Maria:] Die Sankt Barthelemi sei meine Schule! / [...] Ich übe nur, was Eure Priester lehren. / [...]

Bastard

Mit welchem Schloß verwahr ich Eure Treue, / Das nicht Sankt Peters Schlüssel öffnen kann?
D, Maria Stuart 3,4; II,625
Bastard bin ich dir? [Elisabeth:] Ein Bastard bin ich dir? – Unglückliche! / Ich bin es nur, so lang *du* lebst und atmest. / Der Zweifel meiner fürstlichen Geburt / Er ist getilgt, sobald ich *dich* vertilge. / Sobald dem Briten keine Wahl mehr bleibt, / Bin ich im echten Ehebett geboren!
D, Maria Stuart 4,10; II,657
Bau der Ewigkeiten s. Beschäftigung, die nie ermattet
Bau der sittlichen Welt s. Leben, entsetzliches
Bau der Welt, Philosophie s. Natur, einstweilen
bauen / zerstören [Ruodi:] Brecht das Gerüste! Sprengt die Bogen! Reißt / Die Mauern ein! Kein Stein bleib auf dem andern. [Steinmetz:] Gesellen, kommt! Wir habens aufgebaut, / Wir wissens zu zerstören.
D, Tell 5,1; II,1014
Bauer, auch ein Mensch [Erster Arkebusier:] Der Bauer ist auch ein Mensch – so zu sagen.
D, W.s Lager 10; II,297
Bauers Handschlag [Melchthal:] Des Bauern Handschlag, edler Herr, ist auch / Ein Manneswort!
D, Tell 4,2; II,1001

Baum umhauen s. Menschen, vertilgen
beben, leben »Was?« fällt ihm jener ein und bebet, / »Redst du von einem, der da lebet?«
G-BA, Der Gang nach dem Eisenhammer; I,383
Becher, Korallen Und da hing auch der Becher an spitzen Korallen, / Sonst wär er ins Bodenlose gefallen.
G-BA, Der Taucher; I,371
bedenken / leisten s. Gott versuchen / vertrauen
bedenken, bedacht [Thekla:] Bedacht ist schon, was zu bedenken ist.
D, W.s Tod 4,11; II,519
bedeuten, tragen, tun s. sein / tragen, tun, bedeuten
bedeutende Steine s. Wahrheit, in Täuschung
Bedeutung / Schönheit »Was *bedeutet* dein Werk?« so fragt ihr den Bildner des Schönen, / Frager, ihr habt nur die Magd, niemals die Göttin gesehn.
G-ET, Bedeutung; I,314
Bedeutung, verwegenste s. Wort, verwegenste Bedeutung
bedeutungsschwer s. Worte des Wahns
Bediener, ordentlicher [Kellermeister:] Beim Trunk geht vieles drein. Ein ordentlicher / Bediener muß kein Ohr für so was haben.
D, Piccolomini 4,5; II,385

Bedingungen / Erscheinungen
s. Weltgeschichte, gleich und einfach
Bedürfnis, höheres s. strebender Geist
Bedürfnisse, materielle*
s. essen, wohnen, Würde
beerbt, schon [Wallenstein:] Mit uns / Gedenkt man fertig schon zu sein, und wie / Ein Abgeschiedner sind wir schon beerbet.
D, Piccolomini 2,5; II,341
befehlen / flehen s. Bitte / Befehl
Befreiung, Glut, wehe s. Form zerbrechen, Meister
Befreiung, Völker, sich selbst
s. Kräfte, rohe, sinnlos
Befugnis, zu allem s. Stärke, Befugnis
begehren, edler s. edel / erhaben
begeistert, Jubelruf s. Jubelruf der Wesen
Begeisterung / Bildung
s. Empfindung, erhöhte
Begierde / Liebe s. Würde und Anmut, verhüten
Begierde / Vernunft
s. Fesseln / Zügel
Begierde, Liebe, Achtung
s. Achtung, Liebe, Begierde
Begierde, Kraft, Anmut
s. Knaben, wild, toben
Beglaubigung der Menschheit
s. Tränen, Beglaubigung
begleiten, gute Reden s. Wort, ernstes

Begleiter, Kraniche
s. Kraniche, Begleiter
Begleiter, verloren sich
s. Weges Mitte, ach!
Begleitung, luftige s. Jüngling, Lebens Bahn
begreifen / ergreifen s. Welt, ergreifen / begreifen
Begriff / Schönheit Traurig herrscht der Begriff, aus tausendfach spielenden Formen / Bringet er dürftig und leer immer nur eine hervor. / Aber von Leben rauscht es und Lust, wo liebend die Schönheit / Herrschet, das ewige Eins wandelt sie tausendfach neu.
G-ET, Die Mannigfaltigkeit; I,310
Begriff, dürftig und leer
s. Begriff / Schönheit
Begriffe, entwendet s. Kant, Begriffe
beharren im Wechsel
s. Wechsel / Beharren
Beharrung, zum Ziel
s. Wahrheit, im Abgrund
Beifall finden, oben / unten
Glücklich nenn ich den Autor, der in der Höhe den Beifall / Findet, der deutsche muß nieder sich bükken dazu.
G-ET, Der Weg zum Ruhme; I,314
Beifall, keines Menschen
s. König, gefallen müssen
Beispiel meiner Schwäche
s. Denkmal meiner Strenge
Beispiel, edles, folgen [Don Manuel:] Sag etwas Gutes und ich

folge gern / Dem edeln Beispiel, das der jüngre gibt.
D, Braut v. M.; II,839
Beispiel, ich folgte deinem s. Schelm, sein können
Beißen / Schmeicheln s. hündische Art
beklage die Toten s. Glocke, rufe die Lebenden
beklagen / schelten [Elisabeth zu Leicester:] Beklag mich, Dudley, schilt mich nicht – …
D, Maria Stuart 2,9; II,612
beleidigte Vertraute s. Worte, entwischte
bellen, Neid s. Hunde, bellen, Neid
bellen, Scheusal s. Nicolai, Friedrich, bellt
Belt, Etsch s. Dienst, ist Heimat
Berechnung, schulmäßige s. Mittelbahn des Schicklichen
Beredsamkeit nicht fehle [Leicester:] An dem Throne / Der Königin sollt Ihr mir Rede stehn. [Burleigh:] Dort trefft Ihr mich – Und sehet zu, Mylord, / Daß Euch dort die Beredsamkeit nicht fehle!
D, Maria Stuart 4,3; II,639
bereitet oder nicht s. Tod, rasch tritt
Berg, schreckt nicht [Tell:] Wer frisch umherspäht mit gesunden Sinnen, / Auf Gott vertraut und die gelenke Kraft, / Der ringt sich leicht aus jeder Fahr und Not, / Den schreckt der Berg nicht, der darauf geboren.
D, Tell 3,1; II,967
Berge, Freiheit, Lüfte s. Welt, vollkommen / Mensch, Qual
Berge, lebt wohl [Johanna:] Lebt wohl ihr Berge, ihr geliebten Triften, / […] Johanna sagt euch ewig Lebewohl.
D, Jungfrau, Prolog 4; II,700
Berge, solang sie stehn s. Schuß, das war ein
Bergesalte s. Felsenspalte, Bergesalte
Berg-Gipfel, rötlich Sei mir gegrüßt, mein Berg mit dem rötlich strahlenden Gipfel, / Sei mir, Sonne, gegrüßt, die ihn so lieblich bescheint …
G-PH, Der Spaziergang; I,228
berichten wieder s. Wien, berichten nach
Berlin / Weimar und Jena Deine Größe, Berlin, pflegt jeder Fremde zu rühmen; / Führt der Weg ihn zu uns, stutzt er, so klein uns zu sehn.
G-EX-U, W** u. J**; I,337
Beruf, verfehlter Konnte denn die Nadel dich nicht, nicht der Hobel ernähren, / Daß du mit Metaphystik stiehlst ein abscheuliches Brot?
G-EX-U, Verfehlter Beruf; I,327
Beschäftigung, die nie ermattet Beschäftigung, die nie ermattet, /

Die langsam schafft, doch nie zerstört, / Die zu dem Bau der Ewigkeiten / Zwar Sandkorn nur für Sandkorn reicht, / Doch von der großen Schuld der Zeiten / Minuten, Tage, Jahre streicht.
G-PH, Die Ideale; I,190
bescheiden / herrlich s. Mädchen, Rosenknospe
beschränkt / leer s. Verstand, gemein / spekulativ
beschwerlich, weise s. Weisheit, beschwerlich
besinnungraubend, herzbetörend s. Erinnyen Gesang
Besitz / Recht [Wallenstein (Monolog):] Sei im Besitze und du wohnst im Recht, / Und heilig wirds die Menge dir bewahren.
D, W.s Tod 1,4; II,416
Besitz, lerne verlieren [Erster Chor:] Nicht an die Güter hänge dein Herz, / Die das Leben vergänglich zieren, / Wer besitzt, der lerne verlieren, / Wer im Glück ist, der lerne den Schmerz.
D, Braut v. M.; II,895
besitzen, jeder s. Sansculotte, Deutschland
besitzen, schaden [Paulet über Maria:] Solang sie noch besitzt, kann sie noch schaden, / Denn alles wird Gewehr in ihrer Hand.
D, Maria Stuart 1,1; II,552
Besitzer, Regierer Jedem Besitzer das Seine! und jedem Regierer den Rechtsinn, / Das ist zu wünschen, doch ihr, beides verschafft ihr uns nicht.
G-EX, Die Hauptsache; I,282
besorgt und aufgehoben »Der ist besorgt und aufgehoben, / Der Graf wird seine Diener loben.«
G-BA, Der Gang nach dem Eisenhammer; I,387
besser als mein Ruf s. Ruf, besser als mein
besser denken / handeln [Max zu Octavio:] O! hättest du vom Menschen besser stets / Gedacht, du hättest besser auch gehandelt.
D, W.s Tod 2,7; II,451
Beständigkeit / Zeit s. Zeit / Beständigkeit
bester Staat, beste Frau s. Staat / Frau, beste
Bestimmbarkeit, reale und aktive s. ästhetischer Zustand
Bestimmung, angeben / ausführen s. Natur, Mensch, Bestimmung
betrogen, verdient [Wallenstein:] Ja der verdient, betrogen sich zu sehn, / Der Herz gesucht bei dem Gedankenlosen!
D, W.s Tod 3,7; II,465
betrügen, guter Zweck [Max zu Octavio:] Der Fürst, sagst du, entdeckte redlich dir sein Herz / Zu einem bösen Zweck, und *du* willst ihn / Zu einem guten Zweck betrogen haben!
D, Piccolomini 5,1; II,398

Bett des Sterbenden s. Tod, Griechen
Betteln, verwünschtes Das verwünschte Gebettel! Es haben die vorderen Kutschen / Reichlich für uns mit bezahlt. Geben nichts. Kutscher, fahr zu!
G-EX, Helf Gott!; I,257
Bettler, Fürstenbrüder s. Freude, Götterfunken
Bettler, keine Wahl s. Mehrheit, Unsinn
Bettler, so viele s. Könige / Kärrner
Beute, des Mächtigen s. Mächtige / Friedliche
Beute, neu erbeuten s. Leben, genießen / erbeuten
bewahren, Würde s. Würde, der Menschheit
Bewahrung mir vertraut [Paulet:] Jetzt ist sie zur Bewahrung mir vertraut, / Und seid gewiß, ich werde sie bewahren, / Daß sie nichts Böses tun soll, noch erfahren!
D, Maria Stuart 1,8; II,584
bewandert, im Unglück s. England, Gesetze / Unglück
bewandert, in Chronik s. Chronik, bewandert in
bewegliche Schönheit s. Schönheit, bewegliche / fixe
Bewunderung, schauernde [Posa zu Philipp:] *Sie müssen. Daß Sie können,* / Was Sie zu müssen eingesehn, hat mich / Mit schauernder Bewunderung durchdrungen. / O schade, daß, in seinem Blut gewälzt, / Das Opfer wenig dazu taugt, dem Geist / Des Opferers ein Loblied anzustimmen!
D, Don Karlos 3,10; II,124
bezahlen s. a. Geld
bezahlen, König [Karlos, Posa zitierend:] Ich will bezahlen, wenn du König bist.
D, Don Karlos 1,2; II,17
bezähmen, bewachen s. Feuers Macht
bezwingen, bezähmen [Walter Fürst:] O kaum bezwingen wir das eigne Herz, / Wie soll die rasche Jugend sich bezähmen!
D, Tell 1,4; II,933
Bibel / Bücher s. Bücher / Bibel
Bibel, fechten für die s. Lutherische, Fahne, Herz
Bibliothek, für Frauen und Kinder s. Damen und Kinder, Schriften
Biene, Wurm, Mensch s. Kunst, Mensch allein
Bierhefe s. Jahrhundert, tintenklecksendes
Bild, der Mutter s. Eltern / Kinder
Bild, eitles s. hoffen und wagen, weiter
Bild, Nachbild / Urbild s. Wahrheit, in Täuschung
bildender Geist / Nachahmer An Gebildetem nur darfst du, Nach-

ahmer, dich üben, / Selbst das Gebildete ist Stoff nur dem bildenden Geist.
G-ET, Der Nachahmer und der Genius; I,311
Bilder, schöne lichte s. Tod, Griechen
Bildner des Schönen s. Bedeutung / Schönheit
Bildners Hand s. Zufall, roher Stein
Bildung / Begeisterung s. Empfindung, erhöhte
Bildung / Revolution s. Revolutionen, Luther / Franzosen
Bildung, gebildet / bildend s. bildender Geist / Nachahmer
Bildungstrieb, Spieltrieb Gleich, sowie der Spieltrieb sich regt, der am Scheine Gefallen findet, wird ihm auch der nachahmende Bildungstrieb folgen, der den Schein als etwas Selbständiges behandelt.
T-PH, Ästhetische Erziehung, 26. Brief; V,657
billigen / bewilligen s. Neigung, billigen / bewilligen
binden / lösen, Himmel / Mensch s. Himmel / Mensch, binden / lösen
binden, ewig sich s. prüfe, wer sich ewig bindet
bis hierher, Friedland s. Schicksalsgöttin, sagt
Bistümer, sind Wüsttümer s. römisch Reich / römisch Arm

Bitte / Befehl [Questenberg:] Es schickt der Kaiser sieben Reitende / An Herzog Friedland ab mit dieser Bitte, / Und fleht, wo er als Herr befehlen kann.
D, Piccolomini 2,7; II,350
bitten, nichts erbeten s. Mann, solcher, gemangelt
Blase, aufsteigen als s. Ding, nur Ich
Blasen, treiben s. Gehirn, treibt Blasen
Blasewitz [Erster Jäger:] Was? der Blitz! / Das ist ja die Gustel aus Blasewitz. [Marketenderin:] I freilich! Und Er ist wohl gar, Mußjö, / Der lange Peter aus Itzehö?
D, W.s Lager 5; II,281
blasphemieren [Kapuziner:] Und wo hört man mehr blasphemieren / Als hier in den Friedländischen Kriegsquartieren?
D, W.s Lager 8; II,294
blaß, Luise [Ferdinand:] Du bist blaß, Luise?
D, Kabale u. L. 1,4; I,765 (Vgl. Räuber 1,1; I,493)
Blatt, redendes s. Schrift, Körper und Stimme
Blätter fallen, wenn die s. Natur, ewiger Brauch
bleich s. erbleichen
blick in dein eigenes Herz s. erkennen, sich / andere

Blick so kalt
s. Blut, heiß / Blick, kalt
Blick, des Weltmanns
s. Schwärmers Ernst / Weltmanns Blick
Blick, zauberisch fesselnd
s. Frauen, zauberisch fesselnd
Blicke, eingeweihte s. Natur, höherer Adel
blind waltend, Zufall s. Zufall, blind waltend
blind, Ewigblinder s. Lichtes Himmelsfackel
blind, Gehorsam s. Tillys Worte
blind, Nötigungen
s. Realist / Empiriker
blind, Speer s. Mächtige / Friedliche
blind, tappen s. Empiriker, sicher / blind
blindbewegte Wellen
s. Mensch, Mikrokosmos
Blinden ein Unding s. Ding, betasten, beschmutzen
blinder alter Vater s. Freiheit, schauen / hören
blinder Empiriker s. Empiriker, blinder Gott
blinder Gehorsam s. Extreme, Gehorsam / Empörung
Blinder, leiht Augen
s. Frankreich, was geschieht
blindes Ungefähr s. Zufall, es gibt keinen
blindlings, Wahl s. Wahl, war Züchtigung
blindwütend s. Geist, finsterer
Blitze brechen s. Glocke, rufe die Lebenden
Blitzes Funke s. Dienst, ist Heimat
Blöße bedeckt s. essen, wohnen, Würde
blühen, abgeblüht s. Resignation, abgeblüht
blühende Glieder s. Jungfrau, reizende Fülle
Blume / Frucht
s. Leidenschaft / Liebe
Blumen allerschönste
s. Mädchen aus der Fremde
Blumen, zum Kranz s. Quelle, Knabe an der
Blut nie erhitzen s. Wut der Neuerungen
Blut, adeliges s. Schweden, Blut geflossen
Blut, des Vaters s. Eltern / Kinder
Blut, gewälzt in seinem
s. Bewunderung, schaudernde
Blut, heiß / Blick, kalt [Philipp:] Der Knabe / Don Karl fängt an, mir fürchterlich zu werden. / [...] Sein Blut ist heiß, warum sein Blick so kalt?
D, Don Karlos 1,6; II,39
Blut, säen / ernten [Buttler zu Octavio:] Ihr habt den Pfeil geschärft, / Ich hab ihn abgedrückt. Ihr sätet Blut, / Und steht bestürzt, daß Blut ist aufgegangen.
D, W.s Tod 5,11; II,545

Blut, unseres verkaufen
s. Habsburger, Wien / Madrid
Blut, verspritzen s. Leben,
höchstes Gut
Blütenalter der Natur s. Natur,
Blütenalter der
blutend sich befreit s. Seele,
befreit sich
blutger Abend s. Abend, blutger
Blutgericht, ohne Beispiel
[Philipp:] Dies Blutgericht soll
ohne Beispiel sein; / Mein ganzer
Hof ist feierlich geladen.
D, Don Karlos 1,6; II,40
Blutgerüst, oder Wahnsinn
s. Weg, ins Verderben
blutig Treffen, manch s. Sieg,
nötig / unnötig
blutige Gedanken [Buttler:] Ich
darf nur blutige Gedanken haben.
D, W.s Tod 4,8; II,510
blutiger Lorbeer
s. Loorbeer / Veilchen
Bluturteil, schreiben
s. Überzeugungen, Gebäude
Bodenlose, fallen ins s. Becher,
Korallen
Bogen, allzu straff gespannt [Rudenz zu Geßler:] Den Zweck habt
Ihr erreicht – Zu weit getrieben /
Verfehlt die Strenge ihres weisen
Zwecks, / Und allzu straff gespannt
zerspringt der Bogen.
D, Tell 3,3; II,983
(Vgl. Maria Stuart 4,3; II,639)

Böhmens Grenze, Erde
s. Schicksalsgöttin, sagt
Bonmots s. französische
Bonmots
Boot, gerettet s. Jüngling / Greis
bornierte Köpfe s. Verstand,
Schranken des
Börse, bankrott s. Natur,
verrammeln
böse Hoffnung s. Rache-Engel
böse, gut, gemischt s. Mensch,
gut und böse
böse, müßig s. müßig, böse
böser Geist, Erde s. Erde,
guter / böser Geist
böser Nachbar s. Frömmste
nicht in Frieden
Böser, gräßlich s. Auge des
Gesetzes
Böses muß gebären s. Fluch der
bösen Tat
Böses tun / erleiden s. Bewahrung mir vertraut
Bösewicht, Großmut dem
s. Rettung von Tyrannenketten
Bösewichter, erstaunliche Man
trifft hier Bösewichter an, die Erstaunen abzwingen, ehrwürdige
Missetäter, Ungeheuer mit Majestät; Geister, die das abscheuliche Laster reizet, um der Größe
willen, die ihm anhänget, um der
Kraft willen, die es erfordert, um
der Gefahren willen, die es begleiten. Man stößt auf Menschen,

Bote

die den Teufel umarmen würden, weil er der Mann ohne seinesgleichen ist ...
D, Räuber, Unterdrückte Vorrede; I, 482
Bote, von Wandsbeck s. Wandsbecker Bote
Boten, Briefe s. Briefe wollen Boten
Brandung, Jüngling Jetzt schnell, eh die Brandung wiederkehrt, / Der Jüngling sich Gott befiehlt ...
G-BA, Der Taucher; I, 369
Bräuche, alte s. Sinn, in Bräuchen [s. a. Gebräuche]
brausende Flut s. Mut, Flut
brauset und zischt s. Meer, wallet und siedet
Braut läßt er sitzen s. Soldat, eisernes Herz
Bretter, Welt bedeuten Größres mag sich anderswo begeben, / Als bei uns in unserm kleinen Leben, / Neues – hat die Sonne nie gesehn. / Sehn wir doch das Große *aller* Zeiten / Auf den Brettern, die die Welt bedeuten, / Sinnvoll, still an uns vorübergehn.
G-LY, An die Freunde; I, 420 f
Brief, Hand und Fuß [Wallenstein:] Der Brief hat Händ und Füß. Es ist ein klug, / Verständig Haupt, Herr Wrangel, dem Ihr dienet.
D, W.s Tod 1,5; II, 417
Briefe wollen Boten [Domingo:] Briefe wollen Boten – –
D, Don Karlos 2,12; II, 87
Brot und Stiefel s. Mehrheit, Unsinn
Brotgelehrter / Geist s. philosophischer Geist
Brotwissenschaft s. Gelehrte, Brotgelehrter
Bruchstück, Mensch s. Mensch, nur Bruchstück
Brüder, friedlich miteinander s. Menschenrecht, Brüder
Brüder, Gott befohlen s. Tod ist los
Brüder, Volk von s. Volk von Brüdern
brüderliches Du s. Du, brüderliches, Gleichheit
Brunnen, zwei Eimer s. Zwei Eimer
Brüssel s. Niederlande
Brust / Schicksal s. Schicksals Sterne
Brust im Gefechte s. Leben, einsetzen / gewinnen
Brust ist wieder frei s. Nacht muß es sein
Brust, an jede edle s. Unterdrückter, Rechte des
Brust, begegnende s. Meister, belohnt
Brust, denkend greifen s. Sinnenlust / Denken
Brust, der Feindin s. Augenblick der Rache

Brust, eherne s. Schönheit, sterblich
Brust, einzig fühlende Unter Larven die einzige fühlende Brust ...
G-BA, Der Taucher; I,372
Brust, in deiner s. Schicksal, eigne Brust
Brust, liebende s. Leser, Wechselbalg
Brust, Schnürbrust s. Schneckengang / Adlerflug
Brust, sich werfen in s. vornehm tun
Brust, zwei Stimmen s. zwei Stimmen, wählen
brüten und sinnen s. Jupiter, der glänzende
Bube, sprich! s. streng und fürchterlich
Buch der Natur, sinnlos s. Traumkunst träumt
Buch, leben im s. Leser, unbefangener
Buch, voll / Kopf, leer s. Nicolai, Friedrich, auf Reisen
Bücher / Bibel [Kennedy:] An Büchern fehlts, den Geist zu unterhalten. [Paulet:] Die Bibel ließ man ihr, das Herz zu bessern.
D, Maria Stuart 1,1; II,552
Bücher, salzlos / versalzen Viele Bücher genießt ihr, die ungesalznen, verzeihet, / Daß dies Büchelchen uns überzusalzen beliebt.
G-EX, Gewissen Lesern; I,269

Buchhandel, Käsehandel Einem Käsehandel verglich er eure Geschäfte? / Wahrlich, der Kaiser, man siehts, war auf dem Leipziger Markt.
G-EX, Josephs II. Diktum an die Buchhändler; I,288
Buchstaben [Wallenstein:] Buchstaben / Verwunden nicht ...
D, W.s Tod 5,3; II,532
Buhlen, verhöhnt vor ihrem s. verhöhnt, erniedrigt
Bühne s. Drama; Theater
Bund / Streit s. Großes wirken, Streit / Bund
Bund mit Musen und Grazien s. antike Muster, Barbaren
Bund zum Bunde s. Freiheit, Orte der
Bund, der Dritte s. Treue, kein leerer Wahn
Bund, Eid des neuen s. Volk von Brüdern
Bund, Genius / Natur s. Genie / Natur, Bund
Bund, kein ewger s. Schicksalsmächte
Bund, mit meinem Glück s. Gott, Spieltisch
Bund, mit zweien gebrochen s. Lutherische, Fahne, Herz
Bund, sich stehlen aus s. Wurf gelungen, großer
Bünde, alte, ehren s. Schwyzer, alte Bünde

bunt

buntes Lottospiel s. Leben, Lottospiel
Bürge, erwürgen Ich lasse den Freund dir als Bürgen, / Ihn magst du, entrinn ich, erwürgen.
G-BA, Die Bürgschaft; I,352
Bürger / Gesetze s. Gesetze, Lykurgus, Bürger
Bürger / Krieger s. Europa, Friede / Krieg
Bürger / Krone [Posa:] Stellen Sie der Menschheit / Verlornen Adel wieder her. Der Bürger / Sei wiederum, was er zuvor gewesen, / Der Krone Zweck –
D, Don Karlos 3,10; II,127
Bürger / Untertan [Posa zu Philipp:] Ich bin […] nicht vorbereitet, / Was ich als Bürger dieser Welt gedacht, / In Worte Ihres Untertans zu kleiden. –
D, Don Karlos 3,10; II,119
Bürger der Zukunft [Posa:] Das Jahrhundert / Ist meinem Ideal nicht reif. Ich lebe / Ein Bürger derer, welche kommen werden.
D, Don Karlos 3,10; II,121
Bürger erzieht ihr s. sittlich / empfindend
Bürger, der sichere s. Auge des Gesetzes
Bürgerglück / Fürstengröße s. Jahrhunderte, sanftere
Bürgerin aller Nationen s. Geschichte, unsterblich

bürgerliche Welt / Kabinett s. Schiller, politisch / poetisch
bürgerliches Leben s. Weisheit, Griechen
Bürgers Glück s. Ruhe eines Kirchhofs
Bürgers Zierde s. Arbeit, Bürgers Zierde
Butter, versorgen mit s. Wissenschaft, Göttin / Kuh
Buttler s. Wallenstein / Buttler

C

Cäsar, Geist / Glück s. Wallenstein / Cäsar
Cäsaren, Thron der s. Christentum, siegreich
Charakter / Tat [Octavio zu Buttler:] Dem Menschen bring ich nur *die* Tat in Rechnung, / Wozu ihn ruhig der Charakter treibt ...
D, W.s Tod 2,6; II,444
Charakter, Nationalcharakter s. Deutsche, Nation
Charakter, Schlaffheit s. Kultur, Verwilderung / Erschlaffung
Charakter, Übereinstimmung s. Widerspruch, ist Unrecht
Charakter, ungewöhnlich / keiner [Philipp über Posa:] Ich bin / Erstaunt – Was ist das für ein Mensch, der *das* / Getan und unter dreien, die ich frage, / Nicht einen einzgen Neider hat? – Gewiß! / Der Mensch besitzt den ungewöhnlichsten / Charakter oder keinen –
D, Don Karlos 3,7; II,116
Charakterbild, schwankt s. Wallenstein, Charakterbild
charakteristisch / charakterlos s. Poesie, charakteristisch sein
Chemikus s. Männer, Phlegma
Cherub steht vor Gott s. Wollust, Wurm
Chimäre, seltsame s. Menschenliebe, Chimäre

Chor, Begriff / Masse Der Chor ist selbst kein Individuum, sondern ein allgemeiner Begriff, aber dieser Begriff repräsentiert sich durch eine sinnlich mächtige Masse, welche durch ihre ausfüllende Gegenwart den Sinnen imponiert.
T-LI, Chor i. d. Tragödie; II,821
Christen Schmuck s. Gehorsam / Mut
Christentum / Weltgeschichte Die christliche Religion hat an der gegenwärtigen Gestalt der Welt einen so vielfältigen Anteil, daß ihre Erscheinung das wichtigste Faktum für die Weltgeschichte wird ...
H, Universalgeschichte; IV,763
Christentum, Judentum, Islam s. Religion der Hebräer
Christentum, siegreich Daß wir uns als Christen zusammenfanden, mußte diese Religion, durch unzählige Revolutionen vorbereitet, aus dem Judentum hervorgehen, mußte sie den römischen Staat genau *so* finden, als sie ihn fand, um sich mit schnellem siegendem Lauf über die Welt zu verbreiten und den Thron der Cäsarn endlich selbst zu besteigen.
H, Universalgeschichte; IV,759
christlich, griechisch, maurisch s. Religion / Religionen

Chronik, bewandert in [Neumann:] Das alles wißt Ihr! Wohl bewandert seid Ihr / In Eures Landes Chronik, Kellermeister.
D, Piccolomini 4,5; II,385

Claudius, Matthias s. Wandsbecker Bote

Cogito, ergo sum, gewiß wahr Cogito, ergo sum. Ich denke, und mithin so bin ich, / Ist das eine nur wahr, ist es das andre gewiß.
G-EX, Einer aus dem Haufen; I,298

Cogito, ergo sum, nichts denken Denk ich, so bin ich! Wohl! Doch wer wird immer auch denken? / Oft schon war ich, und hab wirklich an gar nichts gedacht!
G-EX, Ich; I,298

Cyanen, blaue s. Kranz, Ähren, Cyanen

D

Dach, wirtliches Von fernher kommen wir gezogen / Und flehen um ein wirtlich Dach.
G-BA, Die Kraniche des Ibykus; I,347

Daches Zinnen s. Polykrates

Dame, Dank s. Handschuh, ins Gesicht

Damen und Kinder, Schriften »Bibliothek für das andre Geschlecht, nebst Fabeln für Kinder« / Also für Kinder nicht, nicht für das andre Geschlecht.
G-EX, Schriften für Damen und Kinder; I,273

Damen, im Kranz s. Löwengarten

Damenherzen s. Liebe, Damenherzen

Dämmerschein, sicher im s. Kindheit, sicher

Dämon, mein böser s. Wallenstein / Buttler, Dämon

Dämon, Schwein, Mensch s. Mensch, Dämon, Schwein

Dank vom Haus Österreich [Buttler *(bitter lachend)*:] Dank vom Haus Östreich!
D, W.s Tod 2,6; II,445

Dank, begehr ich nicht s. Handschuh, ins Gesicht

Dank, sich entziehen dem s. Verdienst / Dank

Danks deinem Engel [Octavio zu Max:] Danks deinem Engel, Piccolomini! / Unwissend zog er dich zurück vom Abgrund.
D, Piccolomini 5,1; II,393
Darlehen der Welt s. Schuld, abtragen
Darstellung, naiv / sentimentalisch Jede Poesie nämlich muß einen unendlichen Gehalt haben, dadurch allein ist sie Poesie; aber sie kann diese Forderung auf zwei verschiedene Arten erfüllen. [...] entweder durch eine absolute Darstellung oder durch Darstellung eines Absoluten. Den ersten Weg geht der naive, den zweiten der sentimentalische Dichter.
T-PH, Naive u. sentim. D.; V,748
Das ist mir neu s. Mann, solcher, gemangelt
Dauerhaftigkeit, Übel s. Fortschritt / Dauerhaftigkeit
Degen / Pflug [Questenberg:] Der Degen hat den Kaiser arm gemacht; / Der Pflug ists, der ihn wieder stärken muß.
D, Piccolomini 1,2; II,319
delphischer Gott s. Empiriker, blinder Gott
Demokratie, Lenkung Das Volk behielt völlige Freiheit, zu wählen und zu verwerfen, aber durch die Kunst, womit man ihm die Dinge vorzulegen wußte, lenkte man diese Freiheit. Eine vortreffliche Einrichtung, wenn die *Funktion* der Redner immer in reinen und treuen Händen geblieben wäre. Bald aber wurden aus diesen Rednern Sophisten, die ihren Ruhm darein setzten, das Schlimme gut und das Gute schlimm zu machen.
H, Lykurgus u. Solon; IV,826
Demokratie, schwerstes Problem der s. Versammlungen, große / kleine
Demokratie, Übel der Die Übel, welche von einer Demokratie unzertrennlich sind, tumultuarische und leidenschaftliche Entscheidungen und der Geist der Faktion, konnten freilich in Athen nicht vermieden werden –
H, Lykurgus u. Solon; IV,831
demokratischer Spitz s. Hunde, aristokratisch / demokratisch
demokratisches Futter Bald ist die Menge gesättigt von demokratischem Futter, / Und ich wette, du steckst irgendein anderes auf.
G-EX-U, Der Zeitschriftsteller; I,321
Demut, sich bezwingen »Dir ist der härtre Kampf gelungen. / Nimm dieses Kreuz: es ist der Lohn / Der Demut, die sich selbst bezwungen.«
G-BA, Der Kampf mit dem Drachen; I,399
denken s. a. Gedanke
denken / fühlen, Gott s. Fühlen / Denken

denken / handeln, Philosophie
s. Fichtes Wissenschaftslehre
denken / sein s. Cogito, ergo sum
denken / vollbringen s. Tat vollbringen, weil gedacht
denken so / handeln so [Philipp zu Posa:] Euch ziemt / Es, *so* zu denken, *so* zu handeln *mir.*
D, Don Karlos 4,12; II,152
Denken, neue Tugend [Domingo über Karlos:] Sein Herz entglüht für eine neue Tugend, / Die, stolz und sicher und sich selbst genug, / Von keinem Glauben betteln will. – Er *denkt!*
D, Don Karlos 2,10; II,81
denkend, Mensch
s. Sinnenlust / Denken
Denkmal meiner Strenge [Elisabeth über Leicester:] So hoch er stand, so tief und schmählich sei / Sein Sturz! Er sei ein Denkmal meiner Strenge, / Wie er ein Beispiel meiner Schwäche war.
D, Maria Stuart 4,5; II,643
Denkart, fromme s. Milch der frommen Denkart
Descartes s. Cogito, ergo sum
Desideratum, das Hättest du Phantasie und Witz und Empfindung und Urteil, / Wahrlich, dir fehlte nicht viel, Wieland und Lessing zu sein!
G-EX, Das Desideratum; I,258
Despotismus, aristokratischer
s. Versammlungen, große / kleine

deutliche Prosa s. Prosa, Göttin des Markts
Deutsch, »verdeutscht« s. Shakespeare, Prosa-Übersetzung
Deutsch, Fremdwörter
s. Sprache, Fremdwörter
Deutsche / Schweden
s. Schweden / Deutsche
Deutsche / tote Sprachen
s. Sprachen, tote, lebend
deutsche Albernheit
s. französische Bonmots
deutsche Flüsse, Ilm Meine Ufer sind arm, doch höret die leisere Welle, / Führt der Strom sie vorbei, manches unsterbliche Lied.
G-EX, Ilm; I,268
deutsche Flüsse, Saale Kurz ist mein Lauf und begrüßt der Fürsten, der Völker so viele, / Aber die Fürsten sind gut, aber die Völker sind frei.
G-EX, Saale; I,268
deutsche Leser, nur höflich
s. Enthusiasmus, deutsche Leser
deutsche Völker, frei
s. deutsche Flüsse, Saale
Deutsche, griechisch-römisch / gallisch Ringe, Deutscher, nach römischer Kraft, nach griechischer Schönheit, / Beides gelang dir, doch nie glückte der gallische Sprung.
G-ET, Deutscher Genius; I,315
Deutsche, Nation Zur *Nation* euch zu bilden, ihr hoffet es, Deutsche, vergebens, / Bildet, ihr

könnt es, dafür freier zu Menschen euch aus.
G-EX, Deutscher Nationalcharakter; I,267
deutscher Autor s. Beifall finden, oben / unten
Deutscher Genius s. Deutsche, griechisch-römisch / gallisch
Deutschland / Frankreich, Pöbel s. Frankreich / Deutschland, Pöbel
Deutschland, bereisen s. Nicolai, Friedrich, auf Reisen
Deutschland, gelehrt / politisch Deutschland? aber wo liegt es? Ich weiß das Land nicht zu finden. / Wo das gelehrte beginnt, hört das politische auf.
G-EX, Das Deutsche Reich; I,267
Deutschland, Geschmack Seltsames Land! Hier haben die Flüsse Geschmack und die Quellen, / Bei den Bewohnern allein hab ich noch keinen verspürt.
G-EX, Gesundbrunnen zu ***; I,269
Deutschland, Kriegeslast [Questenberg:] Ganz Deutschland seufzte unter Kriegeslast, / Doch Friede wars im Wallensteinischen Lager.
D, Piccolomini 2,7; II,351
Deutschland, literarisch s. Mittelmäßigkeit, literarisch
Deutschland, Pantheon Deutschlands größte Männer und kleinste sind hier versammelt, / Jene gaben den Stoff, diese die Worte des Buchs.
G-EX, Pantheon der Deutschen; I,286
Deutschland, Republik s. Kerls wie ich
Deutschland, vortrefflich bedient s. Frankreich, was geschieht
Diadem, empfangen s. Liebe / Diadem
Dialektik, gefährliche s. Geschmack, Form / Inhalt
Dichter / Richter s. Richter / Dichter
Dichter / Sprache s. Sprache, dichtet und denkt
Dichter entleibt s. Homer, der Wolfische
Dichter, Alltag *Feur* soll ich gießen aufs Papier / Mit *angefrornem* Finger? – – / O Phöbus, hassest du Geschmier, / So wärm auch deine Sänger. / *G-HU, Untertänigstes Pro-Memoria; I,144*
Dichter, einseitig s. Gefahr, Dichter / Denker
Dichter, in acht nehmen s. Schmerz, besingen
Dichter, naiv / sentimentalisch Der Dichter, sagte ich, ist entweder Natur, oder er wird sie *suchen*. Jenes macht den naiven, dieses den sentimentalischen Dichter.
T-PH, Naive u. sentim. D.; V,716
Dichtkunst malerische Hülle Da der Dichtkunst malerische Hülle

Dichtkunst

/ Sich noch lieblich um die Wahrheit wand! – / Durch die Schöpfung floß da Lebensfülle, / Und, was nie empfinden wird, empfand.
G-PH, Die Götter Griechenlandes; I,163

Dichtkunst, Grundsätze s. Poesie, Vergnügen / Moral

Dichtung / Wirklichkeit, nützlich? s. nützen, Dichtung / Wirklichkeit

Dichtung, frostig und herzlos Frostig und herzlos ist der Gesang, doch Sänger und Spieler / Werden oben am Rand höflich zu fühlen ersucht.
G-EX, Überschriften dazu; I,273

Dichtung, heilige Magie Der Dichtung heilige Magie / Dient einem weisen Weltenplane, / Still lenke sie zum Ozeane / Der großen Harmonie!
G-PH, Die Künstler; I,186

dienendes Glied s. Ganzes, sein / dienen

Diener, ordentlicher s. Bedienter, ordentlicher

Dienst, Dulden s. Weibes Pflicht, Dienst

Dienst, hurtiger, gefällt s. Wallenstein, Ermordung

Dienst, ist Heimat [Buttler:] Der Dienst allein ist ihnen Haus und Heimat. / [...] Und wie des Blitzes Funke sicher [...] läuft, / Herrscht sein Befehl vom letzten fernen Posten, / Der an die Dünen branden hört den Belt, / Der in der Etsch fruchtbare Täler sieht ...
D, Piccolomini 1,2; II,322

Dienst, verwegener [Mortimer zu Maria:] Verwegner Dienst belohnt sich auch verwegen!
D, Maria Stuart 3,6; II,632

Dienste, Verbrechen [Wallenstein:] Und selbst den Fürstenmantel, den ich trage, / Verdank ich Diensten, die Verbrechen sind.
D, W.s Tod 1,7; II,429

Ding, aller Dinge Weil es Dinge doch gibt, so gibt es ein Ding aller Dinge, / In dem Ding aller Ding schwimmen wir, wie wir so sind.
G-EX, Ein zweiter; I,298

Ding, betasten, beschmutzen Was du mit Händen nicht greifst, das scheint dir Blinden ein Unding, / Und betastest du was, gleich ist das Ding auch beschmutzt.
G-EX, Das grobe Organ; I,278

Ding, nur ich Just das Gegenteil sprech ich. Es gibt kein Ding als mich selber! / Alles andre, in mir steigt es als Blase nur auf.
G-EX, Ein dritter; I,298

Ding, Welt und Seele Zweierlei Dinge laß ich passieren, die Welt und die Seele, / Keins weiß vom andern, und doch deuten sie beide auf eins.
G-EX, Ein vierter; I,298

Dinge, zweierlei, passabel s. Ding, Welt und Seele

Dingen, mit rechten s. zugehen, mit rechten Dingen

Dionys / Damon Zu Dionys, dem Tyrannen, schlich / Damon, den Dolch im Gewande; / Ihn schlugen die Häscher in Bande.
G-BA, Die Bürgschaft (statt Damon früher Möros); I,352

Dirne, allgemein [Zweiter Jäger:] Einer Dirne schön Gesicht / Muß allgemein sein, wie 's Sonnenlicht!
D, W.s Lager 7; II,291

Distichen sind wir Distichen sind wir. Wir geben uns nicht für mehr noch für minder, / Sperre du immer, wir ziehn über den Schlagbaum hinweg.
G-EX, Xenien (2. Xenion); I,257

Distichen, erzählt! Lebet, ist Leben in euch, und erzählt noch dem kommenden Alter, / Distichen, was wir geehrt, was wir gehaßt und geliebt.
G-EX-U, W. v. H. (Wilhelm von Humboldt); I,336

Distichon Im Hexameter steigt des Springquells flüssige Säule, / Im Pentameter drauf fällt sie melodisch herab.
G-EP, Das Distichon; I,252

Dolch im Gewande s. Dionys / Damon

Donnerers Haupt s. Gedanke des Lichts

donnern / kriechen s. Mann / Leier

Doppelsinn des Lebens s. Tat vollbringen, weil gedacht

Dorn, schrecklicher s. Lessing, Gotth. Ephr. / Nicolai, Fr.

Drache, schlimmerer *Meister:* »Und einen schlimmern Wurm gebar / Dein Herz, als dieser Drache war. / [...] Das ist der widerspenstge Geist, / Der gegen Zucht sich frech empöret, / Der Ordnung heilig Band zerreißt, / Denn der ists, der die Welt zerstöret.«
G-BA, Der Kampf mit dem Drachen; I,398

Drache, Schwänze s. König / Volk

Drache, Zunge, Augen Die Zunge gleicht des Schwertes Spitze, / Die kleinen Augen sprühen Blitze ...
G-BA, Der Kampf mit dem Drachen; I,394

Drachengift, gärend s. Milch der frommen Denkart

Dragonerkorps [Wachtmeister:] Da ist der Schef vom Dragonerkorps ...
D, W.s Lager 7; II,290

Drakos Gesetze Solch ein Mann war vortrefflich, Gesetze zu *vollziehen,* aber sie zu *geben,* konnte man keine schlimmere Wahl treffen. / [...] Drakos Gesetze sind der Versuch eines Anfängers in der Kunst, Menschen zu regieren. *Schrecken* ist das einzige Instrument, wodurch er wirkt. Er straft nur begangenes Übel, er verhindert es nicht ...
H, Lykurgus u. Solon; IV,821

Drama s. a. Theater
Drama, Natur des die Natur des Dramas duldet den Finger des Ohngefährs oder der unmittelbaren Vorsehung nicht.
D, Fiesko, Vorrede; I,640
dramatischer Roman
s. Räuber, Drama / Roman
Dramaturgen, Hundegebell
s. Tragöden, Dramaturgen
Drangsal, zu Haus, hier [Stauffacher:] Drangsal hab ich / Zu Haus verlassen, Drangsal find ich hier.
D, Tell 1,4; II,935
Dressuren, verschiedene
s. Hunde, aristokratisch / demokratisch
Du, brüderliches, Gleichheit [Karlos zu Posa:] Nenn mich *du*! / Ich habe deinesgleichen stets beneidet / Um dieses Vorrecht der Vertraulichkeit. / Dies brüderliche *Du* betrügt mein Ohr, / Mein Herz mit süßen Ahndungen von Gleichheit.
D, Don Karlos 1,9; II,44
Dudeldumdei s. hoch hergehen
dulden still [Posa:] Doch große Seelen dulden still.
D, Don Karlos 1,4; II,30
Duldet mutig Duldet mutig, Millionen! / Duldet für die beßre Welt!
G-LY, An die Freude (Chor); I,135
Dummheit und Sklaverei s. Extreme, Gehorsam / Empörung
Dummheit, kämpfen mit [Talbot:] Unsinn, du siegst und ich muß untergehn! / Mit der Dummheit kämpfen Götter selbst vergebens. / Erhabene Vernunft, / […] Wer bist du denn, wenn du dem tollen Roß / Des Aberwitzes an den Schweif gebunden, / Ohnmächtig rufend, mit dem Trunkenen / Dich sehend in den Abgrund stürzen mußt! / […] Dem Narrenkönig / Gehört die Welt –
D, Jungfrau 3,6; II,765 (gemeint ist »auf Seiten der Dummheit«)
Dummkopf, in corpore
s. einzelne, klug / Menge, dumm
dunkel s. a. finster
dunkel zubereitet s. Jupiter, der glänzende
dunkel, der Rede Sinn s. Rede Sinn, dunkel
dunkle Geburt s. Gedanke des Lichts
dunkle Gefühle s. Sängers Lied
dunkle Macht, treibt s. Macht, dunkle, treibt
dunkle Schlacht s. Wallenstein, ich zeige mich
dunkler Schutt s. Irrtum, Schutt des
dunkles Land s. Sterne, Saatzeit erkunden

E

Eber, grausam s. Held, fallend, Schicksal
edel s. a. Adel; ästhetisch
edel / erhaben [Der Mensch] muß lernen *edler* begehren, damit er nicht nötig habe, *erhaben zu wollen.* Dieses wird geleistet durch ästhetische Kultur ...
T-PH, Ästhetische Erziehung, 23. Brief; V,645
edel, Form, Geist Edel heißt jede Form, welche dem, was seiner Natur nach bloß *dient* (bloßes Mittel ist), das Gepräge der Selbständigkeit aufdrückt. Ein edler Geist begnügt sich nicht damit, selbst frei zu sein, er muß alles andere um sich her, auch das Leblose in Freiheit setzen. Schönheit aber ist der einzig mögliche Ausdruck der Freiheit in der Erscheinung. Der vorherrschende Ausdruck des *Verstandes* in einem Gesicht, einem Kunstwerk u. dgl. kann daher niemals edel ausfallen ...
T-PH, Ästhetische Erziehung, 23. Brief (Fußnote); V,644
Edelstein, dritter s. Krone, Wallenstein
edle Brust, jede s. Unterdrückter, Rechte des
edle Seele, Stolz s. Stolz, ohnmächtiger
edle Ungeduld s. philosophischer Geist
edles Herz, froh und groß Ein edles Herz, in Sympathie ergossen / Und eingeweiht im Schönen und im Großen, / Macht froh bei jedem Los und groß in jedem Stand, / Macht jede Flur – zum Vaterland. / Jena, 16. März 1791.
G-GE, Für Behaghel von Adlerskron; I,452
edles Herz, Unglück s. Unglück, großes, sich finden
Efeu, kriechend s. kriechender Efeu
Ehe, verhaßte Ketten [Berta:] Hin an den Kaiserhof will man mich ziehn, / Dort harren mein verhaßter Ehe Ketten, / Die Liebe nur – die Eure kann mich retten!
D, Tell 3,2; II,972
Ehebett, echtes s. Bastard bin ich dir?
Ehen, Ring / Kette s. Ringe, machen Kette
Ehre geben, Recht verweigern [Rudenz:] Die Ehr, die ihm gebührt, geb ich ihm gern, / Das Recht, das er sich nimmt, verweigr ich ihm.
D, Tell 2,1; II,943
Ehre, alles setzen auf s. Nation, Ehre
Ehre, und Pflicht s. Pflicht und Ehre
Ehre, Würde, Fleiß s. Arbeit, Bürgers Zierde

ehren / schänden s. Griechen, Ostrazismus
ehren, Gott / Menschen [Elisabeth:] Mein gutes Volk liebt mich zu sehr. Unmäßig, / Abgöttisch sind die Zeichen seiner Freude, / So ehrt man einen Gott, nicht einen Menschen.
D, Maria Stuart 3,4; II,621
Ehrenmantel, gleißend s. Ruf, besser als mein
Ehret die Frauen! s. Frauen, Würde der
ehrwürdige Missetäter s. Bösewichter, erstaunliche
Ei in die Wirtschaft [Miller:] wem der Teufel ein Ei in die Wirtschaft gelegt hat, dem wird eine hübsche Tochter geboren –
D, Kabale u. L. 2,4; I,790
Ei und Huhn dazu s. Soldaten, Diebe
Eichenwald brauset s. Mägdlein, am Ufer
Eid des neuen Bundes s. Volk von Brüdern
Eifer, kann verraten [Rösselmann:] Der Eifer auch, der gute, kann verraten.
D, Tell 2,2; II,962
Eifer, zugrunde richtet s. Freunde Eifer / Haß der Feinde
eifernde Kräfte s. Großes wirken, Streit / Bund
Eifers Wärme [Wallenstein:] Gordon – des Eifers Wärme führt Euch weit, / Es darf der Jugendfreund sich was erlauben.
D, W.s Tod 5,5; II,537
Eifersucht, erwecken s. Philipp II., Überlegenheit
Eigensinn der Begierden s. Phantast, verläßt Natur
Eigentum, etwas [Erster Kürassier:] Etwas muß er sein eigen nennen, / Oder der Mensch wird morden und brennen.
D, W.s Lager 11; II,305
eilt heim, sorgend s. Frist nicht verfehle
Einbildungskraft, Launen der s. Phantast, verläßt Natur
Einbildungskraft, luxurierende s. Verstand, intuitiv / spekulativ
Einfalt, üben in s. Verstand / Einfalt
eingestehen / verlieren [Elisabeth:] Der schlimmste Schritt ist, den man eingesteht, / Was man nicht aufgibt, hat man nie verloren.
D, Maria Stuart 2,5; II,601
Einheit / Mannigfaltigkeit s. Begriff / Schönheit
Einheit, unveränderliche s. Mensch, real / idealisch
Einheit, zurück zur s. Ideal, Natur / Kultur
einig wollen wir handeln s. Volk, eines, einig
einig, einig, einig s. Freiheit, Orte der

einseitige Meinungen es ist gewiß der Wahrheit nichts so gefährlich, als wenn einseitige Meinungen einseitige Widerleger finden ...
T-ME, Zusammenhang; V,290
Einseitigkeit, ambivalent Einseitigkeit in Übung der Kräfte führt zwar das Individuum unausbleiblich zum Irrtum, aber die Gattung zur Wahrheit.
T-PH, Ästhetische Erziehung, 6. Brief; V,587
einstweilen, Philosophie s. Natur, einstweilen
einzelne, klug / Menge, dumm Jeder, sieht man ihn einzeln, ist leidlich klug und verständig, / Sind sie in corpore, gleich wird dir ein Dummkopf daraus.
G-EX, G. G.; I,288
einzelnes / Ganzes s. Ganzes, ehren / einzelnes, achten
einzig Volk von Brüdern s. Volk von Brüdern
Eisen ziehet s. Sünde, Magnet
Eisen, geschmiedet s. Glück / Sterne
eisern, Pulverdampf s. Tod ist los
eiserner Speer s. Mächtige / Friedliche
eiserner Stab s. Furcht / Freude
eisernes Herz s. Soldat, eisernes Herz
Ekel, vor Säkulum s. Jahrhundert, tintenklecksendes

Elemente, vier Vier Elemente, / Innig gesellt, / Bilden das Leben, / Bauen die Welt.
G-LY, Punschlied; I,421
Elisabeth / Leicester s. Denkmal meiner Strenge
Eltern / Kinder Töchter, reizend, sanft und gut, / Nach der Mutter Bilde, / Söhne von des Vaters Blut, / Feurig, kühn und milde.
G-LY, An Körner; I,141 f
Elysium, Tochter aus s. Freude, Götterfunken
Emigration★ es gibt Staaten, aus denen es kein Unglück ist, verwiesen zu werden.
H, Lykurgus u. Solon; IV,828
empfehlen, sich selber s. Moral, gesund / poetisch
Empfindung / Ideenfülle s. Gefahr, Dichter / Denker
Empfindung / Sitte s. sittlich / empfindend
Empfindung und Urteil s. Desideratum, das
Empfindung, erhöhte Es ist also nicht genug, Empfindung mit erhöhten Farben zu schildern; man muß auch erhöht empfinden. Begeisterung *allein* ist nicht genug; man fodert die Begeisterung eines gebildeten Geistes.
T-LI, Bürgers Gedichte; V,972
Empiriker / Realist s. Realist / Empiriker

Empiriker, blinder Gott Vornehm schaut ihr im Glück auf den blinden Empiriker nieder, / Aber, seid ihr in Not, ist er der delphische Gott.
G-ET, Letzte Zuflucht; I,307
Empiriker, sicher / blind Daß ihr den sichersten Pfad gewählt, wer möchte das leugnen? / Aber ihr tappet nur blind auf dem gebahntesten Pfad.
G-ET, Empiriker; I,307
empor, kriechend s. kriechender Efeu
Empörung / Gehorsam s. Extreme, Gehorsam / Empörung
Empörung, Flammen der s. Wahnsinn, frommer
Ende aller Tage, Alba s. Herzog Alba, Gott / Teufel
Ende aller Tage, Mortimer s. Sakrament, letzte Reise
Ende machen, aussprechen s. Opfer, verhöhnen
Ende, lehrt s. Schicksals Mächte, eifersüchtig
enden, in nichts s. Anfang, zu ernsthaft
eng im weiten Land [Walter zu Tell:] Vater, es wird mir eng im weiten Land, / Da wohn ich lieber unter den Lawinen.
D, Tell 3,3; II,976 f
Eng ist die Welt s. Welt, eng / Gehirn, weit

Engel, guter nicht [Buttler zu Octavio:] Bei Gott! Ihr überlasset / Ihn seinem guten Engel nicht!
D, W.s Tod 2,6; II,448
Engel, Kind s. Kind, Engel, Huld
Engel, Vieh, addieren s. Humanität, verkaufen für
England retten [Burleigh zu Elisabeth:] Hat Shrewsbury das Leben dir gerettet, / So will *ich* England retten – das ist mehr!
D, Maria Stuart 4,9; II,655
England, Gesetze / Unglück [Maria:] Ich sehe diese würdgen Peers mit schnell / Vertauschter Überzeugung unter *vier* / Regierungen den Glauben *viermal* ändern – [Burleigh:] Ihr nennt Euch fremd in Englands Reichsgesetzen, / In Englands Unglück seid Ihr sehr bewandert.
D, Maria Stuart 1,7; II,575
Englands Herrscher [Paulet:] Englands Beherrscher brauchen nichts zu scheuen, / Als ihr Gewissen und ihr Parlament.
D, Maria Stuart 1,2; II,558
Enkel des großen Karl s. ringen / mutlos enden
entbehre, wer nicht glauben kann s. Weltgeschichte, Weltgericht
entbehren können / Wahrheit haben [Philipp:] Wer mich / Ent-

behren kann, wird Wahrheit für mich haben.
D, Don Karlos 3,5; II,112
entbehren, Vater oder Freund s. Freund / Vater entbehren
entdecken / verschweigen [Lerma:] Oft sogar ist es weise, zu entdecken, / Was nicht verschwiegen bleiben kann.
D, Don Karlos 4,4; II,140
Entdeckungen verlangen s. Weiberblicke
Entfaltung / Knospe s. Welt, Knospe, groß
Entfremdung* s. Mensch, nur Bruchstück
Enthusiasmus, deutsche Leser Enthusiasmus suchst du bei deutschen Lesern? Du Armer, / Glücklich, könntest du auch rechnen auf Höflichkeit nur.
G-EX-U, [Ohne Überschrift]; I,335
entmenschtes Paar s. Henkerslust, rohe
entsagen, eh ich dir s. Sakrament, letzte Reise
Entschlossenheit ist deine Venus s. Schicksals Sterne
Entsetzen, Scherz s. Weiber zu Hyänen
Entsetzlichste, das s. Pedant, locker und lose
entworfen / vollführt s. Frevel, geglückter
entziehen, sich nicht s. Land, wenn es ruft

Epoche vor der Sprache s. Geschichte, Tradition, Sprache
Epoche, große Eine große Epoche hat das Jahrhundert geboren, / Aber der große Moment findet ein kleines Geschlecht.
G-EX, Der Zeitpunkt; I,260
Erbarmen, daß Gott erbarm s. römisch Reich / römisch Arm
Erbarmen, ein Gott hat s. Mut, Flut
Erbarmen, Krieg hat kein s. Krieg, Vergewaltigung
erben, Großmutter beerben s. Soldat, eisernes Herz
erbleichen, Freund s. Freund mir erbleichen
erbleichende Wangen s. Tat, vorher / nachher
erbleicht vor kühner Tat s. Wallenstein, Ermordung
Erde s. a. Welt
Erde, beseelt / seelenlos Wo jetzt nur, wie unsre Weisen sagen, / Seelenlos ein Feuerball sich dreht, / Lenkte damals seinen goldnen Wagen / Helios in stiller Majestät.
G-PH, Die Götter Griechenlands; I,163
Erde, Gott der s. Markt der Welt
Erde, guter / böser Geist [Wallenstein:] Mich schuf aus gröberm Stoffe die Natur, / Und zu der Erde zieht mich die Begierde. / Dem

Erde

bösen Geist gehört die Erde, nicht / Dem guten.
D, W.s Tod 2,2; II,435
Erde, schwarz bedeckt s. Auge des Gesetzes
Erde, verjüngt? s. Frühling, holder
Erdengrößen / Götter s. Rauch, alles Irdische
Erdenparadies / Mönche s. Glück, nie gewährt
Erfolg, Kraft s. Kraft / Ohnmacht
erfüllen müssen s. Ernst / Scherz
Ergebung, tragen mit s. Zukunft, ängstigt
erhaben / groß s. groß / erhaben
erhaben / schön s. Seele, schön / erhaben
erhaben wollen s. edel / erhaben
erhabene Gesinnung s. Anmut / Würde
Erhabenes in den Staub s. Strahlendes zu schwärzen
erhabner Sinn s. Sinn, erhabener
erhalten / erobern s. Verstand, bewachen / erobern
erheben / zermalmen s. Schicksal, erhebt / zermalmt
erinnern, Kinder als Greise [Walter Fürst:] Seht, welch ein Fest! Des Tages werden sich / Die Kinder spät als Greise noch erinnern.
D, Tell 5,1; II,1016
Erinnerung, fernende s. Schmerz, besingen

Erinnyen Gesang Besinnungraubend, herzbetörend / Schallt der Erinnyen Gesang, / Er schallt, des Hörers Mark verzehrend, / Und duldet nicht der Leier Klang ...
G-BA, Die Kraniche des Ibykus; I,350
erkämpfen / verlieren s. Riesenkraft
erkannte den Grafen s. göttliches Walten, verehrt
erkennen, sich / andere Willst du dich selber erkennen, so sieh, wie die andern es treiben, / Willst du die andern verstehn, blick in dein eigenes Herz.
G-ET, Der Schlüssel; I,305
Erkenntnis, durch das Schöne Nur durch das Morgentor des Schönen / Drangst du in der Erkenntnis Land. / An höhern Glanz sich zu gewöhnen, / Übt sich am Reize der Verstand.
G-PH, Die Künstler; I,174
Erkenntnis, Gehalt / Umfang s. Verstand, gemein / spekulativ
ermatten, nie s. Beschäftigung, die nie ermattet
ermorden, nicht richten [Maria:] Ermorden lassen kann sie mich, nicht richten! / Sie geb es auf, mit des Verbrechens Früchten / Den heilgen Schein der Tugend zu vereinen, / Und was sie *ist,* das wage sie zu scheinen!
D, Maria Stuart 1,7; II,581

Ernähr- s. a. Nahrung; nähren
erniedrigen, nicht [Maria:] Man kann uns niedrig / Behandeln, nicht erniedrigen.
D, Maria Stuart 1,2; II,556
Ernst / Scherz [Wallenstein:] Wie? Sollt ichs nun in Ernst erfüllen müssen, / Weil ich zu frei gescherzt mit dem Gedanken?
D, W.s Tod 1,3; II,413
Ernst / Spiel mit dem Angenehmen, mit dem Guten, mit dem Vollkommenen ist es dem Menschen *nur* ernst, aber mit der Schönheit spielt er.
T-PH, Ästhetische Erziehung, 15. Brief; V,617
ernst ist das Leben s. Leben, ernst / Kunst, heiter
Ernst, des Schwärmers s. Schwärmers Ernst / Weltmanns Blick
ernst, Leben, Seele s. Herz, Schicksals Stimme
ernst, verwegen s. Horen, Erster Jahrgang
Ernst, Wahrheit, Born Nur dem Ernst, den keine Mühe bleicht, / Rauscht der Wahrheit tief versteckter Born, / Nur des Meißels schwerem Schlag erweichet / Sich des Marmors sprödes Korn.
G-PH, Das Ideal und das Leben; I,203
ernste Wahrheit s. Wahrheit, verstoßen
ernstes Wort s. Wort, ernstes

Ernte und Aussaat s. Sterne, Saatzeit erkunden
erobern / verheeren [Karlos zu Philipp:] Schon der Name / Des königlichen Sohnes, der voraus / Vor meinen Fahnen fliegen wird, erobert, / Wo Herzog Albas Henker nur verheeren.
D, Don Karlos 2,2; II,50
erobern, bemerken s. Rat der Weiber
erraten, Charakter s. Reden / Gebärden
Erröten, zurücknehmen [Posa:] Ein Erröten / Zurückzunehmen, haben manche schon / Der Schande sich geopfert.
D, Don Karlos 2,15; II,95
Ersatz fürs Unersetzliche [Marfa:] Das ist eine feige Seele, / Die eine Heilung annimmt von der Zeit, / Ersatz fürs Unersetzliche! Mir soll / Nichts meinen Gram abkaufen – …
D, Demetrius 2,1; III,37
Erscheinung s. a. Schein
Erscheinung, Freiheit in der s. Schönheit, Freiheit
Erscheinungen, Flucht der s. Gesetz / Zufall
erschöpfende Arbeit s. Arbeit / Genuß
ertragen / nicht ertragen [Gertrud:] Ertragen muß man, was der Himmel sendet, / Unbilliges erträgt kein edles Herz.
D, Tell 1,2; II,927

ertragen, was man kann
s. Gelassenheit, lammherzige
erwürgen, Bürgen s. Bürge,
erwürgen
erzählen, den Kommenden
s. Distichen, erzählt!
Erzählungen, in Winternächten
s. Kriegsgeschichten
Erziehung, moralisch / ästhetisch s. sittlich / empfindend
erzittern s. zittern
Esel / Roß s. Roß / Esel
essen, Ideen s. Genuß, Ideen essen
Essen, Liebe, Gott s. Liebe, Essen, Gott
essen, wohnen, Würde Nichts mehr davon, ich bitt euch. Zu essen gebt ihm, zu wohnen, / Habt ihr die Blöße bedeckt, gibt sich die Würde von selbst.
G-EP, Würde des Menschen__I,248
Etsch, Belt s. Dienst, ist Heimat
Europa entzündete sich jetzt fiel der unglückliche Strahl in ein hoch aufgetürmtes, lange gesammeltes Brenngeräte, und Europa entzündete sich.
H, Dreißigj. Krieg; IV,715
Europa, Fanatismus s. Philipp II., Fanatismus
Europa, Friede / Krieg Zerfallen sehen wir in diesen Tagen / Die alte feste Form, die einst vor hundert / Und funfzig Jahren ein willkommner Friede / Europens Reichen gab, die teure Frucht / Von dreißig jammervollen Kriegesjahren. / [...] Ein Tummelplatz von Waffen ist das Reich, / [...] Der Bürger gilt nichts mehr, der Krieger alles, / Straflose Frechheit spricht den Sitten Hohn ...
D, W.s Lager, Prolog; II,272
Europas großem Besten s. Wallenstein, Österreich, Europa
Europas Königen
s. Gedankenfreiheit
ewig / einmal s. schenken, einmal / ewig
ewig Eines / Vielfalt s. Licht und Farbe
ewig gerecht s. Natur, ewig gerecht
ewig Gestrige s. Gestrige, das ewig
ewig ist die Freude s. Schmerz, kurz / Freude, ewig
ewig Licht und Leben s. Licht und Leben, ewig
ewig quellen s. Mensch, Mikrokosmos
ewig, Lehre, Welt s. Weltgeschichte, Weltgericht
ewige Fesseln, anlegen
s. Zeit / Beständigkeit
ewiger Wechsel
s. Wechsel / Beharren
ewiges Eins s. Begriff / Schönheit

ewiges Feuer s. Frauen, Würde der
ewiges Leben, Langeweile Ein vor allemal willst du ein ewiges Leben mir schaffen? / Mach im zeitlichen doch mir nicht die Weile so lang.
G-EX, Dem Zudringlichen; I,287
Ewigkeit / Minute »Du hast *gehofft,* dein Lohn ist abgetragen, / Dein *Glaube* war dein zugewognes Glück. / Du konntest deine Weisen fragen, / Was man von der Minute ausgeschlagen, / Gibt keine Ewigkeit zurück.«
G-LY, Resignation (Schluß); I,133
Ewigkeit / Tod [Posa zu Philipp:] Sie wollen pflanzen für die Ewigkeit, / Und säen Tod? Ein so erzwungnes Werk / Wird seines Schöpfers Geist nicht überdauern.
D, Don Karlos 3,10; II,125
Ewigkeit, arbeiten für die
s. Schuld, abtragen
Ewigkeit, dankt euch
s. Mensch, entjochter
Ewigkeit, Meer der s. Zeit, fliehende / Ewigkeit
Ewigkeiten, Bau der s. Beschäftigung, die nie ermattet
Ewigklar und spiegelrein
s. Olymp, der Seligen
existieren / verändern
s. Mensch, existieren
extrem sentimentalisch
s. Goethe, Werther

Extreme, Gehorsam / Empörung Der Mensch, von dem doppelten Joch der Sklaverei und der Dummheit belastet, schweift gerne von einem Extrem zum andern und geht von einem blinden Gehorsam zu zügellosen Empörungen über.
H, Philipp; IV,9
exzentrisch, extravagant
s. Realist / Idealist, Aversionen

F

Fabel, Liebe [Max zu Thekla:] Die Fabel ist der Liebe Heimatwelt, / Gern wohnt sie unter Feen, Talismanen, / Glaubt gern an Götter, weil sie göttlich ist.
D, Piccolomini 3,4; II,368
fabelhafte Spur s. Natur, Blütenalter der
Fabelland, Wesen aus dem s. Götter Griechenlandes
Fabeln für Kinder s. Damen und Kinder, Schriften
Fackel, erloschene s. Tod, nicht ästhetisch
Fackel, Genius senkt s. Tod, Griechen
Fackel, taucht nieder s. Resignation, abgeblüht
Fahne, verpflichtet s. verboten / erlaubt
Fahnen, vorausfliegen s. erobern / verheeren
Fährmann fehlt s. Nachen, Fährmann
Faktion, Geist der s. Demokratie, Übel der
Fall, Rettungsbrücke s. Rettungsbrücke bauen
Fall, steigen durch [Max zu Octavio:] Du steigst durch seinen Fall. Octavio, / Das will mir nicht gefallen.
D, W.s Tod 2,7; II,449

Fall, tief, donnernd s. Höhen / Fall, donnernd
fallen aus der Rolle s. Rolle, fallen aus der
fallen von Soldatenhänden [Deveroux:] Komm, Macdonald! Er soll als Feldherr enden, / Und ehrlich fallen von Soldatenhänden.
D, W.s Tod 5,2; II,528
fallen, fallen sehen [Elisabeth über Leicester:] Wem darf ich traun, wenn *er* mich hinterging? / [...] Er soll sie fallen sehn, und nach ihr fallen.
D, Maria Stuart 4,5; II,643
fallen, nicht zu tief s. hoch streben / tief fallen
falsche Freunde s. Freunde, falsche
Falschheit und List, verdecken s. Grobheit, Heuchelei
Falschheit und Verstellung s. Verstellung, danke dem Himmel
Falschheit, unselige [Max:] Unselge Falschheit! Mutter alles Bösen!
D, W.s Tod 2,7; II,449
Fanatismus, Henkersknecht s. Niederlande / Spanien
Farbe, du wechselnde s. Licht und Farbe
Farben, erhöhte s. Empfindung, erhöhte
fechten, für die Bibel s. Lutherische, Fahne, Herz
fechten, um nichts s. Sieg, nötig / unnötig

Feder, die starke s. Freude treibt die Räder
Feen, Talismane s. Fabel, Liebe
Feenland der Lieder s. Natur, Blütenalter der
Fehler, rügen / bekennen Man muß einen Fehler mit Anmut rügen und mit Würde bekennen. *T-PH, Anmut u. Würde; V,480*
feierliche Schändung s. Vernunft, prahlende
feierliches Schweigen s. Schweigen, lastendes
feige Seele s. Ersatz fürs Unersetzliche
feige Weisheit s. Tugend, feige Weisheit
Feigem, Mut erzeugen s. Gesetz, Freund des Schwachen
Feind alles Kleinlichen s. Realist / Idealist, Aversionen
Feind, gemeinsamen jagen [Wallenstein:] Was noch so wütend ringt, sich zu zerstören, / Verträgt, vergleicht sich, den *gemeinen* Feind / Der Menschlichkeit, das wilde Tier zu jagen, / Das mordend einbricht in die sichre Hürde, / Worin der Mensch geborgen wohnt – *D, W.s Tod 1,6; II,423*
Feind, scheue keinen s. recht tun, gehaßt werden
Feind, unsichtbarer s. Schicksal, Urne des
Feinde zur Lust? s. Mittelmäßigkeit, literarisch

Feindin Brust, Messer s. Augenblick der Rache
feindlich Haupt s. Haupt, feindlich, heilig
feindliches Leben s. Mann muß hinaus
Feld, Mann noch was wert s. Pferd, aufs Pferd!
Feldherr / Soldaten s. Soldaten, keinen Feldherrn
Feldherr / Truppen s. Pappenheimer, meine
Feldherr, der erfahrenste s. Weisheit, Griechen
Feldherr, enden als s. fallen von Soldatenhänden
Feldherr, junger / bewährter s. Sieg, nötig / unnötig
Feldherr, Manieren [Wachtmeister:] Der feine Griff und der rechte Ton, / Das lernt sich nur um des Feldherrn Person. *D, W.s Lager 6; II,284*
Feldherr, Wallenstein, Kaiser s. Wallenstein / Kaiser
Feldruf, Schlachtroß [Johanna:] Den Feldruf hör ich mächtig zu mir dringen, / Das Schlachtroß steigt und die Trompeten klingen. *D, Jungfrau, Prolog 4 (Schluß); II,702*
Felsen verglasen s. Funke sprüht
Felsen, bewegen [Gordon zu Buttler:] O einen Felsen streb ich zu bewegen! / Ihr seid von Menschen menschlich nicht gezeugt ... *D, W.s Tod 4,8; II,511*

Felsenspalte, Bergesalte Plötzlich aus der Felsenspalte / Tritt der Geist, der Bergesalte.
G-BA, Der Alpenjäger; I,390
fern von Madrid s. zehn Jahre Zeit
fern, künftig s. Zukunft, ängstigt
fernende Erinnerung s. Schmerz, besingen
fertig schon zu sein s. beerbt, schon
Fessel lieben s. Mensch, entjochter
Fessel, des Gesetzes s. Gottes Majestät, verschwindet
Fesseln / Zügel Seine Fesseln zerbricht der Mensch. Der Beglückte! Zerriß er / Mit den Fesseln der Furcht nur nicht den Zügel der Scham! / Freiheit ruft die Vernunft, Freiheit die wilde Begierde, / Von der heilgen Natur ringen sie lüstern sich los.
G-PH, Der Spaziergang; I,232
Fesseln der Notdurft s. Schönheit, Selbstzweck
Fesseln, ewige s. Zeit / Beständigkeit
fesselnder Blick s. Frauen, zauberisch fesselnd
fest gebannt s. Zauberring, in einem
Fest gemauert Fest gemauert in der Erden / Steht die Form, aus Lehm gebrannt. / Heute muß die Glocke werden, / Frisch, Gesellen, seid zu Hand!
G-LY, Das Lied von der Glocke; I,429
fest und ewig s. Freiheit, Orte der
Fest, welch ein s. erinnern, Kinder als Greise
Festes Glanz s. Waffen ruhn
feststehen / fallen [Gordon über Wallenstein:] O schad um solchen Mann! denn keiner möchte / Da festestehen, mein ich, wo er fiel.
D, W.s Tod 4,2; II,497
Feuer, aufs Papier gießen s. Dichter, Alltag
Feuer, eignes [Wallenstein:] *Die Sonnen also scheinen uns nicht mehr, / Fortan muß eignes Feuer uns erleuchten.*
D, Piccolomini 2,2; II,337
Feuer, ewiges, nähren s. Frauen, Würde der
Feuerball sich dreht s. Erde, beseelt / seelenlos
Feuers Macht Wohltätig ist des Feuers Macht, / Wenn sie der Mensch bezähmt, bewacht, / Und was er bildet, was er schafft, / Das dankt er dieser Himmelskraft ...
G-LY, Das Lied von der Glocke; I,434
feuertrunken s. Freude, Götterfunken
Feuerzeichen flammend s. Freiheit, schauen / hören

feurig Sehnen s. Schlacht, Sehnen
feurig, kühn und milde s. Eltern / Kinder
Fichtes Wissenschaftslehre Was nicht Ich ist, sagst du, ist nur ein Nicht-Ich. Getroffen, / Freund! So dachte die Welt längst, und so handelte sie.
G-EX-U, Fichtes Wissenschaftslehre; I,336
Fieber / Andacht s. Fromme, an
Fieberparoxysmen s. Skeptizismus und Freidenkerei
Fiesko, Moral des Wenn jeder von uns zum Besten des Vaterlands *diejenige* Krone hinwegwerfen lernt, die *er* fähig ist zu erringen, so ist die Moral des Fiesko die größte des Lebens.
D, Fiesko, Erinnerung an das P.; I,754
Finger, angefrorner s. Dichter, Alltag
Finger, Zwinger Und wie er winkt mit dem Finger, / Auf tut sich der weite Zwinger ...
G-BA, Der Handschuh; I,376
finster s. a. dunkel
finster der Wüterich s. Kreuze bereuen
finster herrschend s. Zufall, blind waltend
finster und mönchisch s. Kant, Moralphilosophie
finstere Todesmächte s. glühend, hassen, lieben
finsterer Weg s. Hoffnungsschimmer, kaum
finstrer Geist, Haus s. Geist, finstrer
finstres Haus s. Freundschaft, leise, zart
Fischer, leichter Mut [Gordon zu Wallenstein:] Mein Fürst! Mit leichtem Mute knüpft der arme Fischer / Den kleinen Nachen an im sichern Port, / Sieht er im Sturm das große Meerschiff stranden.
D, W.s Tod 5,4; II,534
Flamme brausend Heulend kommt der Sturm geflogen, / Der die Flamme brausend sucht. / [...] / Riesengroß! / Hoffnungslos / Weicht der Mensch der Götterstärke, / Müßig sieht er seine Werke / Und bewundernd untergehen.
G-LY, Das Lied von der Glocke; I,435
Flammen, geraten in s. geheime Struktur, Mensch
Flammenbäche, wehe s. Form zerbrechen, Meister
Flandern, Flamänder s. Ruhe eines Kirchhofs
flandrische Provinzen s. Niederlande / Spanien
flattern, Schwingen s. liebend umschlingen

flehen / befehlen s. Bitte / Befehl
Flehen / Fluch [Maria:] Ach mein Verderben hab ich mir erfleht, / Und mir zum Fluche wird mein Flehn erhört!
D, Maria Stuart 3,3; II,620
flehen, Dach s. Dach, wirtliches
Fleiß, Biene / Mensch s. Kunst, Mensch allein
Fleiß, der Hände s. Arbeit, Bürgers Zierde
fliehen / suchen, sich selbst Aber das habt ihr ja alles bequemer und besser zu Hause, / Warum entfliehet ihr euch, wenn ihr euch selber nur sucht?
G-EX, Er; I,302
fliehen, dem Schicksal, niemand s. Geschick, wenden / vollenden
fliehen, in Geisterwelt s. Tier, entlaufen dem
flott und müßig [Erster Jäger:] Flott will ich leben und müßig gehn, / Alle Tage was Neues sehn ...
D, W.s Lager 6; II,285
Fluch der bösen Tat [Octavio zu Max:] In steter Notwehr gegen arge List / Bleibt auch das redliche Gemüt nicht wahr − / Das eben ist der Fluch der bösen Tat, / Daß sie, fortzeugend, immer Böses muß gebären.
D, Piccolomini 5,1; II,398

Fluchgeschick der Könige s. Könige, Fluchgeschick
Flucht, der Erscheinungen s. Gesetz / Zufall
flüchtet, rennet, rettet s. Alles rennet
flüchtige Lust s. Sinnenlust / Denken
flüchtiges Geschlecht s. Natur, ewig gerecht
flüchtiges Ziel verfolgen s. Leben, genießen / erbeuten
Flüchtling, zurückwinken s. Frauen, zauberisch fesselnd
fluchwürdger Argwohn s. Glaube, fehlender
fluchwürdig Schicksal s. Soldat, Schicksal des
Flug, Adler s. Schneckengang / Adlerflug
Flügel, beflügelt von s. Jüngling, Lebens Bahn
Flügel, sanfter s. Freude, Götterfunken
Flügelkleid s. Schmerz, kurz / Freude, ewig
Flüsse, Lauf der s. Willkür / Ordnung
Flut auf Flut s. Meer, wallet und siedet
Flut, hohe / Schiff, schweres s. Strom der Menge
Form / Materie s. Ideenreich / Sinnenwelt
Form zerbrechen, Meister Der Meister kann die Form zerbrechen

/ Mit weiser Hand, zur rechten Zeit, / Doch wehe, wenn in Flammenbächen / Das glühnde Erz sich selbst befreit!
G-LY, Das Lied von der Glocke; I,439
Form, aus Lehm gebrannt s. Fest gemauert
Form, feste, zerfällt heute s. Europa, Friede / Krieg
Form, Inhalt, Geschmack s. Geschmack, Form / Inhalt
Form, Mensch ohne s. Mensch ohne Form
Form, vertilgt Stoff s. Kunstwerk, Inhalt / Form
Formalität / Realität s. Realität / Formalität
Forscher, handelt s. Philosoph / Weltmann
fortgeschrittener Mensch s. Natur, bereicherte
fortpflanzen, Monarchien s. Monarchen / Monarchien
Fortpflanzung, Menschen / Menschheit s. Menschheit / Wenige
Fortschritt / Dauerhaftigkeit Hindert eine Staatsverfassung, daß alle Kräfte, die im Menschen liegen, sich entwickeln, hindert sie die Fortschreitung des Geistes, so ist [... ihre Dauerhaftigkeit ...] nur ein verlängertes Übel ...
H, Lykurgus u. Solon; IV,815 (zitiert im ersten »Flugblatt der weißen Rose«, Juni 1942)

fortzeugend Böses s. Fluch der bösen Tat
Frankreich / Deutschland, gallisch s. Deutsche, griechisch-römisch / gallisch
Frankreich / Deutschland, Pöbel Was in Frankreich vorbei ist, das spielen Deutsche noch immer, / Denn der stolzeste Mann schmeichelt dem Pöbel und kriecht.
G-EX-U, Verlegene Ware; I,320
Frankreich / Spanien s. Spaniens Frauen
Frankreich, was geschieht Augen leiht dir der Blinde zu dem, was in Frankreich geschiehet, / Ohren der Taube, du bist, Deutschland, vortrefflich bedient.
G-EX, Historische Quellen; I,282
Frankreich, zu Schiff nach s. Lord läßt sich entschuldigen
Franzosen, freie Bürger [Thibaut:] Ja, liebe Nachbarn! Heute sind wir noch / Franzosen, freie Bürger noch und Herren / Des alten Bodens, den die Väter pflügten ...
D, Jungfrau, Prolog 1; II,689
Französisch, Zofen s. Zofenfranzösisch
französische Bonmots Die französischen Bonmots besonders, sie nehmen sich herrlich / Zwischen dem deutschen Gemisch alberner Albernheit aus.
G-EX-U, Der bunte Stil; I,325

Franztum / Luthertum s. Revolutionen, Luther / Franzosen
Fratzen, leider nur s. Jean Paul, Fratzen
Frau(en) s. a. Damen; Jungfrau; Mädchen; Magd; Mägdlein; Tochter; Töchter; Weib
Frau / Staat, beste s. Staat / Frau, beste
Frauen / Kastraten Drum fliehn sie [die Frauen] jeden Ehrenmann, / Sein Glück wird sie betrüben – / *Wer keinen Menschen machen kann, / Der kann auch keinen lieben.*
G-LY, Kastraten und Männer; I,82
Frauen, Sitte / Männer, Stärke s. Männer, Stärke / Frauen, Sitte
Frauen, Würde der Ehret die Frauen! Sie flechten und weben / Himmlische Rosen ins irdische Leben, / Flechten der Liebe beglükkendes Band, / Und in der Grazie züchtigem Schleier / Nähren sie wachsam das ewige Feuer / Schöner Gefühle mit heiliger Hand.
G-PH, Würde der Frauen; I,218
Frauen, zauberisch fesselnd Aber mit zauberisch fesselndem Blicke / Winken die Frauen den Flüchtling zurücke ...
G-PH, Würde der Frauen; I,219
Frauensaal s. Not gehorchend
frech empört s. Drache, schlimmerer
frech witzelte s. Spötter, Schlangenheer der
frech, durchs Land s. Friedländers wilde Jagd
Frechheit, straflose s. Europa, Friede / Krieg
frei, alle Knechte [Berta:] Wohlan! / So reich ich diesem Jüngling meine Rechte, / Die freie Schweizerin dem freien Mann! [Rudenz:] Und frei erklär ich alle meine Knechte.
D, Tell 5,3 (Schluß); II,1029
frei, wie die Väter s. Volk von Brüdern
Freidenkerei s. Skeptizismus und Freidenkerei
freie Lust s. Schönheit, Selbstzweck
freier Mensch / Sklave s. Mensch, frei geschaffen
Freier, Männer s. töten, Freier, Männer
freies Leben [Räuber *(singen)*:] Ein freies Leben führen wir, / Ein Leben voller Wonne.
D, Räuber 4,5; I,585
Freihafen aller Meinungen s. Niederlande, Amsterdam
Freiheit / Lenkung s. Demokratie, Lenkung
Freiheit / Schönheit s. edel, Form, Geist
Freiheit / Verwesung [Philipp:] Es ist mein einzger Sohn – Wem hab ich / Gesammelt? [Großinquisitor:] Der Verwesung lieber als / Der Freiheit.
D, Don Karlos 5,10; II,215

Freiheit / Wohlstand s. Wohlstand / Freiheit
Freiheit brütet Kolosse s. Gesetz / großer Mann
Freiheit des Gemüts s. Kunst, Freude gewidmet
Freiheit ehren / Willkür zügeln s. Mensch, gebildeter / Natur
Freiheit und Gleichheit Freiheit und Gleichheit! hört man schallen, / Der ruhge Bürger greift zur Wehr, / Die Straßen füllen sich, die Hallen, / Und Würgerbanden ziehn umher ...
G-LY, Das Lied von der Glocke; I, 440
Freiheit, begraben [Karlos:] Du sprichst von Zeiten, die vergangen sind. / Auch mir hat einst von einem Karl geträumt, / Dems feurig durch die Wangen lief, wenn man / Von Freiheit sprach – doch der ist lang begraben.
D, Don Karlos 1,2; II,14
Freiheit, bei der Macht [Zweiter Jäger:] Freiheit ist bei der Macht allein. / Ich leb und sterb bei dem Wallenstein.
D, W.s Lager 11; II, 308
Freiheit, eine, macht uns frei s. kämpfen, für Vaterland / Liebe
Freiheit, fromm in der s. Genius, kühn, fromm
Freiheit, genommen [Questenberg:] Genommen ist die Freiheit, nicht gegeben, / Drum tut es not, den Zaum ihr anzulegen.
D, Piccolomini 1,2; II,321

Freiheit, Gesetz / Anarchie s. Schönheit, Würde / Trieb
Freiheit, Irrtum [Buttler:] Wo viel Freiheit, ist viel Irrtum, / Doch sicher ist der schmale Weg der Pflicht.
D, W.s Tod 4,2; II,498
Freiheit, Mann der s. Hut, sitzenlassen
Freiheit, Orte der [Attinghausen (sterbend):] Drum haltet fest zusammen – fest und ewig – / Kein Ort der Freiheit sei dem andern fremd – / Hochwachten stellet aus auf euren Bergen, / Daß sich der Bund zum Bunde rasch versammle – / Seid einig – einig – einig –
D, Tell 4,2; II,999
Freiheit, physisch und moralisch s. Spieltrieb, physisch und moralisch
Freiheit, schauen / hören [Melchthal:] Blinder, alter Vater! / Du kannst den Tag der Freiheit nicht mehr *schauen,* / Du sollst ihn *hören* – Wenn von Alp zu Alp / Die Feuerzeichen flammend sich erheben, / [...] Und hell in deiner Nacht soll es dir tagen.
D, Tell 1,4; II,941 f
Freiheit, Schönheit Freiheit ist nur in dem Reich der Träume, / Und das Schöne blüht nur im Gesang.
G-GE, Antritt des neuen Jahrhunderts; I,459

Freiheit, Vernunft / Begierde
s. Fesseln / Zügel
Freiheit, ziehen in die s. Pferd, aufs Pferd!
Freiheitsapostel, Herrschaft Haltet ihr denn den Deutschen so dumm, ihr Freiheitsapostel! / Jeglicher sieht: euch ists nur um die Herrschaft zu tun.
G-EX-U, Der Wolf in Schafskleidern; I,319
Fremdling in der Sinnenwelt
s. Ideenreich / Sinnenwelt
Fremdling, erhabener
s. Tierheit dumpfe Schranke
Fremdwörter, verdeutschen
s. Sprache, Fremdwörter
Freude s. a. Glück
Freude / Furcht
s. Furcht / Freude
Freude dieser Stadt s. Glocke, hochgezogen
Freude treibt die Räder Freude heißt die starke Feder / In der ewigen Natur. / Freude, Freude treibt die Räder / In der großen Weltenuhr.
G-LY, An die Freude; I,134
Freude, am Unnötigen
s. Schönheit, Selbstzweck
Freude, bei Tisch [Wallenstein:] Dies Geschlecht / Kann sich nicht anders freuen, als bei Tisch.
D, W.s Tod 5,4; II,533
Freude, Bringer schöner
s. willkommen, Max

Freude, ewig ist die s. Schmerz, kurz / Freude, ewig
Freude, Götterfunken Freude, schöner Götterfunken, / Tochter aus Elysium, / Wir betreten feuertrunken / Himmlische, dein Heiligtum. / Deine Zauber binden wieder, / Was der Mode Schwert geteilt; / Bettler werden Fürstenbrüder, / Wo dein sanfter Flügel weilt.
*G-LY, An die Freude; I,133
(Später statt »der Mode Schwert« »die Mode streng« und statt »Bettler werden Fürstenbrüder« »Alle Menschen werden Brüder«)*
Freude, Kunst gewidmet
s. Kunst, Freude gewidmet
Freude, Leichtsinn s. Männer, Lüstlinge
Freude, ungemischte s. Götter Neide
Freuden, meiner Jugend
s. Jugend / Jenseits
Freund / Vater entbehren [Max zu Octavio:] Und eh der Tag sich neigt, muß sichs erklären, / Ob ich den Freund, ob ich den Vater soll entbehren.
D, Piccolomini 5,3 (Schluß); II,405
Freund mir erbleichen »Und ich kann die Stadt nicht erreichen, / So muß der Freund mir erbleichen.«
G-BA, Die Bürgschaft; I,353
Freund, Ballspiel Kinder werfen den Ball an die Wand und fangen

ihn wieder, / Aber ich lobe das Spiel, wirft mir der Freund ihn zurück.
G-ET, Wechselwirkung; I,304
Freund, nicht mehr retten »Zurück! du rettest den Freund nicht mehr, / So rette das eigene Leben!«
G-BA, Die Bürgschaft; I,355
Freund, starb dir s. Sieg, freu dich des
Freund, tadeln s. tadeln, öffentlich / still
Freund, treuer, umarmt Und schweigend umarmt ihn der treue Freund / Und liefert sich aus dem Tyrannen, / Der andere ziehet von dannen.
G-BA, Die Bürgschaft; I,353
Freund, über alles Glück [Wallenstein:] Denn über alles Glück geht doch der Freund, / Ders fühlend erst erschafft, ders teilend mehrt.
D, W.s Tod 5,3; II,531
Freunde Eifer / Haß der Feinde [Wallenstein:] Der Freunde Eifer ists, der mich / Zugrunde richtet, nicht der Haß der Feinde.
D, W.s Tod 3,16; II,479
Freunde, falsche [Wallenstein zu Seni:] Von falschen Freunden stammt mein ganzes Unglück, / Die Weisung hätte früher kommen sollen, / Jetzt brauch ich keine Sterne mehr dazu.
D, W.s Tod 5,5; II,536

Freundes Freund s. Wurf gelungen, großer
Freundschaft, höchster Wert [Wallenstein zu Max:] Dich wird die Welt nicht tadeln, sie wirds loben, / Daß dir der Freund das meiste hat gegolten.
D, W.s Tod 3,18; II,485
Freundschaft, leise, zart Von all dem rauschenden Geleite, / Wer harrte liebend bei mir aus? / Wer steht mir tröstend noch zur Seite / Und folgt mir bis zum finstern Haus? / Du, die du alle Wunden heilest, / Der Freundschaft leise, zarte Hand, / Des Lebens Bürden liebend teilest, / Du, die ich frühe sucht' und fand ...
G-PH, Die Ideale; I,189 f
Freundschaft, Prüfungsstunde s. Leben, Lottospiel
Frevel, geglückter [Gräfin Terzky:] Entworfen bloß, ists ein gemeiner Frevel, / Vollführt, ists ein unsterblich Unternehmen; / Und wenn es glückt, so ist es auch verziehn, / Denn aller Ausgang ist ein Gottes Urtel.
D, W.s Tod 1,7; II,424
Fridolin, fromm Ein frommer Knecht war Fridolin / Und in der Furcht des Herrn / Ergeben der Gebieterin ...
G-BA, Der Gang nach dem Eisenhammer; I,382

Friede

Friede sei ihr erst Geläute
s. Glocke, hochgezogen
Friede, Europa s. Europa, Friede / Krieg
Friede, schön / Krieg, Ehre
s. Krieg, Beweger, Ehre
Friede, woher? s. Krieg, aufhören
Frieden schenken s. Wallenstein, Frieden schenken
Frieden schließen, Krieg führen
s. Gewalt, absolute
Frieden, geschreckt aus s. Milch der frommen Denkart
Frieden, Grab des Muts [Einer aus dem Chor:] Denn der Mensch verkümmert im Frieden, / Müßige Ruh ist das Grab des Muts.
D, Braut v. M.; II,851
Frieden, mit ihrem Volk
s. Welt in Waffen
Frieden, nicht bleiben in
s. Frömmste nicht in Frieden
Frieden, nie bewölkter s. Ruhe eines Kirchhofs
Friedenssitz s. Wahnsinn, frommer
Friedland, kein zweiter [Herzogin zu Thekla:] Es lebt kein zweiter Friedland, du, mein Kind, / Hast deiner Mutter Schicksal nicht zu fürchten.
D, W.s Tod 3,3; II,456
Friedländer / Friede [Kapuziner:] Läßt sich nennen den *Wallenstein*, / Ja freilich ist er uns *allen* ein *Stein* / Des Anstoßes und Ärgernisses, / Und so lang der Kaiser diesen Friedeland / Läßt walten, so wird nicht Fried im Land.
D, W.s Lager 8; II,296
Friedländers wilde Jagd [Zweiter Jäger:] Wetter auch! wo Ihr nach uns fragt, / Wir heißen des Friedländers wilde Jagd, / Und machen dem Namen keine Schande – / Ziehen frech durch Feindes und Freundes Lande ...
D, W.s Lager 6; II,284
Friedlands Sterne s. Nacht muß es sein
Friedlicher, in Frieden [Tell:] Ein jeder lebe still bei sich daheim, / Dem Friedlichen gewährt man gern den Frieden. [Stauffacher:] Meint Ihr? [Tell:] Die Schlange sticht nicht ungereizt.
D, Tell 1,3; II,931
Frist nicht verfehle Und ehe das dritte Morgenrot scheint, / Hat er schnell mit dem Gatten die Schwester vereint, / Eilt heim mit sorgender Seele, / Damit er die Frist nicht verfehle.
G-BA, Die Bürgschaft; I,353
Frist, keine gegeben s. Tod, rasch tritt
fröhlich enden, s. Götter, Gaben streun
fröhlich, und gut s. Mann, solcher, gemangelt
fröhlicher Schein s. Reich der Kräfte / des Spiels

fromm, und kühn s. Genius, kühn, fromm
fromme Denkart s. Milch der frommen Denkart
fromme gesunde Natur s. Natur, am Pranger
Fromme, an Fort, fort mit eurer Torheit! Laßt mir lieber / Das, was ihr Weisheit nennt, mit fadem Spott! / Herzlos ist eurer Andacht kaltes Fieber, / Kopflos ist nur ein Popanz euer Gott.
G-EP, An die Frommen; I,246
frommer Knecht s. Fridolin, fromm
frommer Stab s. Schwert / Stab
frommer Wahnsinn s. Wahnsinn, frommer
Frömmste nicht in Frieden [Stüssi:] Ja, wohl dem, der sein Feld bestellt in Ruh / Und ungekränkt daheim sitzt bei den Seinen. [Tell:] Es kann der Frömmste nicht in Frieden bleiben, / Wenn es dem bösen Nachbar nicht gefällt.
D, Tell 4,3; II,1007
Frosch, hüpft artig s. Rezension, Frosch
Frucht, des Schicksals s. Schicksals Frucht
früh am Morgenstrahl s. Schütze, kommt gezogen
früh übt sich [Tell zu Walter:] Ein rechter Schütze hilft sich selbst. [Hedwig zu Tell:] Die Knaben fangen zeitig an zu schießen. [Tell:] Früh übt sich, was ein Meister werden will. [Hedwig:] Ach wollte Gott, sie lerntens nie.
D, Tell 3,1; II,966
früheres Verdienst s. Verdienst veraltet schnell
Frühling, allgemeiner s. Ruhe eines Kirchhofs
Frühling, holder Ist der holde Lenz erschienen? / Hat die Erde sich verjüngt?
G-PH, Klage der Ceres; I,190
Frühlingstag, heiter s. Heiter wie Frühlingstag
fühle den Gott s. Fühlen / Denken
fühlen s. a. Gefühl; Herz
Fühlen / Denken Allen gehört, was du denkst, dein eigen ist nur, was du fühlest, / Soll er dein Eigentum sein, fühle den Gott, den du denkst.
G-ET, Das eigne Ideal; I,310
fühlen, ersuchen zu s. Dichtung, frostig und herzlos
fühlende Brust s. Brust, einzig fühlende
fühllos wie das Eisen s. Henkerslust, rohe
Fülle, reizende s. Jungfrau, reizende Fülle
Fülle, zur Klarheit s. Wahrheit, im Abgrund
Fundamentalgesetze s. Realität / Formalität
fünf, gemischte Zahl s. Mensch, gut und böse

fünftes Menschenalter
s. Weltalter, kindliches
Funke sprüht Der Funke sprüht, die Bälge blasen, / Als gält es, Felsen zu verglasen.
G-BA, Der Gang nach dem Eisenhammer; I,384
Funke, Blitz s. Dienst, ist Heimat
Furcht / Achtung s. Würde und Anmut, verhüten
Furcht / Freude Immer treibe die Furcht den Sklaven mit eisernem Stabe, / Freude, führe du mich immer an rosigtem Band.
G-ET, Die Triebfedern; I,309
Furcht / Scham
s. Fesseln / Zügel
Furcht des Herrn s. Fridolin, fromm
Furcht, des Glücklichen
s. Schicksals Waage
Furcht, macht mutig [Burleigh zu Paulet:] unsre Furcht ists, was sie mutig macht.
D, Maria Stuart 1,8; II,581
furchtbar, gefährlich
s. Gestrige, das ewig
fürchten, anfangen / aufhören [Philipp:] Wenn ich einmal zu fürchten angefangen, / Hab ich zu fürchten aufgehört –
D, Don Karlos 1,6; II,39
fürchten, das Gefürchtete
s. Verhängnis, geschehen

fürchten, die Kraft
s. Geschmack / Genie
fürchten, Lebende / Tote
s. zittern, vor Lebender / Toter
fürchten, nichts / alles [Franz:] Wer nichts fürchtet, ist nicht weniger mächtig als der, den alles fürchtet.
D, Räuber 1,1; I,501
fürchten, nichts mehr s. Arm in Arm mit dir
fürchten, Untersuchung s. Untersuchung, fordern / fürchten
fürchten, was noch s. Licht des Auges
fürchtendes Herz s. Zukunft, ängstigt
fürchterlich, da unten s. Nacht und Grauen
fürchterlich, der Knabe s. Blut, heiß / Blick, kalt
fürchterlich, und streng
s. streng und fürchterlich
fürchterliche Musterung [Karl:] Ich kenne dich, Spiegelberg. Aber ich will nächstens unter euch treten, und fürchterlich Musterung halten.
D, Räuber 2,3; I,547
fürchterliche Nahrung
s. Rache, keine Frucht
fürchterliche Waffen s. Wahnsinn, frommer
fürchterliche Zerstreuung [Karl:] Oh ich will mir eine fürchterliche Zerstreuung machen –
D, Räuber 1,2; I,515

Furie meines Lebens [Elisabeth:] Ihr Haupt soll fallen. Ich will Frieden haben! / – Sie ist die Furie meines Lebens! [...] *Maria Stuart* / Heißt jedes Unglück, das mich niederschlägt!
D, Maria Stuart 4,10; II,656
Furien der Wut [Wallenstein zu Illo:] Hier ist nicht Raum zum Schlagen, nur zum Würgen, / Die losgebundnen Furien der Wut / Ruft keines Herrschers Stimme mehr zurück.
D, W.s Tod 3,20; II,487
Fürst der Schatten s. Tod, der Gattin
Fürst Piccolomini [Gordon:] Was gibts? Das ist das kaiserliche Siegel. *(Er hat die Aufschrift gelesen, und übergibt den Brief dem Octavio mit einem Blick des Vorwurfs)* / Dem *Fürsten* Piccolomini.
D, W.s Tod 5,12 (Schluß); II,547
Fürsten, deutsche, gut
s. deutsche Flüsse, Saale
Fürstenbrüder, Bettler
s. Freude, Götterfunken
Fürstendiener [Posa:] Ich kann nicht Fürstendiener sein.
D, Don Karlos 3,10; II,120
Fürstengröße / Bürgerglück
s. Jahrhunderte, sanftere
Fürstengunst, Zeitungslob
s. Gelehrte, Brotgelehrter
Fürstenmantel s. Dienste, Verbrechen

fürstliche Geburt s. Bastard bin ich dir?
Fuß, geflügelter s. Tanz, Paare
Füße, liegen zu s. Platz, an Euerem
Füße, zu kurz, zu lang
s. Rezension, Frosch

G

Galgen, morgen s. heute lustig sein
gallischer Sprung s. Deutsche, griechisch-römisch / gallisch
Gans bluten sehen s. Natur, verrammeln
Ganze, gehen um das [Wallenstein:] Was geht der Schwed mich an? [...] / Mir ists allein ums Ganze.
D, W.s Tod 3,15; II,477
Ganzes / Bruchstück s. Mensch, nur Bruchstück
Ganzes / Mittelpunkt s. Herrscherseele
Ganzes, ehren / Einzelnes, achten Ehret ihr immer das Ganze, ich kann nur Einzelne achten, / Immer in Einzelnen nur hab ich das Ganze erblickt.
G-EP, Das Ehrwürdige; I,249
Ganzes, sein / dienen Immer strebe zum Ganzen, und kannst du selber kein Ganzes / Werden, als dienendes Glied schließ an ein Ganzes dich an.
G-ET, Pflicht für jeden; I,305
Ganzes, Verräterei am s. Grundsätze, liberale
gärende Kraft s. Grundsätze, liberale
Gärtner / Natur s. Natur / Gärtner

Gasse, hohle s. hohle Gasse, Küßnacht
Gast mit Grausen Hier wendet sich der Gast mit Grausen: / »So kann ich hier nicht ferner hausen, / Mein Freund kannst du nicht weiter sein. [...]« / Und sprachs und schiffte schnell sich ein.
G-BA, Der Ring des Polykrates; I,346
Gast, königlicher s. Glück, gut gelaunt
gastlich, zusammenkamen s. Völker, Namen
Gattin, glücklich macht Glücklich macht die Gattin nicht, / Die nach Siegen trachtet ...
G-LY, An Körner; I,140
Gattin, Tod der s. Tod, der Gattin
Gattin, Treue der s. Treue, Gattin, Weib
Gattung / Menschheit s. Menschheit / wenige
Gebärdenspäher s. spionieren, Übel
geben, sich / mitteilen s. mitteilen / sich geben
Gebettel s. Betteln, verwünschtes
geboren, Wut zu wecken [Maria zu Mortimer:] Bin ich geboren, nur die Wut zu wecken? / Verschwört sich Haß und Liebe, mich zu schrecken.
D, Maria Stuart 3,6; II,632

Gebräuche, Schranken
s. Mensch, greift um sich
[s. a. Bräuche]
Geburt, dunkle s. Gedanke des Lichts
Gedächtnis, für Kränkung
s. Gunst / Kränkung
Gedanke des Lichts Jede irdische Venus ersteht wie die erste des Himmels, / Eine dunkle Geburt aus dem unendlichen Meer, / Wie die erste Minerva, so tritt mit der Ägis gerüstet / Aus des Donnerers Haupt jeder Gedanke des Lichts.
G-PH, Das Glück; I, 241
Gedanke, Fremdling s. Tierheit dumpfe Schranke
Gedanke, gescheit / dumm [Wallenstein zu Questenberg:] Wär der Gedank nicht so verwünscht gescheit, / Man wär versucht, ihn herzlich dumm zu nennen.
D, Piccolomini 2, 7; II, 355
Gedanke, höchster, lebendig
s. Gott, heiliger Wille
Gedanke, stumm / Schrift, redend s. Schrift, Körper und Stimme
Gedanken, blutige s. blutige Gedanken
Gedanken, leicht beieinander
s. Welt, eng / Gehirn, weit
Gedanken, schnell s. Zeit, wundertätig
Gedanken, und Taten
s. Mensch, Mikrokosmos

Gedanken, vor Gericht
s. Inquisitionsgericht
Gedankenfreiheit [Posa zu Philipp:] Gehn Sie Europens Königen voran. / Ein Federzug von dieser Hand, und neu / Erschaffen wird die Erde. Geben Sie / Gedankenfreiheit. − [Philipp:] Sonderbarer Schwärmer!
D, Don Karlos 3, 10; II, 126
gedankenlos, herzlos
s. betrogen, verdient
Gedankens Tore [Wallenstein:] Weit offen ließ ich des Gedankens Tore, / Und warf die Schlüssel weiser Vorsicht weg −
D, W.s Tod 3, 18; II, 483
Gedärm, kurzes s. schreiben, geschwind
Gedicht / ernste Wahrheit
s. Wahrheit, verstoßen
Gedicht, Sinngedicht
s. Jubelruf der Wesen
Gedicht, verjüngt, unsterblich
s. Homer, der Wolfische
Geduld, einzige Tat jetzt
s. Worte, Taten, Geduld
Gefahr, das Mittel s. Mittel, Gefahr
Gefahr, Dichter / Denker Alle Dichter, welche ihren Stoff zu einseitig aus der Gedankenwelt schöpfen und mehr durch eine innere Ideenfülle als durch den Drang der Empfindung zum poetischen Bilden getrieben wer-

gefährlich

den, sind mehr oder weniger in Gefahr …
T-PH, Naive u. sentim. D.; V,760
gefährlich furchtbar s. Gestrige, das ewig
gefährlich, Waffen s. Mordgewehr, gefährlich
gefährlich, weil denkend [Posa zu Philipp:] Wer sichert Sie, daß mir noch heilig heiße, / Was mich zu schrecken aufgehört? Ich bin / Gefährlich, weil ich über mich gedacht. –
D, Don Karlos 3,10; II,121
gefallen, der Welt und den Frommen Wollt ihr zugleich den Kindern der Welt und den Frommen gefallen? / Malet die Wollust – nur malet den Teufel dazu.
G-EX, Der Kunstgriff; I,258
gefallen, mir, sündigen
 s. sündigen / gefallen
gefallen, Vortrefflichen / allen Was den Vortrefflichen gefällt, ist gut; was allen ohne Unterschied gefällt, ist es noch mehr.
T-LI, Bürgers Gedichte; V,975
gefallen, wenigen / vielen Kannst du nicht *allen* gefallen durch deine Tat und dein Kunstwerk, / Mach es *wenigen* recht; *vielen* gefallen ist schlimm.
G-ET, Wahl; I,313
Gefangenschaft s. a. Ketten
Gefangenschaft des Geistes
 s. Geistlichkeit, goldene Zeit der

Gefäß / Gehalt
 s. Schönheit / Wahrheit
Gefäß, überquillt [Kapuziner:] Aber wessen das Gefäß ist gefüllt, / Davon es sprudelt und überquillt.
D, W.s Lager 8; II,294
Gefühl s. a. fühlen; Herz
Gefühl, durchbohrendes [Karlos zu Alba:] Sie werden unsers gnädigsten Vertrauens / Sich wert zu machen wissen. [Alba:] Werd ich das, / In meines Nichts durchbohrendem Gefühle?
D, Don Karlos 2,5; II,58 (Vgl. 2,1)
Gefühle, dunkle Gewalt
 s. Sängers Lied
Gefühle, schöne s. Frauen, Würde der
gegen mich / mit mir
 s. mit mir / wider mich
Gegenteile, unverträgliche [Karlos über Philipp:] Zwei unverträglichere Gegenteile / Fand die Natur in ihrem Umkreis nicht.
D, Don Karlos 1,2; II,19
Gegenwart, geizen mit
 s. Schauspieler, Nachwelt
geh nicht von mir s. Max, bleibe bei mir
Gehalt / Umfang s. Verstand, gemein / spekulativ
Gehalt, das Gefäß
 s. Schönheit / Wahrheit
Gehalt, unendlicher s. Darstellung, naiv / sentimentalisch

geheime Struktur, Mensch Wissen möchtet ihr gern die geheime Struktur des Gebäudes / Und ihr wählt den Moment, wenn es in Flammen gerät.
G-EX-U, Ärzte; I,323
Geheimnis, verbergen / entreißen [Octavio zu Max:] Das Geheimnis, / Das *du* vor mir verbirgst, entreißt mir *meines*.
D, Piccolomini 5,1; II,394
Geheimnisse aufdecken [Wurm:] Jetzt *will* ich verloren sein, aber *du* sollst es mit mir sein — Auf! [...] Ich will Geheimnisse aufdecken, daß denen, die sie hören, die Haut schauern soll.
D, Kabale u. L. 5,8; I,858
geheimnisvolle Urne s. Schicksal, Urne des
Gehirn des Toren s. Hoffnung, kein Wahn
Gehirn, staunendes s. Tierheit dumpfe Schranke
Gehirn, treibt Blasen [Karlos:] Poesie! — Nichts weiter. — Mein Gehirn / Treibt öfters wunderbare Blasen auf, / Die schnell, wie sie entstanden sind, zerspringen.
D, Don Karlos 2,8; II,71
gehorchen, Natur s. Natur, ewiger Brauch
gehören, sich selbst s. Wille, fest, unbezwinglich
Gehorsam / Empörung s. Extreme, Gehorsam / Empörung

Gehorsam / Mut Mut zeigt auch der Mameluck, / Gehorsam ist des Christen Schmuck ...
G-BA, Der Kampf mit dem Drachen; I,399
Gehorsam blind s. Tillys Worte
Gehorsam, Klugheit [Davison:] Gehorsam / Ist meine ganze Klugheit.
D, Maria Stuart 4,11; II,658
Gehorsam, Tugend [Gordon:] Gehorsam heißt die Tugend, / Um die der Niedre sich bewerben darf.
D, W.s Tod 4,2; II,497
Gehorsam, Weib s. Weibes Pflicht, Dienst
Geist s.a. Aufklärung; Denken; Gemüt; Spekulat-; Vernunft; Verstand
Geist / Erscheinung s. Sprache / Seele
Geist der Faktion s. Demokratie, Übel der
Geist des Alls s. Natur, Idee des Geistes
Geist des Volkes stillestünde s. Staat des Lykurgus
Geist in dem Körper s. Würde, Herrscher / Anmut, Liberalität
Geist ist hell s. Nacht muß es sein
Geist, baut Körper [Wallenstein:] Es ist der Geist, der sich den Körper baut, / Und Friedland wird sein Lager um sich füllen.
D, W.s Tod 3,13; II,472

Geist, Cäsars
s. Wallenstein / Cäsar
Geist, einer / Hände, tausend
s. Großes wirken, Streit / Bund
Geist, eingekerkert, Wort
s. Wort, tönend / frei
Geist, finsterer [Thekla:] Es geht ein finstrer Geist durch unser Haus, / Und schleunig will das Schicksal mit uns enden. [...] / Blindwütend schleudert selbst der Gott der Freude / Den Pechkranz in das brennende Gebäude!
D, Piccolomini 3,9 (Aktschluß); II,377
Geist, Fortschreitung des
s. Fortschritt / Dauerhaftigkeit
Geist, Gefangenschaft des
s. Geistlichkeit, goldene Zeit der
Geist, gemeiner [Illo:] In eignen kleinen Sorgen und Intressen / Zerstreut sich der gemeine Geist.
D, Piccolomini 2,6; II,346
Geist, gibt Leben s. Tropfen des Geistes
Geist, im Bedürfnis
s. Humanität, Seele, Geist, Grazie, Herz
Geist, nicht zu fassen s. irren, Urteil / Herz
Geist, widerspenstiger
s. Drache, schlimmerer
Geister befreien s. Liebe, befriedigte
Geisterwelt, fliehen in s. Tier, entlaufen dem
Geistesfreiheit / Triebe
s. Würde, moralische Kraft
Geistesfülle s. Jahrhundert, Neige des
Geisteszustand, Mehrhheit
s. Arbeit / Genuß
Geistlichkeit, goldene Zeit der
Die Geistlichkeit war von jeher eine Stütze der königlichen Macht und mußte es sein. Ihre goldne Zeit fiel immer in die Gefangenschaft des menschlichen Geistes ...
H, Niederlande; IV,76
geizen mit der Gegenwart
s. Schauspieler, Nachwelt
Gelassenheit, lammherzige [Maria:] Ich habe / Ertragen, was ein Mensch ertragen kann. / Fahr hin, lammherzige Gelassenheit ...
D, Maria Stuart 3,4; II,628
Geld s. a. bezahlen; Gold
Geld und Gut, konfiszieren
s. Gewalt, absolute
Geld, der Erde Gott s. Markt der Welt
Geld, Männer, Herz s. Männer, Geld, Herz
Geld, nicht geborgen
s. Soldaten, Diebe
Gelehrsamkeit pflanzt / Geschmack genießt
s. Geschmack / Gelehrsamkeit
gelehrt / politisch s. Deutschland, gelehrt / politisch
Gelehrte, Brotgelehrter Jede Erweiterung seiner Brotwissenschaft beunruhigt ihn, weil sie ihm neue Arbeit zusendet oder die vergangene unnütz macht; [...] Darum

kein unversöhnlicher Feind, kein neidischerer Amtsgehülfe, kein bereitwilligerer Ketzermacher als der Brotgelehrte. Je weniger seine Kenntnisse *durch sich selbst* ihn belohnen, desto größere Vergeltung heischt er von außen; [...] er hat umsonst nach Wahrheit geforscht, wenn sich Wahrheit für ihn nicht in Gold, in Zeitungslob, in Fürstengunst verwandelt.
H, Universalgeschichte; IV,750 f
Gelehrte, falsche Würde s. Anmut, affektierte / Würde, falsche
Geleit, rauschendes s. Freundschaft, leise, zart
Gelübde, treu, schwören Schließt den heilgen Zirkel dichter, / Schwört bei diesem goldnen Wein: / Dem Gelübde treu zu sein, / Schwört es bei dem Sternenrichter!
G-LY, An die Freude (Chor, später Schluß des Gedichts); I,136
gemächlich raten s. sicherer Port, gemächlich
gemeine Naturen s. tun, gemein / sein, schön
Gemeine, das, klaglos s. Klaglied, herrlich
Gemeine, Gestrige s. Gestrige, das ewig
gemeiner Geist s. Geist, gemeiner
gemeiner Mörder s. Mörder, kein gemeiner
Gemeines, Gewohnheit [Wallenstein:] Denn aus Gemeinem ist der Mensch gemacht, / Und die Gewohnheit nennt er seine Amme.
D, W.s Tod 1,4; II,416
Gemeingut / Schulen s. Geschmack / Erkenntnis
gemeinsamen Feind, jagen s. Feind, gemeinsamen jagen
Gemeinsinn, Himmel des s. Geschmack / Erkenntnis
Gemüt, Empfindung, Gedanke s. ästhetischer Zustand
Gemüt, Freiheit des s. Kunst, Freude gewidmet
Gemüt, Geschick geben s. ästhetische Übung
Gemüt, kindliches s. Verstand / Einfalt
Gemüt, redliches s. Fluch der bösen Tat
Gemüt, Richtung geben s. Geschmack, Form / Inhalt
Gemüt, Tendenz geben s. Schönheit, ohne Tendenz
Gemüt, verwandtes s. Jahrhundert, Strom zerrinnt
Gemüt, wächst s. Strom der Menge
General, kommandierst [Macdonald zu Buttler:] Wir denken *nicht* nach. Das ist deine Sache! / Du bist der General und kommandierst, / Wir folgen dir, und wenns zur Hölle ginge.
D, W.s Tod 5,2; II,523
Genie / Mittelmäßigkeit s. Publikum, Genügsamkeit

Genie

Genie / Natur, Bund Mit dem Genius steht die Natur in ewigem Bunde: / Was der eine verspricht, leistet die andre gewiß.
G-EP, Kolumbus; I,247
Genie / Zufall s. Niederlande, Geschichte
Genie, das größte Welches Genie das größte wohl sei? Das größte ist dieses, / Welches, umstrickt von der Kunst, bleibt auf der Spur der Natur.
G-EX-U, Verstand u. Genie; I,324
Genie, verachtet Zaum s. Geschmack / Genie
Genie, Verirrung des s. Mittelmäßigkeit, Gegner
Genius, deutscher s. Deutsche, griechisch-römisch / gallisch
Genius, kühn, fromm Der ist zu furchtsam, jener zu kühn; nur dem Genius ward es, / In der Nüchternheit kühn, fromm in der Freiheit zu sein.
G-ET, Witz und Verstand; I,311
Genius, mehrt die Natur Über Natur hinaus baut die Vernunft, doch nur in das Leere, / Du nur, Genius, mehrst *in* der Natur die Natur.
G-ET, Der Genius; I,311
Genius, Rasenden gleich Überspringt sich der Witz, so lachen wir über den Toren, / Gleitet der Genius aus, ist er dem Rasenden gleich.
G-ET, Aberwitz und Wahnwitz; I,311

Genius, senkt Fackel s. Tod, Griechen
Genügsamkeit des Publikums s. Publikum, Genügsamkeit
Genuß / Arbeit s. Mensch, nur Bruchstück
Genuß / Glaube s. Weltgeschichte, Weltgericht
Genuß, erschlaffender s. Arbeit / Genuß
Genuß, höchster s. Kunst, Freude gewidmet
Genuß, Ideen essen Diesen ist alles Genuß. Sie essen Ideen und bringen / In das Himmelreich selbst Messer und Gabel hinauf.
G-ET, Theophagen; I,308
Genuß, irdisches Glück s. Glück, irdisches, genossen
Genuß, mit Seele s. Humanität, Seele, Geist, Grazie, Herz
gerechte Wut s. Wut, gerechte, bezähmen
Gerechtigkeit / Staat s. Staat / Gerechtigkeit
Gerechtigkeit, erhoffen / zeigen s. Richter, Pflicht, Gerechtigkeit
Gerechtigkeit, gegen Juden s. Juden, gerecht gegen
Gericht, Gedanken vor s. Inquisitionsgericht
Gericht, Geist / Mund s. Urteil, Burgleigh / Maria
Gericht, Hochgericht s. Rettung von Tyrannenketten

Gerippe, gräßliches s. Tod, Griechen
Gesang und Liebe, Jugend Gesang und Liebe in schönem Verein, / Sie erhalten dem Leben den Jugendschein.
G-LY, Die vier Weltalter; I, 419
Gesang, besingen s. Schmerz, besingen
Gesang, Erinnyen s. Erinnyen Gesang
Gesang, mein Singen s. kommandieren / singen
Gesang, unsterblich im s. unsterblich im Gesang
Geschäft / Glück [Max:] Nein, so wars nicht gemeint, / Daß mein Geschäft mein schönstes Glück sein sollte!
D, Piccolomini 2,4; II, 340
geschehe denn, was muß s. Schicksal, behält Recht
Geschichte der Welt s. Weltgeschichte, gleich und einfach
Geschichte, lernen aus der Aus der Geschichte erst werden *Sie* lernen, einen Wert auf die Güter zu legen, denen Gewohnheit und unangefochtener Besitz so gern unsre Dankbarkeit rauben …
H, Universalgeschichte; IV, 766
Geschichte, Niederlande s. Niederlande, Geschichte
Geschichte, Tradition, Sprache Die Quelle aller Geschichte ist Tradition, und das Organ der Tradition ist die Sprache. Die ganze Epoche *vor der Sprache*, so folgenreich sie auch für die *Welt* gewesen, ist für die *Weltgeschichte* verloren.
H, Universalgeschichte; IV, 761
Geschichte, unsterblich Der Mensch verwandelt sich und flieht von der Bühne; seine Meinungen fliehen und verwandeln sich mit ihm: die Geschichte allein bleibt unausgesetzt auf dem Schauplatz, eine unsterbliche Bürgerin aller Nationen und Zeiten.
H, Universalgeschichte; IV, 765
Geschichte, Wichtigkeit Fruchtbar und weit umfassend ist das Gebiet der Geschichte; in ihrem Kreise liegt die ganze moralische Welt. […] Es ist keiner unter Ihnen allen, dem Geschichte nicht etwas Wichtiges zu sagen hätte …
H, Universalgeschichte; IV, 749 f
Geschichtenträger s. spionieren, Übel
Geschichtsschreibung Meine Absicht bei diesem Versuche ist mehr als erreicht, wenn er *einen* Teil des lesenden Publikums von der Möglichkeit überführt, daß eine Geschichte historisch treu geschrieben sein kann, ohne darum eine Geduldprobe für den Leser zu sein, und wenn er einem andern das Geständnis abgewinnt, daß die Geschichte von einer verwandten Kunst etwas borgen kann, ohne

Geschick

deswegen notwendig zum Roman zu werden.
H, Niederlande, Vorrede; IV,31

Geschick s. Schicksal

Geschick, wenden / vollenden
[Chor:] Wie die Seher verkündet, so ist es gekommen, / Denn noch niemand entfloh dem verhängten Geschick. / Und wer sich vermißt, es klüglich zu wenden, / Der muß es selber erbauend vollenden.
D, Braut v. M.; II,901

Geschicklichkeit, bestimmte / unbestimmte s. ästhetische Übung

Geschicklichkeit, Wurm / Mensch s. Kunst, Mensch allein

Geschlecht, andersdenkendes s. Zeiten, andere, kommen

Geschlecht, das andere s. Damen und Kinder, Schriften

Geschlecht, schwaches s. Weib, gebrechlich / stark

Geschlechter und Zeiten s. Weltalter, kindliches

Geschmack / Erkenntnis Aus den Mysterien der Wissenschaft führt der Geschmack die Erkenntnis unter den offenen Himmel des Gemeinsinns heraus und verwandelt das Eigentum der Schulen in ein Gemeingut der ganzen menschlichen Gesellschaft.
T-PH, Ästhetische Erziehung, 27. Brief; V,668

Geschmack / Gelehrsamkeit Nimmer belohnt ihn des Baumes Frucht, den er mühsam erziehet, / Nur der Geschmack genießt, was die Gelehrsamkeit pflanzt.
G-ET, Der Philister; I,304

Geschmack / Genie Warum will sich Geschmack und Genie so selten vereinen? / Jener fürchtet die Kraft, dieses verachtet den Zaum.
G-ET, Die schwere Verb.; I,312

Geschmack / Geschmäcke Ehmals hatte man *einen* Geschmack. Nun gibt es Geschmäcke, / Aber sagt mir, wo sitzt dieser Geschmäcke Geschmack?
G-EX, Neuste Schule; I,260

Geschmack, Form / Inhalt weil der Geschmack nur auf die Form und nie auf den Inhalt achtet, so gibt er dem Gemüt zuletzt die gefährliche Richtung, alle Realität überhaupt zu vernachlässigen und einer reizenden Einkleidung Wahrheit und Sittlichkeit aufzuopfern. [...] Welche gefährliche Dialektik haben die Leidenschaften nicht erlernt, seitdem sie in den Gemälden der Dichter mit den glänzendsten Farben prangen und im Kampf mit Gesetzen und Pflichten gewöhnlich das Feld behalten?
T-PH, Ästhetische Erziehung, 10. Brief; V,598

Geschmack, fürchtet Kraft s. Geschmack / Genie

Geschoß, freundlich empfangen
s. Notwendigkeit, sanfter Bogen
Geschoß, Tells s. Tells Geschoß
Geschrei der Tragöden
s. Tragöden, Dramaturgen
Geschwindschreiber
s. schreiben, geschwind
Geschworen hab ichs s. sündigen, laß mich
Gesellschaft, böse Aristokraten mögen noch gehn, ihr Stolz ist doch höflich, / Aber du, löbliches Volk, bist so voll Hochmut und grob.
G-EX, Böse Gesellschaft; I,280
Gesellschaft, losgebundene
s. Kultur, Verwilderung / Erschlaffung
Gesellschaft, menschliche
s. Geschmack / Erkenntnis
Gesetz / großer Mann [Karl:] Das Gesetz hat noch keinen großen Mann gebildet, aber die Freiheit brütet Kolosse und Extremitäten aus.
D, Räuber 1,2; I,504
Gesetz / Zufall Sucht das vertraute Gesetz in des Zufalls grausenden Wundern, / Sucht den ruhenden Pol in der Erscheinungen Flucht.
G-PH, Der Spaziergang; I,232
Gesetz der Schwere s. Natur, entgötterte
Gesetz, Auge des s. Auge des Gesetzes

Gesetz, das deutliche
s. Mensch, greift um sich
Gesetz, Freund des Schwachen [Einer aus dem Chor:] Das Gesetz ist der Freund des Schwachen, / Alles will es nur eben machen, / Möchte gerne die Welt verflachen, / Aber der Krieg läßt die Kraft erscheinen, / Alles erhebt er zum Ungemeinen, / Selber dem Feigen erzeugt er den Mut.
D, Braut v. M.; II,851
Gesetz, strenge Fessel s. Gottes Majestät, verschwindet
Gesetz, verwenden [Maria zu Burleigh:] Ich zweifle nicht, daß ein Gesetz, ausdrücklich / Auf *mich* gemacht, verfaßt, mich zu verderben, / Sich gegen mich wird brauchen lassen – Wehe / Dem armen Opfer, wenn derselbe Mund, / Der das Gesetz gab, auch das Urteil spricht!
D, Maria Stuart 1,7; II,577
Gesetze / mein Wille
s. Schneckengang / Adlerflug
Gesetze, der Ahnen s. Großes wirken, Streit / Bund
Gesetze, geben / vollziehen
s. Drakos Gesetze
Gesetze, Lykurgus, Bürger Lykurgus begriff wohl, daß es nicht damit getan sei, Gesetze für seine Mitbürger zu schaffen, er mußte auch Bürger für diese *Gesetze* erschaffen.
H, Lykurgus u. Solon; IV,809

Gesetze, Natur und Seele s. Weltgeschichte, gleich und einfach
Gesetze, Natur, gehorchen s. Natur, ewiger Brauch
Gesetze und Pflichten / Dichtung s. Geschmack, Form / Inhalt
Gesetzgeber / Forscher s. Philosoph / Weltmann
Gesetzlosigkeit, Gefahr der s. Versammlungen, große / kleine
Gesinnung, erhabene s. Anmut / Würde
Gesinnung, naiv s. naiv, unbewußt / bewußt
Gestalt der Welt verjüngt s. Ruhe eines Kirchhofs
Gestalt, erhoben / verfolgt s. Kopf, konfuser
Gestalt, lebende, Schönheit Der Gegenstand des sinnlichen Triebes, in einem allgemeinen Begriff ausgedrückt, heißt *Leben* in weitester Bedeutung [...] Der Gegenstand des Formtriebes, in einem allgemeinen Begriff ausgedrückt, heißt *Gestalt* [...] Der Gegenstand des Spieltriebes, in einem allgemeinen Schema vorgestellt, wird also *lebende Gestalt* heißen können; ein Begriff, der [...] dem, was man in weitester Bedeutung *Schönheit* nennt, zur Bezeichnung dient.
T-PH, Ästhetische Erziehung, 15. Brief; V,614
Gestalt, scheußliche Denn nahe liegt, zum Knäul geballt, / Des Feindes scheußliche Gestalt ...
G-BA, Der Kampf mit dem Drachen; I,397
Gestalt, zärtliche s. Los der Schönen
gestalten, Gebild s. Kräfte, rohe, sinnlos
gestehe, daß ich glücklich bin s. Polykrates
Gestirn s. Sterne
Gestrige, das ewig [Wallenstein:] Nicht was lebendig, kraftvoll sich verkündigt, / Ist das gefährlich Furchtbare. Das ganz / Gemeine ists, das ewig Gestrige, / Was immer war und immer wiederkehrt, / Und morgen gilt, weils heute hat gegolten!
D, W.s Tod 1,4; II,416
gesund, Auge / Herz Ist das Auge gesund, so begegnet es außen dem Schöpfer, / Ist es das Herz, dann gewiß spiegelt es innen die Welt.
G-ET, Die Übereinstimmung; I,305
gesunde Moral, empfehlen s. Moral, gesund / poetisch
gesunde Natur s. Natur, verrammeln
Gesundheit, des Staates s. Staatsverbesserer, Kur
gewährt mir die Bitte s. Treue, kein leerer Wahn

Gewalt / Mord [Maria:] Wo find ich Ärmste einen Zufluchtsort? / Zu welchem Heiligen soll ich mich wenden? / Hier ist Gewalt und drinnen ist der Mord.
D, Maria Stuart 3,6; II,633

Gewalt, absolute [Wachtmeister:] Absolute Gewalt hat er, müßt ihr wissen, / Krieg zu führen und Frieden zu schließen, / Geld und Gut kann er konfiszieren ...
D, W.s Lager 11; II,303

Gewalt, ausüben oder leiden [Wallenstein:] Ich muß Gewalt ausüben oder leiden – / So steht der Fall. Nichts anders bleibt mir übrig.
D, W.s Tod 2,2; II,434

Gewalt, immer schrecklich [Reding:] Schrecklich immer / Auch in gerechter Sache ist Gewalt, / Gott hilft nur dann, wenn Menschen nicht mehr helfen.
D, Tell 2,2; II,960 f

Gewalt, Sturm / Menschen [Tell:] So bin ich hier, gerettet aus des Sturms / Gewalt und aus der schlimmeren der Menschen.
D, Tell 4,1; II,993

Gewalt, zermalmende s. Mann, feindliches Streben

gewaltige Streiche s. Streiche, gewaltige

Gewalttat, lösen s. Netz, verstrickt mit eigenem

Gewehr in ihrer Hand s. besitzen, schaden

Gewichtiges, leicht tragen s. Schöngeist / schöner Geist

Gewinn / Verlust s. Wechsel schreckt

Gewissen, schieben ins s. vernünftig / moralisch

Gewissen, und Parlament s. Englands Herrscher

Gewohnheit und Besitz s. Geschichte, lernen aus der

Gewohnheit und Neigung s. Neigung und Gewohnheit

Gewohnheit, Amme s. Gemeines, Gewohnheit

Gewölbe, Last s. Zentrum, alle sich neigen

Gewölbes krachender Bogen s. Wogen, Bogen

Gift, erbitten [Philipp zu Domingo:] Muß ich / So lang um einen Tropfen Gift Euch bitten?
D, Don Karlos 3,4; II,108

gigantisches Schicksal s. Schicksal, erhebt / zermalmt

Gipfel, rötlich strahlender s. Berg-Gipfel, rötlich

Glanz in meine Hütte [Thibaut:] Wie kommt mir solcher Glanz in meine Hütte? / O das bedeutet einen tiefen Fall!
D, Jungfrau, Prolog 2; II,692

Glanz, zum Guten s. Hausfrau, züchtige

Glaube

Glaube / Stimme der Natur [Großinquisitor:] Vor dem Glauben / Gilt keine Stimme der Natur.
D, Don Karlos 5,10; II,215

Glaube / Wort s. Wort, tot / Glaube, lebendig

Glaube, fehlender [Max zu Octavio:] Fluchwürdger Argwohn! Unglückselger Zweifel! / Es ist ihm Festes nichts und Unverrücktes, / Und alles wanket, wo der Glaube fehlt.
D, W.s Tod 2,7; II,451

Glaube, ist Glück s. Ewigkeit / Minute

Glaube, süßer, dahin Er ist dahin, der süße Glaube / An Wesen, die mein Traum gebar, / Der rauhen Wirklichkeit zum Raube, / Was einst so schön, so göttlich war.
G-PH, Die Ideale; I,188

glauben / genießen s. Weltgeschichte, Weltgericht

Glauben und Vertrauen s. Vertrauen, vergiftet

Glauben, dem Leben / Buch Wem zu glauben ist, redliche Freunde, das kann ich euch sagen, / Glaubt dem Leben, es lehrt besser als Redner und Buch.
G-ET, Glaubwürdigkeit; I,306

Glauben, viermal ändern s. England, Gesetze / Unglück

glauben, wagen s. Wunderland, schönes

Glauben, Worte des s. Worte des Glaubens

gleich, jeder dem Höchsten Keiner sei gleich dem andern, doch gleich sei jeder dem Höchsten, / Wie das zu machen? Es sei jeder vollendet in sich.
G-ET, Aufgabe; I,309

gleichgesinnt s. Gute, gleichgesinnt

Gleichgültigkeit gegen Realität s. Realität, Bedürfnis / Gleichgültigkeit

Gleichheit, Ahnungen von s. Du, brüderliches, Gleichheit

Gleichheit, und Freiheit s. Freiheit und Gleichheit

Gleichnis machen [Questenberg:] Herr Graf! Dies Gleichnis machen Sie – nicht ich.
D, Piccolomini 1,2; II,321

gleißend, Ehrenmantel s. Ruf, besser als mein

Glied, dienendes s. Ganzes, sein / dienen

Glieder / Haupt s. Ärgernis von oben

Glocke Eurer Taten s. handeln / schwatzen

Glocke, hochgezogen Jetzo mit der Kraft des Stranges / Wiegt die Glock mir aus der Gruft, / Daß sie in das Reich des Klanges / Steige, in die Himmelsluft. / Ziehet, ziehet, hebt! / Sie bewegt sich, schwebt, / Freude dieser Stadt bedeute, / *Friede* sei ihr erst Geläute.
G-LY, Das Lied von der Glocke (Schluß); I,442

Glocke, in der Erde s. Fest gemauert
Glocke, rufe die Lebenden Vivos voco / Mortuos plango / Fulgura frango
G-LY, *Das Lied von der Glocke* (Motto: Ich rufe die Lebenden, beklage die Toten, breche die Blitze); I,429
Glocke, schwer und bang s. Grabgesang, schwer und bang
Glück s. a. Freude
Glück / Denken [Posa zu Philipp:] Weiß ich ihn glücklich – eh er denken darf?
D, *Don Karlos* 3,10; II,121
Glück / Sterne [Illo zu Terzky:] Und stehts / Nur erst hier unten glücklich, gebet acht, / So werden auch die rechten Sterne scheinen! / Kommt zu den Obersten. Das Eisen muß / Geschmiedet werden, weil [während] es glüht.
D, *Piccolomini* 3,1; II,360
Glück / Würde s. Würde / Glückseligkeit
Glück entflogen s. Weges Mitte, ach!
Glück und Schmerz Drum, willst du dich vor Leid bewahren, / So flehe zu den Unsichtbaren, / Daß sie zum Glück den Schmerz verleihn.
G-BA, *Der Ring des Polykrates*; I,345
Glück, aus der Götter Schoß s. Augenblick, Herrscher

Glück, Bahn zum Rennen Ein jeglicher versucht sein Glück, / Doch schmal nur ist die Bahn zum Rennen ...
G-GE, *Das Spiel des Lebens*; I,455
Glück, fühlend schaffen, teilend mehren s. Freund, über alles Glück
Glück, geglückt / verziehen s. Frevel, geglückter
Glück, gut gelaunt Der königliche Gast erstaunet: / »Dein Glück ist heute gut gelaunet ...«
G-BA, *Der Ring des Polykrates*; I,344
Glück, irdisches, genossen »Ich habe genossen das irdische Glück, / Ich habe gelebt und geliebet.«
G-LY, *Des Mädchens Klage*; I,409 (Vgl. D, *Piccolomini* 3,7; II,373)
Glück, Liebe, Ruhm, Wahrheit s. Jüngling, Lebens Bahn
Glück, nie gewährt [Karlos:] Mein Vater, / Von diesem Erdenparadiese schwiegen / Sehr weislich Ihre Mönche. [Philipp:] O, mein Sohn, / Mein Sohn! du brichst dir selbst den Stab. Sehr reizend / Malst du ein Glück, das – du mir nie gewährtest.
D, *Don Karlos* 2,2; II,48
Glück, Samen s. Schicksal, eifersüchtig
Glück, Schmerz lernen s. Besitz, lerne verlieren

Glück, schönstes, paaren
s. Schwärmers Ernst / Weltmanns Blick
Glück, Stunde des s. Stunde des Glückes
Glück, wahllos »Ohne Wahl verteilt die Gaben, / Ohne Billigkeit das Glück, / Denn Patroklus liegt begraben, / Und Thersites kommt zurück!«
G-LY, Das Siegesfest; I, 426
Glück, zugewognes
s. Ewigkeit / Minute
glücklich enden, kann nicht
s. Verräter an dem Kaiser
glücklich liebend Paar s. Hütte, kleinste
glücklich sind die Toten
s. Tote, glücklich
glücklich, Gattin macht
s. Gattin, glücklich macht
glücklich, ohne Uhr s. Uhr schlägt keinem Glücklichen
Glückliche / Leidende
s. Leidende / Götter
Glückliche, beneidet s. Neid, verfolgt Glückliche
glücklicher Säugling
s. Säugling / Mann
glücklichere Menschenalter
s. Götter Griechenlandes
glückliches Volk, wir
s. sein / tragen, tun, bedeuten
glühend, hassen, lieben [Mortimer zu Maria:] Ja glühend, wie sie hassen, lieb ich dich! / [...] / Die schöne Locke, dieses seidne Haar, / Verfallen schon den finstern Todesmächten, / Gebrauchs, den Sklaven ewig zu umflechten!
D, Maria Stuart 3,6; II,632
Glut verstohlner Lüste s. Ruf, besser als mein
Gnade mir geben s. sterben, bereit zu
Gnade, gnädigster s. Kenner, gnädigster Richter
Gnade, Hochgericht s. Rettung von Tyrannenketten
Gnade, königliche Nähe
[Burleigh:] Das Urteil kann nicht mehr vollzogen werden, / Wenn sich die Königin ihr genahet hat, / Denn Gnade bringt die königliche Nähe –
D, Maria Stuart 2,4; II,598
Gnade, Landesverweisung
s. Würde, diese neue
gnädig bedecken s. Nacht und Grauen
Goethe / Shakespeare
s. Goethe, Iphigenie
Goethe, Egmont, Leichtsinn Wenn es Euch zu beschwerlich ist, Euch Eurer eignen Rettung anzunehmen; so mögt Ihr haben, wenn sich die Schlinge über Euch zusammenzieht. Wir sind nicht gewohnt, unser Mitleid zu verschenken.
T-LI, Goethes Egmont; V,936

Goethe, Egmont, Opernwelt mitten aus der wahrsten und rührendsten Situation werden wir durch einen Salto mortale in eine Opernwelt versetzt, um einen Traum – zu *sehen*.
T-LI, Goethes Egmont; V,942
Goethe, Götz von Berlichingen s. Goethe, Iphigenie
Goethe, Iphigenie Hier sieht man ihn ebenso und noch weit glücklicher mit den griechischen Tragikern ringen, als er in seinem »Götz von Berlichingen« mit dem britischen Dichter gerungen hat. [...] Man kann dieses Stück nicht lesen, ohne sich von einem gewissen Geiste des Altertums angeweht zu fühlen ...
T-LI, Goethes Iphigenie; V,943
Goethe, Werther man könnte aber auch interessiert sein, zu wissen, wie der naive Dichtergeist mit einem sentimentalischen Stoff verfährt. [...] Ein Charakter, der mit glühender Empfindung ein Ideal umfaßt und die Wirklichkeit flieht, um nach einem wesenlosen Unendlichen zu ringen, der, was er in sich selbst unaufhörlich zerstört, unaufhörlich außer sich suchet, dem nur seine Träume das Reelle, seine Erfahrungen ewig nur Schranken sind, der endlich in seinem eigenen Dasein nur eine Schranke sieht und auch diese, wie billig ist, noch einreißt, um zu der wahren Realität durchzudringen – dieses gefährliche Extrem des sentimentalischen Charakters ist der Stoff eines Dichters geworden, in welchem die Natur getreuer und reiner als in irgendeinem andern wirkt, und der sich unter modernen Dichtern vielleicht am wenigsten von der sinnlichen Wahrheit der Dinge entfernt.
T-PH, Naive u. sentim. D.; V,738
Gold s. a. bezahlen; Geld
Gold der Reben s. Heiter wie Frühlingstag
Gold gemünzt [Isolani:] Es ist noch lang nicht alles Gold gemünzt.
D, Piccolomini 1,2; II,320
Gold und Silber s. Schweden, Blut geflossen
Gold, Tonnen von s. Männer, Geld, Herz
Gold, Zeitungslob, Fürstengunst s. Gelehrte, Brotgelehrter
goldene Ähren s. Kranz, Ähren, Cyanen
goldene Angel s. Augenblick der Probe
goldene Stunden s. liebend umschlingen
goldne Zeit s. Liebe, erste
goldne Zeit s. Zeit, fliehende / Ewigkeit

goldner Wagen s. Erde, beseelt / seelenlos
Gott befohlen, Brüder s. Tod ist los
Gott fühlen / denken s. Fühlen / Denken
Gott hat Erbarmen s. Mut, Flut
Gott oder Teufel s. Herzog Alba, Gott / Teufel
Gott versuchen / vertrauen [Hedwig:] Zu schiffen in dem wütgen See! Das heißt / Nicht Gott vertrauen! Das heißt Gott versuchen. [Tell:] Wer gar zuviel bedenkt, wird wenig leisten.
D, Tell 3,1; II,967
Gott versuchen, Schuß s. Schuß, Gott versucht
Gott, delphischer s. Empiriker, blinder Gott
Gott, Gnade meines Gottes s. Platz, an Euerem
Gott, heiliger Wille Und ein Gott ist, ein heiliger Wille lebt, / Wie auch der menschliche wanke, / Hoch über der Zeit und dem Raume webt / Lebendig der höchste Gedanke ...
G-PH, Die Worte des Glaubens; I,215
Gott, Popanz s. Fromme, an
Gott, Spieltisch [Wallenstein über Isolani:] Und tut er unrecht, daß er von mir geht? / Er folgt dem Gott, dem er sein Leben lang / Am Spieltisch hat gedient. Mit meinem Glücke / Schloß er den Bund und bricht ihn, nicht mit mir.
D, W.s Tod 3,7; II,465
Gott, strafen, rächen [Tell (Monolog):] Es lebt ein Gott, zu strafen und zu rächen.
D, Tell 4,3; II,1004
Gott, wundertätiger s. Zeit, wundertätig
Götter / Menschen Da die Götter menschlicher noch waren, / Waren Menschen göttlicher.
G-PH, Die Götter Griechenlandes (erste Fassung); I,169
Götter bleiben stet s. Rauch, alles Irdische
Götter fliehn davon s. Trojas Schicksal
Götter Griechenlandes Da ihr noch die schöne Welt regiertet, / An der Freude leichtem Gängelband / Glücklichere Menschenalter führtet, / Schöne Wesen aus dem Fabelland!
G-PH, Die Götter Griechenlandes (In der zweiten Fassung »Selige Geschlechter noch« statt »Glücklichere Menschenalter«); I,163 bzw. 169
Götter leihn kein Pfand s. Wunderland, schönes
Götter Neide »Mir grauet vor der Götter Neide, / Des Lebens ungemischte Freude / Ward keinem Irdischen zuteil.«
G-BA, Der Ring des Polykrates; I,344

Götter und Göttinnen weinen
s. Vollkommenes stirbt
Götter, entgöttert s. Natur, entgötterte
Götter, Gaben streun Noch keinen sah ich fröhlich enden, / Auf den mit immer vollen Händen / Die Götter ihre Gaben streun.
G-BA, *Der Ring des Polykrates; I,345*
Götter, nicht versuchen s. Nacht und Grauen
Götter, nimmer allein Nimmer, das glaubt mir, / Erscheinen die Götter, / Nimmer allein. / Kaum daß ich Bacchus, den lustigen, habe, / Kommt auch schon Amor, der lächelnde Knabe, / Phöbus der Herrliche findet sich ein.
G-LY, *Dithyrambe; I,400*
Götter, wollen Verderben
s. Verderben, Götter wollen
Götterfreund, Ibykus s. Ibykus, der Götterfreund
Götterfunke, Freude s. Freude, Götterfunken
Göttern, gleichen Göttern kann man nicht vergelten, / Schön ists, ihnen gleich zu sein.
G-LY, *An die Freude; I,135*
Götterstärke s. Flamme brausend
Gottes Majestät, verschwindet Des Gesetzes strenge Fessel bindet / Nur den Sklavensinn, der es verschmäht, / Mit des Menschen Widerstand verschwindet / Auch des Gottes Majestät.
G-PH, *Das Ideal und das Leben; I,204*
Gottes Schönheit lieblich
s. Kraft, muß lieblich schweigen
Gottes Spur, alles s. Natur, höherer Adel
Gottes Stimme s. Stimme des Volks, Gottes
Gottesurteil, aller Ausgang
s. Frevel, geglückter
Gottheit, aufnehmen Nehmt die Gottheit auf in euren Willen, / Und sie steigt von ihrem Weltenthron.
G-PH, *Das Ideal und das Leben; I,204*
Göttin / Kuh s. Wissenschaft, Göttin / Kuh
Göttin / Weib, freien s. Kunst, göttlich / Staat
Göttin des Marktes s. Prosa, Göttin des Markts
göttlich, Liebe s. Fabel, Liebe
Göttliches auf Erden
s. Lichtgedanke, göttlich
göttliches Walten, verehrt Und mit sinnendem Haupt saß der Kaiser da, / Als dächt er vergangener Zeiten, / Jetzt, da er dem Sänger ins Auge sah, / Da ergreift ihn der Worte Bedeuten. / Die Züge des Priesters erkennt er schnell / Und verbirgt der Tränen stürzenden Quell / In des Mantels purpurnen Falten. / Und alles blickte den Kaiser an / Und erkannte den Grafen,

Göttliches

der das getan, / Und verehrte das göttliche Walten.
G-BA, Der Graf von Habsburg;
I,381
Göttliches, Idee eines Göttlichen s. Religionen, Hülle aller
Götze, Volksdienst s. Volksdienst, Götze
Grab, hineinstürzen [Leicester zu Elisabeth:] Bei Gott! Du wirst, ich hoffs, noch viele Jahre / Auf ihrem Grabe wandeln, ohne daß / Du selber sie hinabzustürzen brauchtest –
D, Maria Stuart 2,3; II,595
Grab, Hoffnung pflanzen Denn beschließt er im Grabe den müden Lauf, / Noch am Grabe pflanzt er – die Hoffnung auf.
G-PH, Hoffnung; I,217
Gräber nicht durchsuchen s. Argwohn der Könige
Grabgesang, schwer und bang Von dem Dome, / Schwer und bang, / Tönt die Glocke / Grabgesang.
G-LY, Das Lied von der Glocke; I,436
Grabstein, Leichenstein [Karlos über Posa:] Einen Leichenstein will ich / Ihm setzen, wie noch keinem Könige / Geworden –
D, Don Karlos 5,11; II,216
Gram abkaufen s. Ersatz fürs Unersetzliche
Gram, frühes Grab s. Wahrheit, durch Schuld

gräßlich schänden s. Natur, Schauder der
gräßlich wecken s. Auge des Gesetzes
gräßliches Gerippe s. Tod, Griechen
gräuliche Katzen s. Mordsucht heiß
grausam verhöhnen s. Opfer, verhöhnen
grausam, Eber s. Held, fallend, Schicksal
Grausames erlitt s. vergessen, Grausames
grausames Spiel s. Spiel, grausames
Grausen, Gast mit s. Gast mit Grausen
Grausen, ihre Sättigung s. Rache, keine Frucht
Grazie / Schönheit s. Schönheit / Grazie
Grazie züchtiger Schleier s. Frauen, Würde der
Grazie, in Kraft s. Humanität, Seele, Geist, Grazie, Herz
Grazien und Musen, gestützt auf s. Notwendigkeit, sanfter Bogen
Greif an mit Gott s. helfen, dem Nächsten
Greis / Jüngling s. Jüngling / Greis
Greis, in Feuer setzen s. Reize sondergleichen

Greise, entnervte s. Natur, ewiger Brauch
Grenze hat Tyrannenmacht s. Tyrannenmacht, Grenze
Grenze, begrenzt / unbegrenzt s. ästhetische Übung
Grenze, so schmal [Wallenstein (Monolog):] Noch ist sie rein – noch! Das Verbrechen kam / Nicht über diese Schwelle noch – So schmal ist / Die Grenze, die zwei Lebenspfade scheidet!
D, W.s Tod 1,4; II,416
grenzenlos zu lieben s. lieben / gleich sein
Griechen Völker wartend Denn Bank an Bank gedränget sitzen, / Es brechen fast der Bühne Stützen, / Herbeigeströmt von fern und nah, / Der Griechen Völker wartend da ...
G-BA, Die Kraniche des Ibykus; I,348
Griechen, Ostrazismus Der Ostrazismus mußte seiner Natur nach meistens den *verdientesten Bürger* treffen, er *ehrte* also mehr, als er schändete – aber darum war er doch nicht weniger ungerecht und grausam ...
H, Lykurgus u. Solon; IV,829
Griechen, siegestrunken s. Troja, Schutt und Staub
Griechen, Sinnlichkeit / Olymp Dem Griechen ist die Natur nie *bloß* Natur, darum darf er auch nicht erröten, sie zu ehren; ihm ist die Vernunft niemals *bloß* Vernunft, darum darf er auch nicht zittern, unter ihren Maßstab zu treten. [...] Er führte die Freiheit, die nur im Olympus zu Hause ist, auch in die Geschäfte der Sinnlichkeit ein, und dafür wird man es ihm hingehen lassen, daß er die Sinnlichkeit in den Olympus versetzte.
T-PH, Anmut u. Würde; V,437
Griechen, weisester s. Weisheit, beschwerlich
Griechen, Weisheit der s. Weisheit, Griechen
griechisch, römisch s. Deutsche, griechisch-römisch / gallisch
griechische Götter s. Götter Griechenlandes
griechische Götterlehre s. Religion / Religionen
Grobheit, Heuchelei Heuchler, ferne von mir! Besonders du, widriger Heuchler, / Der du mit Grobheit glaubst Falschheit zu decken und List.
G-EX, Abscheu; I,281
Groll / Zorn [Philipp über Domingo:] Nicht merken soll ich, wie [...] gerne / Der fromme Mann hier seinen kleinen Groll / Mit meines Zornes Riesenarm bewehrte?
D, Don Karlos 3,4; II,109

groß / erhaben Groß kann man sich im *Glück*, erhaben nur im Unglück zeigen.
T-PH, Vom Erhabenen; V,502
groß / klein, Deutschland s. Deutschland, Pantheon
groß / klein, Städte s. Berlin / Weimar und Jena
groß, froh s. edles Herz, froh und groß
Größe / Güte s. Tugenden, Größe / Güte
große Menschen, Plutarch s. Jahrhundert, tintenklecksendes
große Seelen s. dulden still
große Seelen, größer s. Seelen, große, größer
große Seelen, Unrecht s. Unrecht leiden schmeichelt
große Tat, keine Reue s. Marquis Posa, Tat / Reue
Größe, frei von Tadel s. Tadellos sein, Ohnmacht / Größe
großer Gegenstand s. wachsen, mit größern Zwecken
großer Moment s. Epoche, große
großer Räuber s. Mann, kann geholfen werden
großer Schnitt s. Kriegessitt
Großes aller Zeiten s. Bretter, Welt bedeuten
Großes wirken, Streit / Bund Sieh, da entbrennen in feurigem Kampf die eifernden Kräfte, / Großes wirket ihr Streit, Größeres wirket ihr Bund. / Tausend Hände belebt *ein* Geist, hoch schläget in tausend / Brüsten, von *einem* Gefühl glühend, ein einziges Herz, / Schlägt für das Vaterland und glüht für der Ahnen Gesetze, / Hier auf dem teuren Grund ruht ihr verehrtes Gebein.
G-PH, Der Spaziergang; I,230
Großes, ins Leben legen s. Sinn, erhabener
Großmut, dem Bösewicht s. Rettung von Tyrannenketten
Großmut, Kenner s. Kenner, gnädigster Richter
Gründe, richten nach s. Weibliches Urteil
Grundsätze, liberale Das Geschenk liberaler Grundsätze wird Verräterei an dem Ganzen, wenn es sich zu einer noch gärenden Kraft gesellt ...
T-PH, Ästhetische Erziehung, 7. Brief; V,589
Grundsätze, Poesie s. Poesie, Vergnügen / Moral
Gruß beglückt s. Jüngling, errötend
Gunst / Kränkung [Gräfin Terzky zu Wallenstein:] So treu bewahrst du jede kleine Gunst, / Und für die Kränkung hast du kein Gedächtnis?
D, W.s Tod 1,7; II,427
Gunst / Strafe [Leicester zu

Elisabeth:] Sie foderts / Als eine Gunst, gewähr es ihr als Strafe!
D, Maria Stuart 2,9; II,614
Gunst der Natur   s. naive Dichtung, Natur
Gürtel, bewacht, Reiz
s. Jungfrau, reizende Fülle
Gürtel, Schleier   s. Wahn, schöner, entzwei
Gustav unwiderstehlich
s. König, im Heer
Gustel aus Blasewitz
s. Blasewitz
gut und fröhlich   s. Mann, solcher, gemangelt
gut, böse, gemischt   s. Mensch, gut und böse
Güte / Größe   s. Tugenden, Größe / Güte
gute Sache, Königssohn   [Posa zur Königin:] Die gute Sache / Wird stark durch einen Königssohn. [...] / Was in Madrid der Vater ihm verweigert, / Wird er in Brüssel ihm bewilligen.
D, Don Karlos 4,3; II,136
Gute, gleichgesinnt   [Octavio zu Buttler:] Und alle Guten nenn ich gleichgesinnt.
D, W.s Tod 2,6; II,444
Gutes tun, Selbstzweck
s. Selbstbestimmung, edel
guter Eifer   s. Eifer, kann verraten

Güter höchstes, Leben nicht
s. Leben, Güter höchstes nicht
Güter, höchstes, Ruhm
s. Ruhm, höchstes Gut
Gutes, Besseres, Bestes   Wer ist zum Richter bestellt? Nur der Bessere? Nein, wem das Gute / Über das Beste noch gilt, der ist zum Richter bestellt.
G-ET, Der berufene Richter; I,313
gymnastische Übungen
s. Spiel / Übung

H

Haare, abschneiden s. Anmut, affektierte / Würde, falsche
haben / sein *Hast* du etwas, so gib es her und ich zahle, was recht ist, / *Bist* du etwas, o dann tauschen die Seelen wir aus.
G-ET, Das Werte und Würdige; I,303
Habsburger, Wien / Madrid [Trompeter:] Dem Kaiser verkauften wir unser Blut / Und nicht dem hispanischen roten Hut.
D, W.s Lager 11; II,299
Hafen / Boot s. Fischer, leichter Mut
Hafen / Ozean
s. Jüngling / Greis
Hai, Meeres Hyäne Und dräuend wies mir die grimmigen Zähne / Der entsetzliche Hai, des Meeres Hyäne.
G-BA, Der Taucher; I,372
Halt, Passagiere! s. Paß zeigen, passieren
Hand, gebraucht [Octavio:] Ich bin an dieser ungeheuren Tat / Nicht schuldig. [Buttler:] Eure Hand ist rein. Ihr habt / Die meinige dazu gebraucht.
D, W.s Tod 5,11; II,544
Hand, heilige s. Frauen, Würde der
Hand, Herz, Auge s. Meister, Kunst gewiß
Hand, kunstgeübte s. kunstgeübte Hand
Hände, bauen / stürzen [Tell:] Was Hände bauten, können Hände stürzen.
D, Tell 1,3; II,930
handeln / schwatzen [Leicester zu Burleigh:] Mylord! Ihr pflegt zu schwatzen, eh Ihr handelt, / Und seid die Glocke Eurer Taten. *Das* / Ist *Eure* Weise, Lord. Die meine ist, / Erst handeln und dann reden!
D, Maria Stuart 4,6; II,647
handeln, wie wir müssen [Wallenstein:] Wir handeln, wie wir müssen. / So laß uns das Notwendige mit Würde, / Mit festem Schritte tun –
D, W.s Tod 2,2; II,436
Handschuh, ins Gesicht Und er wirft ihr den Handschuh ins Gesicht: / »Den Dank, Dame, begehr ich nicht«, / Und verläßt sie zur selben Stunde.
G-BA, Der Handschuh; I,377
Handwerk, rohes s. Krieg, rohes Handwerk
Hans Metaphysikus
s. Metaphysikus, klein, groß
Harmonie, Ozean der
s. Dichtung, heilige Magie
Harmonien, aus Harmonien
s. Theater, Schöpfungen
harmonisches Ganzes
s. philosophischer Geist
Härte / Grazien s. Kant, Moralphilosophie

härterer Kampf gelungen
s. Demut, sich bezwingen
Häscher in Bande
s. Dionys / Damon
Haß der Kinderzeit s. Sieg, göttlichster
Haß gegen Haß [Shrewsbury zu Maria:] Es bringt / Nicht gute Frucht, wenn Haß dem Haß begegnet.
D, Maria Stuart 3,3; II,620
Haß und Rache kommen
s. Unmensch, sein können
Haß, gehaßt werden s. recht tun, gehaßt werden
Haß, steigert Wert [Wallenstein zu Illo:] Daß ihr sie haßt, das macht sie mir nicht schlechter.
D, W.s Tod 2,3; II,437
Haß, Universalhaß s. Räuber, Karl v. Moor
Haß, verhaßte Ehe s. Ehe, verhaßte Ketten
hassen / verachten
s. verachten / hassen
hassen und lieben s. Distichen, erzählt!
hassen, Tyrann / Tyrannei
s. Tyrann / Tyrannei, hassen
Haufen / wenige
s. wenige / Haufen
Haupt und Glieder, trennen
s. siegen, mit / gegen Wallenstein
Haupt / Glieder s. Ärgernis von oben

Haupt, des Donnerers
s. Gedanke des Lichts
Haupt, bedroht / fällt s. Wahnsinn, frommer
Haupt, des Kindes s. Milch der frommen Denkart
Haupt, feindlich, heilig [Max zu Wallenstein:] auch dein feindlich Haupt ist mir noch heilig.
D, W.s Tod 3,20; II,487
Haupt, fest, heilig [Shrewsbury:] Welch Haupt steht fest, wenn dieses heilge fiel!
D, Maria Stuart 4,9; II,653
Haupt, klug, verständig
s. Brief, Hand und Fuß
Haupt, mit sinnendem
s. göttliches Walten, verehrt
Häupter seiner Lieben Ein süßer Trost ist ihm geblieben, / Er zählt die Häupter seiner Lieben, / Und sieh! ihm fehlt kein teures Haupt.
G-LY, Das Lied von der Glocke; I,436
Hausfrau, züchtige Und drinnen waltet / Die züchtige Hausfrau, / Die Mutter der Kinder, / Und herrschet weise / Im häuslichen Kreise, / Und lehret die Mädchen / Und wehret den Knaben / [...] / Und füget zum Guten den Glanz und den Schimmer, / Und ruhet nimmer.
G-LY, Das Lied von der Glocke; I,433
hebräisch s. Judentum

Heer Kerls wie ich s. Kerls wie ich
Heer, bewachen [Questenberg:] Weh uns! Wo dann ein zweites Heer gleich finden, / Um dieses zu bewachen!
D, Piccolomini 1,3; II,324
Heer, des Kaisers s. Krieg, kein guter
Heer, König in seinem s. König, im Heer
Heere, Schöpfer kühner s. Wallenstein, Charakterbild
heftig brausts s. Unsterblichkeit, nichts getan für
Heiden, aufgeklärte s. Religion, der Weisen / des Volkes
heilig Recht s. Unterdrückter, Rechte des
heilig, schrecklich s. gefährlich, weil denkend
heilige Hand s. Frauen, Würde der
heilige Macht s. Aachen, Kaiserpracht
heilige Magie s. Dichtung, heilige Magie
heilige Ordnung s. Ordnung, heilig, segensreich
heilige Register s. Inquisitor, Marquis Posa
heiliger Wille lebt s. Gott, heiliger Wille
heiliger Zirkel s. Gelübde, treu, schwören
Heiligtum, wir betreten s. Freude, Götterfunken

Heilung, durch Zeit s. Ersatz fürs Unersetzliche
Heimatwelt, der Liebe s. Fabel, Liebe
Heimkehr, fremd s. Mädchen / Knabe
heißes Blut / kalter Blick s. Blut, heiß / Blick, kalt
heiter ist die Kunst s. Leben, ernst / Kunst, heiter
Heiter wie Frühlingstag Heiter wie Frühlingstag schwand ihm das Leben, / Floh ihm vorüber in Hesperus' Glanz, / Klagen ertränkt' er im Golde der Reben, / Schmerzen verhüpft' er im wirbelnden Tanz.
G-LY, Eine Leichenphantasie; I,74
heitere Sonnen, erloschen s. Ideale, zerronnen
hektisch, bettelhaft s. Zeit, bettelhaft, hektisch
Hektors Liebe Andromache: Will sich Hektor ewig von mir wenden [...] *Hektor:* All mein Sehnen will ich, all mein Denken / In des Lethe stillen Strom versenken, / Aber meine Liebe nicht. / Horch! der Wilde tobt schon an den Mauern, / Gürte mir das Schwert um, laß das Trauern, / Hektors Liebe stirbt im Lethe nicht.
G-LY, Hektors Abschied; I,408 f
Hekuba, Nestor s. Nestor, alter Zecher
Held, fallend, Schicksal Nicht stillt Aphrodite dem schönen Kna-

ben die Wunde, / Die in den zierlichen Leib grausam der Eber geritzt. / Nicht errettet den göttlichen Held die unsterbliche Mutter, / Wann er, am skäischen Tor fallend, sein Schicksal erfüllt.
G-PH, Nänie; I,242
Helden des Altertums s. Jahrhundert, tintenklecksendes
Helden, durch Zufall
s. Niederlande, Geschichte
Heldenschritt, fester
s. Mittelbahn des Schicklichen
Heldenstück, kein [Wallenstein (Monolog):] Das war kein Heldenstück, Octavio! / Nicht deine Klugheit siegte über meine, / Dein schlechtes Herz hat über mein gerades / Den schändlichen Triumph davongetragen.
D, W.s Tod 3,9; II,467
helfen, allein / gemeinsam
s. zusammen / alleine
helfen, dem Nächsten [Kuoni (zum Fischer):] Greif an mit Gott, dem Nächsten muß man helfen, / Es kann uns allen Gleiches ja begegnen.
D, Tell 1,1; II,920
helfen, geholfen werden
s. Mann, kann geholfen werden
helfen, Gott / Kaiser [Rudenz:] Hilft Gott uns nicht, kein Kaiser kann uns helfen.
D, Tell 2,1; II,946
helfen, Gott s. Gewalt, immer schrecklich

helfen, Schweizer s. Schwyzer, alte Bünde
helfen, sich selbst s. Leben, nicht den Schuß; Wut, gerechte, bezähmen
Helios, sagen können Nur Helios vermags zu sagen, / Der alles Irdische bescheint.
G-BA, Die Kraniche des Ibykus; I,348
Helios, stille Majestät s. Erde, beseelt / seelenlos
Helm, mein [Johanna:] Mein ist der Helm und mir gehört er zu.
D, Jungfrau, Prolog 3; II,695
Hemdenwaschen Was hör ich? – einen nassen Strumpf / Geworfen in die Welle. / [...] / Der Teufel soll die Dichterei / Beim Hemderwaschen holen.
G-HU, Untertänigstes Pro-Memoria; I,144 f
Henker, Herzog Albas
s. erobern / verheeren
Henkers Dienst s. Wallenstein, Ermordung
Henkerslust, rohe Des freut sich das entmenschte Paar / Mit roher Henkerslust, / Denn fühllos wie das Eisen war / Das Herz in ihrer Brust.
G-BA, Der Gang nach dem Eisenhammer; I,385
herb, Lebens Kern s. Kern, innerster, herb
herbeigeströmt s. Griechen Völker wartend

Herde

Herde, Vorderster führt
s. Mensch, nachahmend
Herr- s. a. Kaiser; König; Majestät
Herr im Land, Kaiser / Bauer
s. Kaisers Diener
Herr, so hochbegabt!
s. Verräter an dem Kaiser
Herr, stehen vor seinem
s. Mann, solcher, gemangelt
Herren des alten Bodens
s. Franzosen, freie Bürger
Herrenbank, sitzen auf [Rudenz zu Attinghausen:] Wohl tut es ihnen, auf der Herrenbank / Zu sitzen mit dem Edelmann – den *Kaiser* / Will man zum Herrn, um *keinen* Herrn zu haben.
D, Tell 2,1; II,944
herrlich / bescheiden
s. Mädchen, Rosenknospe
Herrschaft / Freiheitsapostel
s. Freiheitsapostel, Herrschaft
Herrscher wider Willen
s. Thron, gründen, Waffen
Herrscher, Augenblick
s. Augenblick, Herrscher
Herrscher, kurz regieren [Tell:] Die schnellen Herrscher sinds, die kurz regieren.
D, Tell 1,3; II,931
Herrscherseele [Max über Wallenstein:] Geworden ist ihm eine Herrscherseele, / Und ist gestellt auf einen Herrscherplatz. / Wohl uns, daß es so ist! Es können sich / Nur wenige regieren, den Verstand / Verständig brauchen – Wohl dem Ganzen, findet / Sich einmal einer, der ein Mittelpunkt / Für viele tausend wird, ein Halt; – sich hinstellt / Wie eine feste Säul, an die man sich / Mit Lust mag schließen und mit Zuversicht.
D, Piccolomini 1,4; II,328
herrschet weise s. Hausfrau, züchtige
Herrschgebiete, Männer
s. Männer, Stärke / Frauen, Sitte
Herz / Meinung [Gordon:] Das Herz und nicht die Meinung ehrt den Mann.
D, W.s Tod 4,8; II,510
Herz / Seele s. Seele, schön / erhaben
Herz / Züge s. Züge, kein Herz
Herz des Feindes s. Milch der frommen Denkart
Herz in diesen Mauern
s. Totenkeller, wie ein
Herz in Seligkeit s. Liebe, erste
Herz mir bezwungen s. Treue, kein leerer Wahn
Herz noch gewogen s. Pferd, aufs Pferd!
Herz nur, gibt Kunde s. Worte des Glaubens
Herz zu bessern
s. Bücher / Bibel
Herz zum Herzen findet
s. prüfe, wer sich ewig bindet
Herz, Affekt, Tragödie
s. Tragödie, griechisch / modern

Herz, Damenherzen s. Liebe, Damenherzen
Herz, dies falsche s. Sterne lügen nicht
Herz, edel, Pflicht s. Pflicht, schwerste / nächste
Herz, edles, Sympathie s. edles Herz, froh und groß
Herz, edles, Unglück s. Unglück, großes, sich finden
Herz, eigenem folgen s. Könige sind nur Sklaven
Herz, ein einziges s. Großes wirken, Streit / Bund
Herz, eisernes s. Soldat, eisernes Herz
Herz, folgt der Fahne s. Lutherische, Fahne, Herz
Herz, Hand, Auge s. Meister, Kunst gewiß
Herz, ihr fürchtendes s. Zukunft, ängstigt
Herz, in Hoheit s. Humanität, Seele, Geist, Grazie, Herz
Herz, kündigt an s. Hoffnung, kein Wahn
Herz, lösen, rühren [Maria zu Elisabeth:] Löst *mir* das Herz, daß ich das Eure rühre!
D, Maria Stuart 3,4; II,623
Herz, nagen am s. Unmut und Streitbegier
Herz, Schicksals Stimme [Thekla:] Der Zug des Herzens ist des Schicksals Stimme. / Ich bin die Seine. Sein Geschenk allein / Ist dieses neue Leben, das ich lebe. / [...] Ich fühle / Die Kraft mit meinem Glücke mir verliehn. / Ernst liegt das Leben vor der ernsten Seele.
D, Piccolomini 3,8; II,375
Herz, schlechtes / gerades s. Heldenstück, kein
Herz, spiegelt Welt s. gesund, Auge / Herz
Herz, Stirn, offen [Verrina:] Ein offenes Herz zeigt eine offene Stirn.
D, Fiesko 3,5; I,706
Herz, trunknes s. Ideale, zerronnen
Herz, Vollzieher s. Schicksal, behält Recht
Herz, von Vernunft besiegt [Talbot:] Ein edles Herz / Bekennt sich gern von der Vernunft besiegt.
D, Jungfrau 2,2; II,733
Herz, vorschreiben [Max zu Octavio:] Kein Kaiser hat dem Herzen vorzuschreiben.
D, W.s Tod 2,7; II,450
Herz, wahrsagend [Wallenstein:] O mein wahrsagend Herz!
D, W.s Tod 3,17; II,480
Herz, wie Eisen s. Henkerslust, rohe
Herz, wie Eures s. Männer, Geld, Herz
Herzen bleiben einig s. Schicksal / Herzen
Herzens Andacht s. Wort, tot / Glaube, lebendig

Herzens wilde Qualen [Parricida:] Ich fürchte nicht die Schrecken der Natur, / Wenn ich des Herzens wilde Qualen zähme.
D, Tell 5,2; II,1027
Herzlos, euere Andacht s. Fromme, an
herzlos, und frostig s. Dichtung, frostig und herzlos
Herzog Alba, Gott / Teufel [Alba zu Karlos:] Gott richtete im Himmel, ich auf Erden – [Karlos:] Gott oder Teufel, gilt gleichviel! […] / Sie sind ein großer Mann. – Auch das mag sein; / Ich glaub es fast. Nur, fürcht ich, kamen Sie / Um wenige Jahrtausende zu zeitig. / Ein Alba, sollt ich meinen, war der Mann, / Am Ende aller Tage zu erscheinen!
D, Don Karlos 2,5; II,59 f
Herzog Alba, Henker s. Niederlande / Spanien
Herzog Alba, Ritterstolz [Karlos zu Alba:] Kann der Ritterstolz / Des Herzogs Alba diesen Auftritt hören? / […] In seines Nichts durchbohrendem Gefühle …
D, Don Karlos 2,1; II,45
Herzog Alba, Thron [Alba:] Solang ein Herz an diesen Panzer schlägt, / Mag sich Don Philipp ruhig schlafen legen. / Wie Gottes Cherub vor dem Paradies / Steht Herzog Alba vor dem Thron.
D, Don Karlos 1,6; II,39

Herzog bleibt [Philipp:] Der Herzog bleibt, und der Infant mag reden.
D, Don Karlos 2,1; II,44
Hesperus' Glanz s. Heiter wie Frühlingstag
Heuchler quäle s. Philister verdrieße
Heuchler, Grobheit s. Grobheit, Heuchelei
heute lustig sein [Räuber (singen):] Stehlen, morden, huren, balgen / Heißt bei uns nur die Zeit zerstreun. / Morgen hangen wir am Galgen, / Drum laßt uns heute lustig sein.
D, Räuber 4,5; I,585
Heute, das Morgen im s. Schicksal, Geister voran
Hexameter s. Distichon
hier, nicht gut sein [Tell:] Hier ist nicht gut sein. Laßt uns weitergehn.
D, Tell 1,3; II,930
Hilfe s. helfen
Himmel s. Höhe(n)
Himmel / Kleinigkeitsgeist s. Kleinigkeitsgeist
Himmel / Mensch, binden / lösen [Don Manuel:] Es löst der Mensch nicht, was der Himmel bindet.
D, Braut v. M.; II,870
Himmel des Gemeinsinns s. Geschmack / Erkenntnis
Himmel offen s. Liebe, erste

Himmel zu Madrid s. Atemholen unter Henkershand
Himmel, hinaufgreifen s. Tyrannenmacht, Grenze
Himmel, Schutz vor Hölle Was sie im Himmel wohl suchen, das, Freunde, will ich euch sagen, / Vorderhand suchen sie nur Schutz vor der höllischen Glut.
G-ET, Der wahre Grund; I,309
Himmel, soll offen sein s. Zeus, was tun?
Himmels Plagen s. Krieg, schrecklich
Himmelsfackel s. Lichtes Himmelsfackel
Himmelsgabe, edle s. Licht des Auges
Himmelsglück, zeigen / stürzen [Rudenz:] Berta! Berta! / Ihr zeiget mir das höchste Himmelsglück, / Und stürzt mich tief in *einem* Augenblick.
D, Tell 3,2; II,971
Himmelskraft, Feuer s. Feuers Macht
Himmelsluft, steigen in die s. Glocke, hochgezogen
Himmelstochter, segenreiche s. Ordnung, heilig, segensreich
himmlische Rosen s. Frauen, Würde der
Hintergrund, der Zeiten s. Zeiten Hintergrund
Hirte, Tell keiner s. Leben, genießen / erbeuten
Hirte, und Herde s. Krieg, wütend Schrecknis
historisch treu / Roman s. Geschichtsschreibung
hoch hergehen [Kapuziner:] Heisa, juchheia! Dudeldumdei! / Das geht ja hoch her. Bin auch dabei!
D, W.s Lager 8; II,292
hoch streben / tief fallen [Herzogin:] O lieber Herzog! Streben wir nicht allzuhoch / Hinauf, daß wir zu tief nicht fallen mögen.
D, W.s Tod 3,4; II,460
hoch über der Zeit s. Gott, heiliger Wille
hochgestellt, so, keiner s. Wert, sich geben
Hochmut rächen [Maria zu Elisabeth:] Denkt an den Wechsel alles Menschlichen! / Es leben Götter, die den Hochmut rächen!
D, Maria Stuart 3,4; II,622
Hochmut und grob s. Gesellschaft, böse
Hochmut, Höllengeist [Thibaut:] Und Hochmut ists, wodurch die Engel fielen, / Woran der Höllengeist den Menschen faßt.
D, Jungfrau, Prolog 2; II,693
Höchste, Größte, suchen s. Pflanze, lehrt
höchster Richter s. Oberhaupt muß sein
Höchstes und Niedrigstes s. Würde / Glückseligkeit

Hochzeit / Begräbnis [Tell:] Ein ernster Gast stimmt nicht zum Hochzeithaus. [Stüssi:] [...] Hier wird gefreit und anderswo begraben. [Tell:] Und oft kommt gar das eine zu dem andern.
D, Tell 4,3; II,1006

Hof Philipps s. Sonderling spielen

Hof, mein ganzer s. Blutgericht, ohne Beispiel

hoffen und wagen, weiter [Kennedy:] Sogar des Spiegels kleine Notdurft mangelt. [Paulet:] Solang sie noch ihr eitles Bild beschaut, / Hört sie nicht auf, zu hoffen und zu wagen.
D, Maria Stuart 1,1; II,552

Hoffnung aufgegangen [Wallenstein:] Ja! Schön ist mir die Hoffnung aufgegangen. / Ich nehme sie zum Pfande größern Glücks.
D, Piccolomini 2,3; II,338

Hoffnung pflanzen s. Grab, Hoffnung pflanzen

Hoffnung, die böse s. Rache-Engel

Hoffnung, im Unglück s. Schicksals Waage

Hoffnung, ist Lohn s. Ewigkeit / Minute

Hoffnung, kein Wahn Es ist kein leerer schmeichelnder Wahn, / Erzeugt im Gehirne des Toren, / Im Herzen kündet es laut sich an, / Zu was Besserm sind wir geboren! / Und was die innere Stimme spricht, / Das täuscht die hoffende Seele nicht.
G-PH, Hoffnung; I,217

Hoffnung, lieben ohne s. Liebe, ohne Hoffnung

Hoffnung, Sterbebett s. Rettung von Tyrannenketten

Hoffnungen, Entwürfe [Ein dritter:] Was sind Hoffnungen, was sind Entwürfe, / Die der Mensch, der vergängliche, baut?
D, Braut v. M.; II,884

Hoffnungsschimmer, kaum Und immer stiller wards und immer / Verlaßner auf dem rauhen Steg, / Kaum warf noch einen bleichen Schimmer / Die Hoffnung auf den finstern Weg.
G-PH, Die Ideale; I,189

Hofgesinde, streiten vor meinem s. tun, weil wollen

Höhe(n) s. a. Himmel

Höhe, Beifall s. Beifall finden, oben / unten

Höhe, entwölkte s. Unglücks tückische Nähe

Hoheit, Herz in s. Humanität, Seele, Geist, Grazie, Herz

Höhen / Fall, donnernd [Erster Chor:] ... hinter den großen Höhen / Folgt auch der tiefe, der donnernde Fall.
D, Braut v. M.; II,832

Höhen, himmlische s. Stunde des Glückes

Höhen, Menschheit s. Sänger mit dem König
Höhen, Zeus s. Welt, hinnehmen, Zeus
höhere Kunst, zweite s. Kunst, zweite höhere
hohle Gasse, Küßnacht [Tell:] Durch diese hohle Gasse muß er kommen, / Es führt kein andrer Weg nach Küßnacht – Hier / Vollend ichs – Die Gelegenheit ist günstig. / […] / Mach deine Rechnung mit dem Himmel, Vogt, / Fort mußt du, deine Uhr ist abgelaufen.
D, Tell 4,3; II,1003
holdes Blütenalter s. Natur, Blütenalter der
holdes Weib erringen s. Wurf gelungen, großer
Hölle oder Tollhaus [Zenturione:] Antwortet die Hölle oder das Tollhaus?
D, Fiesko 5,17; I,751
Höllendrache Hier hausete der Wurm und lag, / Den Raub erspähend, Nacht und Tag. / So hielt er wie der Höllendrache / Am Fuß des Gotteshauses Wache …
G-BA, Der Kampf mit dem Drachen; I,396
Höllengeist s. Hochmut, Höllengeist
Höllenhund s. Nicolai, Friedrich, bellt

höllische Glut, Schutz vor s. Himmel, Schutz vor Hölle
Homer / Wolf, Friedrich August Sieben Städte zankten sich drum, ihn geboren zu haben, / Nun, da der Wolf ihn zerriß, nehme sich jede ihr Stück.
G-EX, Der Wolfische Homer; I,285
Homer, der Wolfische Mit hartherzger Kritik hast du den Dichter entleibet, / Aber unsterblich durch dich lebt das verjüngte Gedicht.
G-EX-U, Der Wolfische Homer; I,328
Homer, Sonne des Unter demselben Blau, über dem nämlichen Grün / Wandeln die nahen und wandeln vereint die fernen Geschlechter, / Und die Sonne Homers, siehe! sie lächelt auch uns.
G-PH, Der Spaziergang; I,234
Horen, Erster Jahrgang Einige wandeln zu ernst, die andern schreiten verwegen, / Wenige gehen den Schritt, wie ihn das Publikum hält.
G-EX, Horen. Erster Jahrgang; I,285
Horen, Tanz der s. Augenblickes Lust
Horizont, deckt zu s. Wissen / Vielwisser
Hostie geschworen s. Sakrament, letzte Reise
Hülle, Wahrheit, umwinden s. Dichtkunst malerische Hülle
Humanität, Seele, Geist, Grazie, Herz Seele legt sie auch in den

Humanität

Genuß, noch Geist ins Bedürfnis, / Grazie selbst in die Kraft, noch in die Hoheit ein Herz.
G-EX-U, Humanität; I,326
Humanität, verkaufen für Das verkauft er für Humanität? Zusammenaddieren / Kannst du den Engel, das Vieh, aber vereinigen nicht.
G-EX-U, Gewisse Romane; I,326
Hund, Spitz Nicolai s. Nicolai, Friedrich, bellt
Hund, Spitz, demokratischer s. Hunde, aristokratisch / demokratisch
Hunde, aristokratisch / demokratisch Aristokratische Hunde, sie knurren auf Bettler, ein echter / Demokratischer Spitz klafft nach dem seidenen Strumpf.
G-EX, Verschiedene Dressuren; I,279
Hunde, bellen, Neid Immer bellt man auf euch! bleibt sitzen! es wünschen die Beller / Jene Plätze, wo man ruhig das Bellen vernimmt.
G-EX, An die Obern; I,280
Hundegebell der Dramaturgen s. Tragöden, Dramaturgen
Hunderte und Tausende s. Kunst, Muse
hündische Art Was du mit Beißen verdorben, das bringst du mit Schmeicheln ins Gleiche, / Recht so, auf hündische Art zahlst du die hündische Schuld.
G-EX-U, Kennzeichen; I,321
Hut, hispanischen roten s. Habsburger, Wien / Madrid
Hut, sitzenlassen [Kellermeister:] Des Menschen Zierat ist der Hut, denn wer / Den Hut nicht sitzenlassen darf vor Kaisern / Und Königen, der ist kein Mann der Freiheit.
D, Piccolomini 4,5; II,384
Hütte, Glanz in s. Glanz in meine Hütte
Hütte, kleinste Raum ist in der kleinsten Hütte / Für ein glücklich liebend Paar.
G-LY, Der Jüngling am Bache; I, 407
Hyänen, Weiber s. Weiber zu Hyänen

I

Ibykus, der Götterfreund Zum Kampf der Wagen und Gesänge, / Der auf Korinthus' Landesenge / Der Griechen Stämme froh vereint, / Zog Ibykus, der Götterfreund.
G-BA, Die Kraniche des Ibykus; I,346
Ich / Ding s. Ding, nur ich
Ich / Nicht-Ich Ich bin ich und setze mich selbst, und setz ich mich selber / Als nicht gesetzt, nun gut! setz ich ein Nicht-Ich dazu.
G-EX, Ein sechster; I,299
Ich / Nicht-Ich, denken / handeln s. Fichtes Wissenschaftslehre
ideal / natürlich, keines s. natürlich / ideal, keines
Ideal nicht reif s. Bürger der Zukunft
Ideal, der Schönheit s. Anmut und Würde, vereint
Ideal, Natur / Kultur Die Natur macht ihn [den Menschen] mit sich eins, die Kunst trennt und entzweiet ihn, durch das Ideal kehrt er zur Einheit zurück. Weil aber das Ideal ein Unendliches ist, das er niemals erreicht, so kann der kultivierte Mensch in *seiner* Art niemals vollkommen werden, wie doch der natürliche Mensch es in der seinigen zu werden vermag. […] Vergleicht man hingegen die Arten selbst miteinander, so zeigt sich, daß das Ziel, zu welchem der Mensch durch Kultur *strebt*, demjenigen, welches er durch Natur *erreicht*, unendlich vorzuziehen ist.
T-PH, Naive u. sentim. D.; V,718
Ideale, zerronnen Erloschen sind die heitern Sonnen, / Die meiner Jugend Pfad erhellt, / Die Ideale sind zerronnen, / Die einst das trunkne Herz geschwellt …
G-PH, Die Ideale; I,187
idealischer Mensch s. Mensch, real / idealisch
Idealist / Realist s. Realist / Idealist, Aversionen
Idealist, Realist, Empiriker s. Realist / Empiriker
Idee des Geistes s. Natur, Idee des Geistes
Idee eines Göttlichen s. Religionen, Hülle aller
Ideen essen s. Genuß, Ideen essen
Ideenfülle / Empfindung s. Gefahr, Dichter / Denker
Ideenreich / Sinnenwelt Indem der spekulative Geist im Ideenreich nach unverlierbaren Besitzungen strebte, mußte er ein Fremdling in der Sinnenwelt werden und über der Form die Materie verlieren. […] Der eine mußte einer leeren Subtilität, der andre einer pedantischen Beschränktheit

Idol

zum Raube werden, weil jener für das Einzelne zu hoch, dieser zu tief für das Ganze stand.
T-PH, Ästhetische Erziehung, 6. Brief; V,585 f
Idol der Zeit, lärmend s. Nutzen, großes Idol
Iffland und Voß s. schildern, vermögen
Ilion s. Troja
Ilm s. deutsche Flüsse, Ilm
immer wie jetzt? s. Jugend ist alt
Individuum / Gattung s. Einseitigkeit, ambivalent
Infant mag reden s. Herzog bleibt
Inhalt / Form s. Kunstwerk, Inhalt / Form
innere Welt s. Mensch, Mikrokosmos
Inquisition, fliehen [Philipp:] Ich will den Jüngling, der sich übereilte, / Als Greis und nicht als König widerlegen. / [...] Aber / Flieht meine Inquisition. – Es sollte / Mir leid tun –
D, Don Karlos 3,10; II,127 f
Inquisition, spanische s. Philipp II., Fanatismus
Inquisition, Urteile Die Vermessenheit ihrer Urteilssprüche kann nur von der Unmenschlichkeit übertroffen werden, womit sie dieselben vollstreckt.
H, Niederlande; IV,83
Inquisitionsgericht [Leicester:] Jetzt wird ein Inquisitionsgericht / Eröffnet. Wort und Blicke werden abgewogen, / Gedanken selber vor Gericht gestellt.
D, Maria Stuart 4,3; II,638
Inquisitor, Marquis Posa [Großinquisitor über Posa:] Sein Leben / Liegt angefangen und beschlossen in / Der Santa Casa heiligen Registern. / [...] Das Seil, an dem / Er flatterte, war lang, doch unzerreißbar.
D, Don Karlos 5,10; II,211
Inspiration, materielle s. Waschdeputation
Interesse am Schein s. Realität, Bedürfnis / Gleichgültigkeit
intuitiv / spekulativ s. Verstand, intuitiv / spekulativ
Invalide Poeten s. Poeten, invalide
Irdisches verhallt Und wie der Klang im Ohr vergehet, / Der mächtig tönend ihr entschallt, / So lehre sie, daß nichts bestehet, / Daß alles Irdische verhallt.
G-LY, Das Lied von der Glocke; I,441
irdisches Wesen, Rauch s. Rauch, alles Irdische
irren, Urteil / Herz [Max zu Octavio:] Dein Urteil kann sich irren, nicht mein Herz. / Der Geist ist nicht zu fassen, wie ein andrer. / [...] Glänzend werden wir den

Reinen / Aus diesem schwarzen
Argwohn treten sehn.
D, Piccolomini 5,2; II, 401
Irrtum ist das Leben Frommts,
den Schleier aufzuheben, / Wo das
nahe Schrecknis droht? / Nur der
Irrtum ist das Leben, / Und das
Wissen ist der Tod.
G-BA, Kassandra; I, 358
Irrtum, heraustreiben
s. Systeme, Pracht / Irrtum
Irrtum, nie verläßt uns
s. strebender Geist
Irrtum, nützlicher s. Wahrheit,
schädlich / heilend
Irrtum, Schutt des [Philipp:] Ich
brauche Wahrheit – Ihre stille
Quelle / Im dunkeln Schutt des
Irrtums aufzugraben, / Ist nicht das
Los der Könige.
D, Don Karlos 3,5; II,111
Irrtum, und Wahrheit
s. Wandsbecker Bote
Islam / Judentum s. Religion
der Hebräer

J

Jagd, wilde s. Friedländers
wilde Jagd
Jahre, fliehen pfeilgeschwind
s. Mädchen / Knabe
Jahrhundert in die Schranken
s. Arm in Arm mit dir
Jahrhundert, große Epoche
s. Epoche, große
Jahrhundert, kein anderes Ich
möchte nicht gern in einem
andern Jahrhundert leben und für
ein andres gearbeitet haben. Man
ist ebensogut Zeitbürger, als man
Staatsbürger ist ...
T-PH, Ästhetische Erziehung,
2. Brief; V, 572
**Jahrhundert, lärmender Markt
des** s. Nutzen, großes Idol
Jahrhundert, Neige des Wie schön,
o Mensch, mit deinem Palmen-
zweige / Stehst du an des Jahrhunderts Neige, / In edler stolzer
Männlichkeit, / Mit aufgeschloß-
nem Sinn, mit Geistesfülle.
G-PH, Die Künstler; I, 173
Jahrhundert, nicht reif
s. Bürger der Zukunft
Jahrhundert, Strom zerrinnt
Manch verwandtes Gemüt treibt
mit mir im Strom des Jahrhun-
derts, / Aber der Strom zerrinnt,
und wir erkannten uns nicht.
G-EX-U, E. v. B. (= Emilie von
Berlepsch); I, 335

Jahrhundert, tintenklecksendes
[Karl:] Mir ekelt vor diesem tintenklecksenden Säkulum, wenn ich in meinem Plutarch lese von großen Menschen. [...] Pfui! Pfui über das schlappe Kastraten-Jahrhundert, zu nichts nütze, als die Taten der Vorzeit wiederzukäuen und die Helden des Altertums mit Kommentationen zu schinden und zu verhunzen mit Trauerspielen. Die Kraft seiner Lenden ist versiegen gegangen, und nun muß Bierhefe den Menschen fortpflanzen helfen.
D, Räuber 1,2; I, 502 f
Jahrhunderte Strom   s. Schrift, Körper und Stimme
Jahrhunderte, kommende
s. Versammlungen, große / kleine
Jahrhunderte, sanftere   [Posa zu Philipp:] Sanftere / Jahrhunderte [...] / Die bringen mildre Weisheit; Bürgerglück / Wird dann versöhnt mit Fürstengröße wandeln ...
D, Don Karlos 3,10; II,124
Jahrtausende zu zeitig
s. Herzog Alba, Gott / Teufel
Jammer weggeträumt
s. Vergessen, Lethes Welle
Jammer, gefolgt vom
s. Unglück, vom Jammer gefolgt
Jammer, naß / Spaß, trocken
s. Spaß / Jammer, gefällt
jammervolle Kriegsjahre
s. Europa, Friede / Krieg
Jauchzen, voreilig   s. Schicksals Mächte, eifersüchtig
Jean Paul, Fratzen   Nicht an Reiz noch an Kraft fehlts deinem Pinsel, das Schöne / Schön uns zu malen, du hast leider nur Fratzen gesehn.
G-EX-U, Verfasser des Hesperus;
I,328
Jean Paul, Reichtum   Hieltest du deinen Reichtum nur halb so zu Rate wie jener / Seine Armut, du wärst unsrer Bewunderung wert.
G-EX, Jean Paul Richter (»jener« ist Manso); I,261
jeden Tag aufs neue   s. Leben, genießen / erbeuten
jeder vollendet in sich   s. gleich, jeder dem Höchsten
Jena, und Weimar
s. Berlin / Weimar und Jena
Jenseits / Jugend
s. Jugend / Jenseits
Jenseits, Gott befohlen   s. Tod ist los
Jetzt oder nie!   [Rudenz zu Berta:] – Jetzt oder nie! / Ich muß den teuren Augenblick ergreifen – / Entschieden sehen muß ich mein Geschick, / Und sollt es mich auf ewig von Euch scheiden.
D, Tell 3,2; II,970
jetzt, ans Kreuz   s. Kreuz, geschlagen ans
Joch, entjocht   s. Mensch, entjochter

Johanna geht [Johanna:] Johanna geht und nimmer kehrt sie wieder!
D, Jungfrau, Prolog 4; II, 701
Joseph II., Kaiser s. Buchhandel, Käsehandel
Journal des Luxus und der Moden s. Luxus, Mode
Jubel, mische ein! s. Wurf gelungen, großer
Jubelruf der Wesen Die Nachtigallen haben nicht *gelesen,* / Die Lilien *bewundern* nicht. / Der allgemeine Jubelruf der Wesen / Begeistert *sie* – zu einem Sinngedicht.
G-LY, Die berühmte Frau; I, 157
Juden, gerecht gegen die Nation der Hebräer [muß uns] als ein wichtiges universalhistorisches Volk erscheinen, und alles Böse, welches man diesem Volke nachzusagen gewohnt ist, alle Bemühungen witziger Köpfe, es zu verkleinern, werden uns nicht hindern, gerecht gegen dasselbe zu sein.
H, Moses; IV, 784
Judentum / Christentum s. Christentum, siegreich
Judentum, Aufklärung Ja in einem gewissen Sinne ist es unwiderleglich wahr, daß wir der mosaischen Religion einen großen Teil der Aufklärung danken, deren wir uns heutigestags erfreuen.
H, Moses; IV, 783
Judentum, Christentum, Islam s. Religion der Hebräer

Judentum, Verfassung s. Religion, der Weisen / des Volkes
Jugend / Jenseits »Ich zahle dir in einem andern Leben, / Gib deine Jugend mir, / Nichts kann ich dir als diese Weisung geben.« / Ich nahm die Weisung auf das andre Leben, / Und meiner Jugend Freuden gab ich ihr.
G-LY, Resignation; I, 131
Jugend brauset s. Leben, einsetzen / gewinnen
Jugend ist alt War es immer wie jetzt? Ich kann das Geschlecht nicht begreifen. / Nur das Alter ist jung, ach! Und die Jugend ist alt.
G-EP, Jetzige Generation; I, 251
Jugend Pfad erhellt s. Ideale, zerronnen
Jugend, schnell fertig [Wallenstein:] Schnell fertig ist die Jugend mit dem Wort, / Das schwer sich handhabt, wie des Messers Schneide, / [...] Gleich heißt ihr alles schändlich oder würdig, / Bös oder gut –
D, W.s Tod 2,2; II, 434
Jugend sich bezähmen s. bezwingen, bezähmen
Jugend, Träume seiner s. Träume seiner Jugend
Jugendfreund, darf s. Eifers Wärme
Jugendschein, erhalten s. Gesang und Liebe, Jugend
jung, verjüngt s. Ruhe eines Kirchhofs

Jungfrau, reizende Fülle Reizende Fülle schwellt der Jungfrau blühende Glieder, / Aber der Stolz bewacht streng wie der Gürtel den Reiz.
G-PH, Die Geschlechter; I,236

Jüngling / Greis In den Ozean schifft mit tausend Masten der Jüngling, / Still, auf gerettetem Boot treibt in den Hafen der Greis.
G-EP, Erwartung und Erfüllung; I,255

Jüngling / Mann s. Amt, Mensch / Träumer / Jüngling

Jüngling, bescheiden Und vor den edeln Meister tritt / Der Jüngling mit bescheidnem Schritt …
G-BA, Der Kampf mit dem Drachen; I,391

Jüngling, bringt keines wieder Es kommen, es kommen die Wasser all, / Sie rauschen herauf, sie rauschen nieder, / Den Jüngling bringt keines wieder.
G-BA, Der Taucher; I,373

Jüngling, errötend Errötend folgt er ihren Spuren / Und ist von ihrem Gruß beglückt, / Das Schönste sucht er auf den Fluren, / Womit er seine Liebe schmückt.
G-LY, Das Lied von der Glocke; I,431

Jüngling, herrlicher Und alle die Männer umher und Frauen / Auf den herrlichen Jüngling verwundert schauen.
G-BA, Der Taucher; I,369

Jüngling, Lebens Bahn Wie sprang, von kühnem Mut beflügelt, / Beglückt in seines Traumes Wahn, / Von keiner Sorge noch gezügelt, / Der Jüngling in des Lebens Bahn. / […] Wie leicht ward er dahingetragen, / Was war dem Glücklichen zu schwer! / Wie tanzte vor des Lebens Wagen / Die luftige Begleitung her! / Die Liebe mit dem süßen Lohne, / Das Glück mit seinem goldnen Kranz, / Der Ruhm mit seiner Sternenkrone, / Die Wahrheit in der Sonne Glanz!
G-PH, Die Ideale; I,188 f

Jüngling, widerlegen
s. Inquisition, fliehen

Jupiter, der glänzende [Wallenstein:] Nicht Zeit ists mehr zu brüten und zu sinnen, / Denn Jupiter, der glänzende, regiert / Und zieht das dunkel zubereitete Werk / Gewaltig in das Reich des Lichts –
D, W.s Tod 1,1; II,410

K

Kabale und Liebe Ich habe in meinen »Räubern« das Opfer einer ausschweifenden Empfindung zum Vorwurf genommen – Hier versuche ich das Gegenteil, ein Opfer der Kunst und Kabale.
D, Fiesko, Vorrede; I,640
Kabinett / bürgerliche Welt s. Schiller, politisch / poetisch
Kaiser / König s. Habsburger, Wien / Madrid
Kaiser hat Soldaten s. Soldaten, keinen Feldherr
Kaiser Joseph II. s. Buchhandel, Käsehandel
Kaiser, bezahlt [Erster Arkebusier:] Und wer uns bezahlt, das ist der Kaiser.
D, W.s Lager 11; II,304
Kaiser, Herr / kein Herr s. Herrenbank, sitzen auf
Kaiser, mehr Soldaten s. Krieg ernährt den Krieg
Kaiser, saß sinnend s. göttliches Walten, verehrt
Kaiser, sein Heer s. Krieg, kein guter
Kaiser, Wallenstein, Feldherr s. Wallenstein / Kaiser
kaiserlose Zeit Denn geendigt nach langem verderblichen Streit / War die kaiserlose, die schreckliche Zeit, / Und ein Richter war wieder auf Erden.
G-BA, Der Graf von Habsburg; I,378
Kaisers Diener [Geßler:] Sagt, was Ihr wollt, ich bin des Kaisers Diener / Und muß drauf denken, wie ich ihm gefalle. / Er hat mich nicht ins Land geschickt, dem Volk / Zu schmeicheln und ihm sanft zu tun – Gehorsam / Erwartet er, der Streit ist, ob der Bauer / Soll Herr sein in dem Lande oder der Kaiser.
D, Tell 4,3; II,1008
Kaisers Dienst s. Vorsicht, besser zu viel
Kaisers Wille, netter, runder s. Mord lieben / Mörder strafen
Kalb, in der Kuh s. Soldaten, Diebe
kalt, schlechterdings s. Schiller, Selbstkritik d. ›Räuber‹
kalter Blick / heißes Blut s. Blut, heiß / Blick, kalt
kalter Nordwind s. Philosoph, Vieh / Engel
Kampf der Wagen und Gesänge s. Ibykus, der Götterfreund
Kampf, härterer, gelungen s. Demut, sich bezwingen
Kampf, wogt sich s. Tod ist los
kämpfen, für Vaterland / Liebe [Berta zu Rudenz:] Kämpfe / Fürs Vaterland, du kämpfst für deine Liebe! / Es ist *ein* Feind, vor dem wir alle zittern, / Und *eine* Freiheit macht uns alle frei!
D, Tell 3,2; II,974

Kampfspiel

Kampfspiel erwarten s. Löwengarten
Kanaille, Franz [Schweizer:] Franz heißt die Kanaille?
D, Räuber 1,2; I,509
kann nicht sein [Max zu Octavio:] Es kann nicht sein! kann *nicht* sein! *kann* nicht sein!
D, Piccolomini 5,1; II,397
Kant, Immanuel, Ausleger s. Könige / Kärrner
Kant, Ding an sich s. Ding, aller Dinge
Kant, Moralphilosophie In der Kantischen Moralphilosophie ist die Idee der *Pflicht* mit einer Härte vorgetragen, die alle Grazien davon zurückschreckt und einen schwachen Verstand leicht versuchen könnte, auf dem Wege einer finstern und mönchischen Asketik die moralische Vollkommenheit zu suchen.
T-PH, Anmut u. Würde; V,465
Kant, Tugend / Neigung s. Tugend, mit Neigung, leider
Kant, Begriffe Zwanzig Begriffe wurden mir neulich diebisch entwendet, / Leicht sind sie kenntlich, es steht sauber mein I. K. darauf.
G-EX, Sachen, so gestohlen worden (Immanuel Kant spricht); I,289
Kant, ein Reicher s. Könige / Kärrner
Kappen, rote s. rote Kappen
Kardinal, tun Sie das Ihre [Philipp zum Großinquisitor:] Kardinal! Ich habe / Das Meinige getan. Tun Sie das Ihre.
D, Don Karlos 5,11 (Schluß); II,219
Karikaturen-Register so fruchtbarer meine Weltkenntnis wird, so ärmer wird mein Karikaturen-Register.
D, Räuber, Unterdrückte Vorrede; I,482
Karl kann mehr [Karlos zu Philipp:] Ich fühle mich. Was Ihre Alba leisten, / Das kann auch Karl, und Karl kann mehr.
D, Don Karlos 2,2; II,47
Karl von Moor s. Gesetz / großer Mann; Kerls wie ich
Karl, nicht hassen s. lieben, hassen, Karl
Kärrner s. Könige / Kärrner
Käsehandel, Joseph II. s. Buchhandel, Käsehandel
Kassandra s. Verhängnis, geschehen; Irrtum ist das Leben
Kastraten / Frauen s. Frauen / Kastraten
Kastraten-Jahrhundert s. Jahrhundert, tintenklecksendes
Katzen, greuliche s. Mordsucht heiß
kaufen / sein [Max:] Wofür mich einer kauft, das muß ich sein.
D, Piccolomini 5,3; II,404
kecker als die Tat s. Sprache / Tat
Keim / Nahrung s. Menschheit, nähren / pflanzen
Kenner, gnädigster Richter Der große Mann verachtet nicht!! / Der

gnädigste von allen Richtern ist / Der Kenner! – Was der große Mann vermißt, / Ersetzt er gern von *seinem* Überflusse!
G-LY, Prolog; I,151
kennet doch die Menschen s. Mann, solcher, gemangelt
kennt Ihr den Menschen s. Menschen, kennen wie ich
Kerls wie ich [Karl:] Stelle mich vor ein Heer Kerls wie ich, und aus Deutschland soll eine Republik werden, gegen die Rom und Sparta Nonnenklöster sein sollen.
D, Räuber 1,2; I,504
Kern / Baum Der Kern allein im schmalen Raum / Verbirgt den Stolz des Waldes, den Baum.
G-PH, Breite u. Tiefe; I,218
Kern, des Menschen [Wallenstein zu Illo:] Hab ich des Menschen Kern erst untersucht, / So weiß ich auch sein Wollen und sein Handeln.
D, W.s Tod 2,3; II,440
Kern, innerster, herb Preßt der Zitrone / Saftigen Stern, / Herb ist des Lebens / Innerster Kern.
G-LY, Punschlied; I,421
Kette bricht, Sklave s. Mensch, frei geschaffen
Kette, nie bricht s. Natur, Mutterpflicht der
Kette, Ringe s. Ringe, machen Kette
Ketten Last, vergrößern s. Wut der Neuerungen

Ketten tragen, Tugend s. Tugend, feige Weisheit
Ketten, der Ehe s. Ehe, verhaßte Ketten
Ketten, geboren in s. Mensch, frei geschaffen
Ketten, Millionen fallen s. Menschenrecht, Brüder
Ketten, Tyrannen s. Rettung von Tyrannenketten
Ketzermacher, bereitwilliger s. Gelehrte, Brotgelehrter
Kind getroffen hätte s. Pfeil, mit dem zweiten
Kind, Engel, Huld »Dies Kind, kein Engel ist so rein, / Laßts Eurer Huld empfohlen sein ...«
G-BA, Der Gang nach dem Eisenhammer; I,389
Kind, erflehen Was Männer nicht erbitten dürfen, darf / Ein Kind vielleicht erflehen.
G-LY, Prolog; I,151
Kind, schwankendes s. Strafe der Mutter
Kinder der Welt s. gefallen, der Welt und den Frommen
Kinder, Fabeln für s. Damen und Kinder, Schriften
Kindes Haupt s. Milch der frommen Denkart
Kindheit, sicher Manche gingen nach Licht und stürzten in tiefere Nacht nur, / Sicher im Dämmerschein wandelt die Kindheit dahin.
G-EP, Einem jungen Freund; I,244

kindisches Spiel s. Spiel, hoher Sinn
kindliches Gemüt s. Verstand / Einfalt
Kirche / Monarchie s. Geistlichkeit, goldene Zeit der
Kirche, und Altar s. Waffen ruhn
Kirchhof, Ruhe eines s. Ruhe eines Kirchhofs
Klage(n) s. a. Anklage(n); beklagen; Jammer
Klage, mich verklagt s. Tat vollbringen, weil gedacht
Klage, weckt Toten nicht Laß rinnen der Tränen / Vergeblichen Lauf, / Es wecke die Klage / Den Toten nicht auf ...
G-LY, Des Mädchens Klage; I,410
Klagen ertränkt' er s. Heiter wie Frühlingstag
Klaglied, herrlich Auch ein Klaglied zu sein im Mund der Geliebten, ist herrlich, / Denn das Gemeine geht klanglos zum Orkus hinab.
G-PH, Nänie; I,242
Klang im Ohr vergeht s. Irdisches verhallt
Klang, guter s. prüfe, wer sich ewig bindet
Klarheit, Fülle führt zur s. Wahrheit, im Abgrund
Klarheit, Stärke s. Wahl, schwer / Not, drängt
Klassen, niedere / zivilisierte s. Kultur, Verwilderung / Erschlaffung

klein / groß, Deutschland s. Deutschland, Pantheon
klein / groß, Städte s. Berlin / Weimar und Jena
kleines Geschlecht s. Epoche, große
kleingeistisch s. Pöbel, tonangebend
Kleinigkeiten, nie abgegeben mit s. Mörder, kein gemeiner
Kleinigkeitsgeist So erhaben, so groß ist, so weit entlegen der Himmel! / Aber der Kleinigkeitsgeist fand auch bis dahin den Weg.
G-EX, Der astronomische Himmel; I,276
Kleinod, guter Name [Paulet:] Ein hohes Kleinod ist der gute Name ...
D, Maria Stuart 1,8; II,583
Klopstock, Friedrich Gottlieb, Muse Deine Muse besingt, wie Gott sich der Menschen erbarmte, / Aber ist das Poesie, daß er erbärmlich sie fand?
G-EX, Der erhabene Stoff (Klopstocks »Messias«); I,259
Klopstock, Friedrich Gottlieb, zu viel gelesen s. Schiller, Selbstkritik der »Räuber«
Klöster, sind Nester s. römisch Reich / römisch Arm
kluger Mann baut vor [Gertrud:] Der kluge Mann baut vor.
D, Tell 1,2; II,926

Klugheit / Not [Questenberg zu Wallenstein:] Die Klugheit räts, die Not gebeuts.
D, Piccolomini 2,7; II,355
Klugheit / Weisheit, verlacht s. Weisheit / Klugheit verlacht
Klugheit, ist Gehorsam s. Gehorsam, Klugheit
Knabe / Mädchen s. Mädchen / Knabe
Knabe, an Quelle s. Quelle, Knabe an der
Knabe, fürchterlich s. Blut, heiß / Blick, kalt
Knabe, lächelnder s. Götter, nimmer allein
Knabe, lieblicher s. Krieg, Beweger, Ehre
Knabe, unverletzt [Tell:] Der Knab ist unverletzt, mir wird Gott helfen.
D, Tell 3,3 (Aktschluß); II,987
Knaben wehren, Mädchen lehren s. Hausfrau, züchtige
Knaben, wild, toben Gönne dem Knaben zu spielen, in wilder Begierde zu toben: / Nur die gesättigte Kraft kehrt zur Anmut zurück.
G-PH, Die Geschlechter; I,236
Knecht, frommer s. Fridolin, fromm
Knechte, alle frei s. frei, alle Knechte
Knechtschaft, eher Tod s. Volk von Brüdern

Knospe, entfaltet, wenig s. Welt, Knospe, groß
Kohl, herrlicher s. Schmetterling / Raupe
Kolosse und Extremitäten s. Gesetz / großer Mann
kommandieren / singen [Karlos zu Eboli:] Der gute Vater / Besorgt, wenn ich Armeen kommandierte – / Mein Singen könnte drunter leiden.
D, Don Karlos 2,8; II,68
kommandieren, du s. General, kommandierst
kommen, sehen, lieben [Posa zur Königin:] Er kommt! Er sieht! – Er liebt!
D, Don Karlos 1,4; II,28
kommen, spät s. Spät kommt ihr
konfessionslos, aus Religion s. Religion, keine bekennen
konfiszieren s. Gewalt, absolute
König(e) s. a. Kaiser
König oder nie [Karlos zur Königin:] Madrid / Sieht nur als König oder nie mich wieder.
D, Don Karlos 5,11; II,218
König Rudolf, Krönungsmahl s. Aachen, Kaiserpracht
König / Volk Unsere Stimme zum König hat jener Drache mit vielen / Schwänzen und *einem* Kopf, nicht das vielköpfige Tier.
G-EX-U, An unsere Repräsentanten; I,322

König

König, »Lang lebe!« s. Nacht und Grauen
König, gefallen müssen [Elisabeth (Monolog):] O *der* ist noch nicht König, der der Welt / Gefallen muß! Nur der ists, der bei seinem Tun / Nach keines Menschen Beifall braucht zu fragen.
D, Maria Stuart 4,10; II,655
König, großer, im Kleinen s. Wallenstein, auf seinen Schlössern
König, ich bin Euer s. Ruf, besser als mein
König, im Heer [Wallenstein:] Was machte diesen Gustav / Unwiderstehlich, unbesiegt auf Erden? / Dies: daß er *König* war in seinem *Heer!*
D, Piccolomini 2,7; II,355
Könige / Kärrner Wie doch ein einziger Reicher so viele Bettler in Nahrung / Setzt! Wenn die Könige baun, haben die Kärrner zu tun!
G-EX, Kant und seine Ausleger; I,262
Könige / König [Posa zu Philipp:] Geben Sie, / Was Sie uns nahmen, wieder. Werden Sie / Von Millionen Königen ein König.
D, Don Karlos 3,10; II,125
Könige / Mörder s. Mord, gefällt / Mörder nie
Könige mit einer Welt s. Monarchen / Monarchien
Könige sind nur Sklaven [Elisabeth:] Die Könige sind nur Sklaven ihres Standes, / Dem eignen Herzen dürfen sie nicht folgen.
D, Maria Stuart 2,2; II,587
Könige, Fluchgeschick [Maria zu Elisabeth:] Das ist das Fluchgeschick der Könige, / Daß sie, entzweit, die Welt in Haß zerreißen, / Und jeder Zwietracht Furien entfesseln.
D, Maria Stuart 3,4; II,624
Könige, Los der s. Irrtum, Schutt des
Königin durchbohren s. Sakrament, letzte Reise
Königinnen lieben schlecht s. Weib, lieben / herrschen
Königinnen, spanische [Domingo zu Alba:] Die span'schen Königinnen haben Müh / Zu sündigen –
D, Don Karlos 2,10; II,80
königliche Nähe s. Gnade, köngliche Nähe
Königliche, dieser s. Welt im Sturz
königlicher Gast s. Glück, gut gelaunt
Königreich ist dein Beruf [Posa zu Karlos:] Rette dich für Flandern! / Das Königreich ist dein Beruf. Für dich / Zu sterben war der meinige.
D, Don Karlos 5,3; II,192

Königs Ehre / Wille [Rudenz:] des Königs Ehre ist mir heilig, / Doch solches Regiment muß Haß erwerben. / Das ist des Königs Wille nicht –
D, Tell 3,3; II,983
Königssohn, gute Sache s. gute Sache, Königssohn
Königssohn, ich [Karlos:] Ich weiß ja nicht, was Vater heißt – ich bin / Ein Königssohn –
D, Don Karlos 1,2; II,15
könnt ich nicht mehr s. Tat vollbringen, weil gedacht
Konventionen, abgeschmackte s. Natur, verrammeln
Kopf s. a. Haupt
Kopf, bildet Herz s. Philosophie, einseitige
Kopf, konfuser Was den konfusen Kopf so ganz besonders bezeichnet, / Ist, daß er alles verfolgt, was *zur Gestalt* sich erhebt.
G-EX-U, Das Kennzeichen; I,325
Kopf, leer / Buch, voll s. Nicolai, Friedrich, auf Reisen
Kopf, Querkopf / Leerkopf Querkopf! schreiet ergrimmt in unsere Wälder Herr Nickel, / Leerkopf! schallt es darauf lustig zum Walde heraus.
G-EX, Philosophische Querköpfe; I,277
Köpfe, borniertes s. Verstand, Schranken des
Kopflos, euer Gott s. Fromme, an

Koran s. Religion der Hebräer
Korinthus' Landesenge s. Ibykus, der Götterfreund
Kork, schwimmt immer Schüttle den Staat, wie du willst! Nie wirst du etwas bedeuten. / Leicht auf der Fläche schwimmt immer und ewig der Kork.
G-EX-U, Der Stöpsel; I,320
Korkbaum, Stöpsel s. Teleologie, Korkbaum / Stöpsel
Kornfeld, in der Hand s. Armeen, stampfen
Körper verbinden, Geister befreien s. Liebe, befriedigte
Körper, athletische s. Spiel / Übung
Körper, trennt, vereint s. Sprache / Körper
Körper, vom Geist gebaut s. Geist, baut Körper
Korporal, bringen zum s. Macht, Leiter zur
kosmopolitischer Gang s. Marquis Posa, kosmopolitisch
köstliche Zeit s. Soldat, furchtlos
krachender Bogen s. Wogen, Bogen
Kraft / Ohnmacht So wars immer, mein Freund, und so wirds bleiben. Die Ohnmacht / Hat die Regel für sich, aber die Kraft den Erfolg.
G-ET, Das Naturgesetz; I,312
Kraft seiner Lenden s. Jahrhundert, tintenklecksendes

Kraft, fürchten
s. Geschmack / Genie
Kraft, gesättigte s. Knaben, wild, toben
Kraft, mit Grazie s. Humanität, Seele, Geist, Grazie, Herz
Kraft, muß lieblich schweigen
Die Kraft, die in des Ringers Muskel schwillt, / Muß in des Gottes Schönheit lieblich schweigen; ...
G-PH, Die Künstler; I,181
Kraft, noch gärende
s. Grundsätze, liberale
Kraft, römische s. Deutsche, griechisch-römisch / gallisch
Kräfte und Gesetze / Spiel
s. Reich der Kräfte / des Spiels
Kräfte, alle fronen s. Nutzen, großes Idol
Kräfte, rohe, sinnlos Wo rohe Kräfte sinnlos walten, / Da kann sich kein Gebild gestalten, / Wenn sich die Völker selbst befrein, / Da kann die Wohlfahrt nicht gedeihn.
G-LY, Das Lied von der Glocke; I,439 f
Kräfte, Spiel aller s. Kunst, Freude gewidmet
Kräfte, Übung der
s. Einseitigkeit, ambivalent
Kräftung, wirken auf einzelne
s. Kunstwerk, Inhalt / Form
Kraniche des Ibykus »Sieh da! Sieh da, Timotheus, / Die Kraniche des Ibykus!« –
G-BA, Die Kraniche des Ibykus; I,351
Kraniche, Begleiter »Seid mir gegrüßt, befreundte Scharen! / Die mir zur See Begleiter waren ...«
G-BA, Die Kraniche des Ibykus; I,346
Kranz, Ähren, Cyanen Windet zum Kranze die goldenen Ähren, / Flechtet auch blaue Cyanen hinein ...
G-PH, Das Eleusische Fest; I,194
Kranz, Sänger s. Sängers Schläfe
Kranz, verletzen s. Rosen / Dornen
Kränze, keine s. Schauspieler, Nachwelt
Kreis, engster
s. Unendlichkeit / engster Kreis
kreucht und fleugt s. Schütze, kommt gezogen
Kreuz schreiben, honoriert
s. schreiben, Kreuz
Kreuz, geschlagen ans Da hört er die Worte sie sagen: / »Jetzt wird er ans Kreuz geschlagen.«
G-BA, Die Bürgschaft; I,354
Kreuze bereuen »Was wolltest du mit dem Dolche, sprich!« / Entgegnet ihm finster der Wüterich. / »Die Stadt vom Tyrannen befrein!« / »Das sollst du am Kreuze bereuen.«
G-BA, Die Bürgschaft; I,352
kriechen, stolzester Mann
s. Frankreich / Deutschland, Pöbel

kriechender Efeu Kriechender Efeu, du rankest empor an Felsen und Bäumen, / Faulen Stämmen; du rankst, kriechender Efeu, empor.
G-EX-U, B. T. R. *(gemeint ist Karl August Böttiger); I,328*
Krieg ernährt den Krieg [Isolani:] Der Krieg ernährt den Krieg. Gehn Bauern drauf, / Ei, so gewinnt der Kaiser mehr Soldaten.
D, Piccolomini 1,2; II,319
Krieg führen, Frieden schließen s. Gewalt, absolute
Krieg verschlingt »Ja, der Krieg verschlingt die Besten!«
G-LY, *Das Siegesfest; I,426*
Krieg, aufhören [Max:] Denn hört der Krieg im Kriege nicht schon auf, / Woher soll Friede kommen?
D, Piccolomini 1,4; II,332 f
Krieg, Beweger, Ehre [Einer aus dem Chor:] Schön ist der Friede! Ein lieblicher Knabe / Liegt er gelagert am ruhigen Bach, / [...] / Aber der *Krieg* auch hat seine Ehre, / Der Beweger des Menschengeschicks ...
D, Braut v. M.; II,851
Krieg, Dreißigjähriger s. Europa, Friede / Krieg
Krieg, Europa s. Europa entzündete sich
Krieg, läßt Kraft erscheinen s. Gesetz, Freund des Schwachen
Krieg, gegen Kunstschwätzer s. Kunstschwätzer

Krieg, kein guter [Max:] Ist das ein guter Krieg, den du dem Kaiser / Bereitest mit des Kaisers eignem Heer?
D, W.s Tod 2,2; II,433
Krieg, List / Argwohn s. Vertrauen vergiftet
Krieg, rohes Handwerk [Illo:] Es ist der Krieg ein roh, gewaltsam Handwerk.
D, Piccolomini 1,2; II,321
Krieg, schrecklich [Max:] Der Krieg ist schrecklich, wie des Himmels Plagen ...
D, W.s Tod 2,2; II,433
Krieg, Vergewaltigung [Zweiter Jäger:] Es sträubt sich – der Krieg hat kein Erbarmen – / Das Mägdlein in unsern sennigten [= sehnigen] Armen –
D, W.s Lager 6; II,284
Krieg, Witz / Schönheit s. Witz / Schönheit
Krieg, wütend Schrecknis [Stauffacher:] Ein furchtbar wütend Schrecknis ist / Der Krieg, die Herde schlägt er und den Hirten.
D, Tell 1,2; II,927
Krieg, Zweck des [Octavio:] Im Kriege selber ist das Letzte nicht der Krieg.
D, Piccolomini 1,4; II,330
Krieger / Bürger s. Europa, Friede / Krieg
Krieges Stürme schweigen s. Waffen ruhn

Kriegeslast / Friede s. Deutschland, Kriegeslast
Kriegessitt [Erster Jäger:] Da geht alles nach Kriegessitt, / Hat alles 'nen großen Schnitt.
D, W.s Lager 6; II,286
Kriegsgeschichten [Max:] Aus unsern Kriegsgeschichten werden dann / Erzählungen in langen Winternächten –
D, Piccolomini 3,4; II,369
Kritik, hartherzige s. Homer, der Wolfische
Kritik, Publikum, Künstler Schüchtern trete der Künstler vor die Kritik und das Publikum, aber nicht die Kritik vor den Künstler, wenn es nicht einer ist, der ihr Gesetzbuch erweitert.
T-LI, Bürgers Gedichte, Antikritik; V,989
Krone / Bürger s. Bürger / Krone
Krone hinwegwerfen s. Fiesko, Moral des
Krone will ich sehen s. Wallenstein, Ehrgeiz
Krone, Perlen / Wunden [Alba zu Karlos:] An der Krone funkeln / Die Perlen nur, und freilich nicht die Wunden, / Mit denen sie errungen ward. –
D, Don Karlos 2,5; II,59
Krone, Wallenstein [Wallenstein:] Und Albrecht *Wallenstein*, so hieß / Der dritte Edelstein in seiner Krone!
D, Piccolomini 2,7; II,353

Kronen, schönste s. Richter / Dichter
Kronen, sechs »So mögen sie«, rief er begeistert aus, / »Sechs Kronen Euch bringen in Euer Haus / Und glänzen die spätsten Geschlechter!«
G-BA, *Der Graf von Habsburg*; I,381
krummer Weg s. Willkür / Ordnung
Kugel, aus ihrem Lauf [Max:] Denn wenn die Kugel los ist aus dem Lauf, / Ist sie kein totes Werkzeug mehr, sie lebt ...
D, W.s Tod 3,21; II,490
Kuh / Göttin s. Wissenschaft, Göttin / Kuh
kühn entschlossen s. lieben / gleich sein
kühn und mild s. Eltern / Kinder
kühn war das Wort s. Tat vollbringen, weil gedacht
kühn, mir entgegen s. siegen, mit / gegen Wallenstein
kühn, und mutvoll s. Tat, vorher / nachher
kühn, und fromm s. Genius, kühn, fromm
kühne Heere s. Wallenstein, Charakterbild
kühne Tat s. Wallenstein, Ermordung
kühner Mut s. Jüngling, Lebens Bahn
Kultur / Natur, zurück Es gibt Augenblicke in unserm Leben, wo

wir der Natur [...] bloß *weil sie Natur ist*, eine Art von Liebe und von rührender Achtung widmen. [...] Es sind nicht diese Gegenstände, es ist eine durch sie dargestellte Idee, was wir in ihnen lieben. [...] Sie *sind*, was wir *waren;* sie sind, was wir wieder *werden sollen*. Wir waren Natur wie sie, und unsere Kultur soll uns, auf dem Wege der Vernunft und der Freiheit, zur Natur zurückführen. [...] Sie gewähren uns also die ganz eigene Lust, daß sie, ohne uns zu beschämen, unsere Muster sind.
T-PH, Naive u. sentim. D.; V,694 f
Kultur, ästhetische   s. ästhetische Kultur; edel / erhaben
Kultur, Natur, Ideal   s. Ideal, Natur / Kultur
Kultur, Quelle der Schlaffheit   s. Kultur, Verwilderung / Erschlaffung
Kultur, Schritt zur   s. Realität, Bedürfnis / Gleichgültigkeit
Kultur, Selbstbestimmung   s. ästhetische Kultur
Kultur, Verwilderung / Erschlaffung   Hier Verwilderung, dort Erschlaffung: [...] / In den niedern und zahlreichern Klassen stellen sich uns rohe gesetzlose Triebe dar [...] Die losgebundene Gesellschaft, anstatt aufwärts in das organische Leben zu eilen, fällt in das Elementarreich zurück. / Auf der andern Seite geben uns die zivilisierten Klassen den noch widrigern Anblick der Schlaffheit und einer Depravation des Charakters, die desto mehr empört, weil die Kultur selbst ihre Quelle ist.
T-PH, Ästhetische Erziehung, 5. Brief; V,580
Kunst/Künste   s. a. Ästhet-; Dicht-; Empfind-; gefallen; Geschmack; Stil; Theat-; Werk
Kunst / Nutzen   s. Nutzen, großes Idol
Kunst des Ideals   s. Natur, Idee des Geistes
Kunst entweicht   s. Schein, nie Wirklichkeit
Kunst, ästhetische   s. Mensch, Spiel, Schönheit
Kunst, Freude gewidmet   Alle Kunst ist der Freude gewidmet [...]. Die rechte Kunst ist nur diese, welche den höchsten Genuß verschafft. Der höchste Genuß aber ist die Freiheit des Gemütes in dem lebendigen Spiel aller seiner Kräfte.
T-LI, Chor i. d. Tragödie; II,816
Kunst, göttlich / Staat   »Göttlich nennst du die Kunst? Sie ists,« versetzte der Weise, / »Aber das war sie, mein Sohn, eh sie dem Staat noch gedient, / Willst du nur Früchte von ihr, die kann auch die Sterbliche zeugen; / Wer um die Göttin freit, suche in ihr nicht das Weib.«
G-EP, Archimedes und der Schüler; I,245

Kunst, heiter
s. Leben, ernst / Kunst, heiter
Kunst, Lebenskunst s. Mensch, Spiel, Schönheit
Kunst, Machwerk der s. Anmut, affektierte / Würde, falsche
Kunst, Mensch allein Im Fleiß kann dich die Biene meistern, / In der Geschicklichkeit ein Wurm dein Lehrer sein, / Dein Wissen teilest du mit vorgezognen Geistern, / Die *Kunst,* o Mensch, hast du allein.
G-PH, Die Künstler; I,174
Kunst, moralisch-didaktisch
s. Schönheit, ohne Tendenz
Kunst, Muse Was ich ohne dich wäre, ich weiß es nicht; aber mir grauet, / Seh ich, was ohne dich Hundert' und Tausende sind.
G-ET, An die Muse; I,304
Kunst, redlich / Herz, falsch
s. Sterne lügen nicht
Kunst, rettet Würde
s. Wahrheit, in Täuschung
Kunst, trennt und entzweit
s. Ideal, Natur / Kultur
Kunst, umstrickt von / Natur, Spur der s. Genie, das größte
Kunst, verengt / Wissenschaft, erweitert der philosophische Untersuchungsgeist entreißt der Einbildungskraft eine Provinz nach der andern, und die Grenzen der Kunst verengen sich, je mehr die Wissenschaft ihre Schranken erweitert.
T-PH, Ästhetische Erziehung, 2. Brief; V,572

Kunst, Verfall, Künstler zu allen Zeiten, wo die Kunst verfiel, ist sie durch die Künstler gefallen. Das Publikum braucht nichts als Empfänglichkeit, und diese besitzt es.
T-LI, Chor i. d. Tragödie; II,815
Kunst, zweite höhere Und eine zweite höhre Kunst erstand / Aus Schöpfungen der Menschenhand.
G-PH, Die Künstler; I,178
Künste / Wissenschaft Treffliche Künste dankt man der Not und dankt man dem Zufall, / Nur zur Wissenschaft hat keines von beiden geführt.
G-ET, Die Quellen; I,307
Künste, seine
s. Männerkraft / Schwachheit
Kunstgeheimnis des Meisters
s. Kunstwerk, Inhalt / Form
kunstgeübte Hand [Geßler zu Tell:] ich lege gnädig dein Geschick / In deine eigne kunstgeübte Hand. / Der kann nicht klagen über harten Spruch, / Den man zum Meister seines Schicksals macht.
D, Tell 3,3; II,981
Künstler / Meißel [Posa zu Philipp:] Können Sie / In Ihrer Schöpfung fremde Schöpfer dulden? / Ich aber soll zum Meißel mich erniedern, / Wo ich der Künstler könnte sein?
D, Don Karlos 3,10; II,120
Künstler / Publikum s. Kunst, Verfall, Künstler

Künstler, pädagogisch und politisch Wenn der mechanische Künstler seine Hand an die gestaltlose Masse legt, um ihr die Form seiner Zwecke zu geben, so trägt er kein Bedenken, ihr Gewalt anzutun; [...] Ganz anders verhält es sich mit dem pädagogischen und politischen Künstler, der den Menschen zugleich zu seinem Material und zu seiner Aufgabe macht.
T-PH, Ästhetische Erziehung, 4. Brief; V,578
Kunstmäßigkeit s. Schönheit, Natur / Kunst
Kunstschwätzer Gutes in Künsten verlangt ihr? Seid ihr denn würdig des Guten, / Das nur der ewige Krieg gegen euch selber erzeugt?
G-ET, Die Kunstschwätzer; I,315
Kunsttrieb, Entwicklung des Wie frühe oder wie spät sich der ästhetische Kunsttrieb entwickeln soll, das wird bloß von dem Grade der Liebe abhängen, mit der der Mensch fähig ist, sich bei dem bloßen Schein zu verweilen.
T-PH, Ästhetische Erziehung, 26. Brief; V,658
Kunstwerk, Inhalt / Form In einem wahrhaft schönen Kunstwerk soll der Inhalt nichts, die Form aber alles tun; denn durch die Form allein wird auf das Ganze des Menschen, durch den Inhalt hingegen nur auf einzelne Kräfte gewirkt. [...] Darin also besteht das eigentliche Kunstgeheimnis des Meisters, *daß er den Stoff durch die Form vertilgt;* ...
T-PH, Ästhetische Erziehung, 22. Brief; V,639
Kur, auf Leben und Tod s. Staatsverbesserer, Kur
Kürbisse von Buben s. Männer, Phlegma
kurzes Gedärm s. schreiben, geschwind
Kuß der Welt Seid umschlungen, Millionen! / Diesen Kuß der ganzen Welt! / Brüder – überm Sternenzelt / Muß ein lieber Vater wohnen.
G-LY, An die Freude (Chor); I,133
Kuß, des Todes s. Tod, Griechen
Küsse vor Küssen s. liebend umschlingen
Küßnacht s. hohle Gasse, Küßnacht
Kutscher, fahr zu! s. Betteln, verwünschtes

L

Labyrinth der Ästhetik
s. Ästhetik, Labyrinth, Faden
lächeln, mit arger List Da lächelt der König mit arger List ...
G-BA, Die Bürgschaft; I,352
lächeln, Sonne Homers
s. Homer, Sonne des
lächelnder Knabe s. Götter, nimmer allein
Lady Maria s. töten, Freier, Männer
lammherzige Gelassenheit
s. Gelassenheit, lammherzige
Lämmlein, fromm und sanft Willst du nicht das Lämmlein hüten? / Lämmlein ist so fromm und sanft ...
G-BA, Der Alpenjäger; I,389
Land, wenn es ruft [Tell:] Ich war nicht mit dabei – doch werd ich mich / Dem Lande nicht entziehen, wenn es ruft.
D, Tell 3,1; II,967
Landsverweisung s. Würde, diese neue
Landvogt, Platz dem s. Platz dem Landvogt!
Landvogt, Richter s. Richter, Pflicht, Gerechtigkeit
Lang lebe der König! s. Nacht und Grauen
Langeweile / Ewigkeit s. ewiges Leben, Langeweile

Larven / fühlende Brust
s. Brust, einzig fühlende
laß mich sündigen s. sündigen, laß mich
Last, glänzende s. Säule, glänzende Last
Last, verteilen s. Zentrum, alle sich neigen
Laster, Apologie des s. Pöbel, tonangebend
Laster, erbricht sich s. Poet, Wirt, Zeche
Laster, reizt, weil groß
s. Bösewichter, erstaunliche
Lästermaul [Trompeter:] Stopft ihm keiner sein Lästermaul?
D, W.s Lager 8; II,295
Latein, Pastoren s. Zofenfranzösisch
Lauf, hab es denn seinen
s. Anfang, zu ernsthaft
Laune löst, knüpft [Isabella:] Laune löst, was Laune knüpfte – / Nur die *Natur* ist redlich!
D, Braut v. M.; II,835
Laune, gut gelaunt s. Glück, gut gelaunt
Launen der Einbildungskraft
s. Phantast, verläßt Natur
Lavater, Johann Kaspar
s. Prophet / Schelm
Lawinen, wohnen unter s. eng im weiten Land
Leben / Phantasie s. Phantasie, ewig jung
Leben bilden, Welt bauen
s. Elemente, vier

Leben dem Leben geben
s. Tropfen des Geistes
Leben heißt träumen [Fiesko:] *Leben heißt träumen; weise sein, Lomellin, heißt angenehm träumen.*
D, Fiesko 1,6; I,652 f
Leben ist doch schön! [Posa:] Königin! / – O Gott! das Leben ist doch schön.
D, Don Karlos 4,21; II,177
Leben schmückt, mangelt s. Licht und Leben, ewig
Leben und Liebe, endet Leben muß man und lieben! Es endet Leben und Liebe! / Schnittest du, Parze, doch nur beide die Fäden zugleich.
G-ET, Einer; I,318
leben und nicht sehen s. Licht des Auges
Leben und Sterben, auf Da treibts ihn, den köstlichen Preis zu erwerben, / Und stürzt hinunter auf Leben und Sterben.
G-BA, Der Taucher; I,373
leben, »Er lebt!« Und atmete lang und atmete tief / Und begrüßte das himmlische Licht. / Mit Frohlocken es einer dem andern rief: / »Er lebt! Er ist da! Es behielt ihn nicht. ...«
G-BA, Der Taucher; I,371
Leben, das andere s. Jugend / Jenseits
Leben, das Große im s. Sinn, erhabener

Leben, einsetzen / gewinnen [Erster Jäger:] Drum frisch, Kameraden, den Rappen gezäumt, / Die Brust im Gefechte gelüftet. / Die Jugend brauset, das Leben schäumt, / Frisch auf! eh der Geist noch verdüftet. / Und setzet ihr nicht das Leben ein, / Nie wird euch das Leben gewonnen sein.
D, W.s Lager 11 (Schluß); II,311
Leben, entsetzliches [Karl:] da steh ich am Rand eines entsetzlichen Lebens, und erfahre nun mit Zähnklappern und Heulen, daß *zwei Menschen wie ich den ganzen Bau der sittlichen Welt zugrund richten würden.*
D, Räuber 5,2; I,617
Leben, ernst / Kunst, heiter Ernst ist das Leben, heiter ist die Kunst.
D, W.s Lager, Prolog (Schluß); II,274
Leben, feindliches s. Mann muß hinaus
Leben, Form, Spiel s. Gestalt, lebende, Schönheit
leben, für alle Zeiten s. Zeiten, für alle
Leben, genießen / erbeuten [Tell:] Zum Hirten hat Natur mich nicht gebildet, / Rastlos muß ich ein flüchtig Ziel verfolgen, / Dann erst genieß ich meines Lebens recht, / Wenn ich mirs jeden Tag aufs neu erbeute.
D, Tell 3,1; II,966

Leben, glauben dem
s. Glauben, dem Leben / Buch
Leben, Güter höchstes nicht
[Chor:] Dies *eine* fühl ich und erkenn es klar, / Das Leben ist der Güter höchstes *nicht*, / Der Übel größtes aber ist die *Schuld*.
D, Braut v. M. (Schluß); II,912
(Vgl. *Leben, höchstes Gut*)
leben, heute / morgen »Um das Roß des Reiters schweben, / Um das Schiff die Sorgen her, / Morgen können wirs nicht mehr, / Darum laßt uns heute leben!«
G-LY, Das Siegesfest; I,428
Leben, höchstes Gut [Mortimer:] Warum versprützt der Tapfere sein Blut? / Ist Leben doch des Lebens höchstes Gut!
D, Maria Stuart 3,6; II,632
(Vgl. *Leben, Güter höchstes nicht*)
Leben, ihres / Tod, deiner
s. Streich erleiden / führen
Leben, ist Irrtum s. Irrtum ist das Leben
Leben, Lottospiel In dieses Lebens buntem Lottospiele / Sind es so oft nur Nieten, die wir ziehn. / Der Freundschaft stolzes Siegel tragen viele, / Die in der Prüfungsstunde treulos fliehn.
G-LY, An Elisabeth Henriette von Arnim; I,149
Leben, Lust, rauscht von
s. Begriff / Schönheit
Leben, lustiges führen
s. lustiges Leben

Leben, nicht den Schuß [Geßler zu Tell:] Ich will dein Leben nicht, ich will den Schuß. / [...] Dich schreckt kein Sturm, wenn es zu retten gilt, / Jetzt, Retter, hilf dir selbst – du rettest alle!
D, Tell 3,3; II,983
Leben, nichts als mein »Was wollt ihr?« ruft er, für Schrecken bleich, / »Ich habe nichts als mein Leben, / Das muß ich dem Könige geben!«
G-BA, Die Bürgschaft; I,354
Leben, nur ein Moment
s. Moment, Leben / Tod
Leben, Tiefe, Schmerz Wer erfreute sich des Lebens, / Der in seine Tiefen blickt!
G-BA, Kassandra; I,359
Leben, und Licht s. Licht und Leben, ewig
Leben, unser kleines s. Bretter, Welt bedeuten
Leben, zephirleichtes
s. Olymp, der Seligen
Lebende / Tote s. Achtung vorenthalten
lebendiges Bilden
s. lehren / bilden
Lebens Bürden, teilen
s. Freundschaft, leise, zart
Lebens goldne Zeit s. Zeit, fliehende / Ewigkeit
Lebens innerster Kern s. Kern, innerster, herb
Lebens kleine Zierden
s. Unglück, großes, sich finden

Lebens Mai, abgeblüht
s. Resignation, abgeblüht
Lebens Mai, endigt s. Wahn, schöner, entzwei
Lebens ungemischte Freude
s. Götter Neide
Lebensfülle, Schöpfung
s. Dichtkunst malerische Hülle
Lebenskunst / ästhetische Kunst
s. Mensch, Spiel, Schönheit
Lebensquelle s. vergessen, Lethes Welle
Lebt wohl, ihr Berge s. Berge, lebt wohl
leere Subtilität
s. Ideenreich / Sinnenwelt
leerer Schall, kein s. Tugend, üben, streben
Leerheit / Beschränktheit
s. Verstand, gemein / spekulativ
Leerheit in ästhetischen Dingen
s. Schönheit, Geist und Sinne
legen, zu dem übrigen [Kammerdiener:] Legts zu dem übrigen.
D, Kabale u. L. 2,2; I,781 und Maria Stuart 1,1; II,552
Lehre, ewig wie die Welt
s. Weltgeschichte, Weltgericht
lehren / bilden Dich erwähl ich zum Lehrer, zum Freund. Dein lebendiges Bilden / Lehrt mich, dein lehrendes Wort rühret lebendig mein Herz.
*G-ET, An ***; I,304*
lehrendes Wort
s. lehren / bilden

Lehrer wählen s. lehren / bilden
Leicester / Elisabeth s. Denkmal meiner Strenge
Leicesters Augen, vor
s. verhöhnt, erniedrigt
Leichenstein s. Grabstein
leicht, tragen
s. Schöngeist / schöner Geist
Leichtsinn, Freude s. Männer, Lüstlinge
Leichtsinn, sorgloser
s. Mittelbahn des Schicklichen
Leid, bewahren vor s. Glück und Schmerz
leiden, tief und heftig s. Pathos, Leiden / Freiheit
Leidende / Götter Zeigt sich der Glückliche mir, ich vergesse die Götter des Himmels, / Aber sie stehn vor mir, wenn ich den Leidenden seh.
G-EP, Theophanie; I,246
Leidenschaft / Liebe Die Leidenschaft fliehet! / Die Liebe muß bleiben, / Die Blume verblüht, / Die Frucht muß treiben.
G-LY, Das Lied von der Glocke; I,432
Leidenschaft, in Gräbern
s. lieben, erwachen, Grab
Leidenschaft, Meer der
s. Mann, wilde Kraft
Leier, riechen an
s. Mann / Leier
Leipziger Markt s. Buchhandel, Käsehandel

leisten

leisten / versprechen
s. Genie / Natur, Bund
Leiter zu Gott s. Liebe, Essen, Gott
Leiter zur Macht s. Macht, Leiter zur
Lenz s. Frühling
lerne verlieren s. Besitz, lerne verlieren
lernen, kurz, viel [Octavio:] Viel lerntest du auf diesem kurzen Weg, mein Sohn!
D, Piccolomini 1,4; II,331
lernen, schon lehren
s. schreiben, geschwind
lernen, zu schießen s. früh übt sich
lesen, las mans anders s. Tisch, vor Tische
lesen, sich in anderen s. Nekrolog, lesen
Leser / Autor s. Autor / Leser
Leser, deutsche
s. Enthusiasmus, Deutsche
Leser, unbefangener Welchen Leser ich wünsche? Den unbefangensten, der mich, / Sich und die Welt vergißt und in dem Buche nur lebt.
G-ET, Der berufene Leser; I,313
Leser, Wechselbalg Hast du an liebender Brust das Kind der Empfindung gepfleget, / Einen Wechselbalg nur gibt dir der Leser zurück.
G-ET, Das gewöhnliche Schicksal; I,314

Lessing und Moses [Mendelssohn] s. Nicolai, Friedrich, Aufklärung
Lessing und Wieland sein
s. Desideratum, das
Lessing, Gotthold Ephraim / Nicolai, Friedrich Nenne Lessing nur nicht! Der Gute hat vieles gelitten, / Und in des Märtyrers Kranz warst du ein schrecklicher Dorn.
G-EX, Pfahl im Fleisch; I,278
Lethe s. vergessen, Lethes Welle
letzte Reise, Sakrament
s. Sakrament, letzte Reise
letzte Wahl, offen s. Wahl, letzte, frei
Leu s. Löwe
Leute kennen, meine [Wallenstein zu Terzky:] Lehre du / Mich meine Leute kennen.
D, Piccolomini 2,6; II,344
Leute, Zeit [Erster Jäger:] Was man nicht alles für Leute kennt! / Und wie die Zeit von dannen rennt.
D, W.s Lager 5; II,283
liberale Grundsätze s. Grundsätze, liberale
Liberalität, regieren mit
s. Würde, Herrscher / Anmut, Liberalität
Licht / Nacht, suchen / stürzen
s. Kindheit, sicher
Licht des Auges [Melchthal:] O, eine edle Himmelsgabe ist / Das Licht des Auges – alle Wesen le-

Liebe

ben / Vom Lichte, jedes glückliche Geschöpf – / Die Pflanze selbst kehrt freudig sich zum Lichte. / […] / Sterben ist nichts – doch *leben* und nicht *sehen*, / Das ist ein Unglück – […] / Welch Äußerstes / Ist noch zu fürchten, wenn der Stern des Auges / In seiner Höhle nicht mehr sicher ist?
D, Tell 1,4; II,937 f
Licht und Farbe Wohne, du ewiglich Eines, dort bei dem ewiglich Einen, / Farbe, du wechselnde, komm freundlich zum Menschen herab.
G-ET, Licht und Farbe; I,309
Licht und Leben, ewig [Mortimer zu Maria:] Euch mangelt alles, was das Leben schmückt, / Und doch umfließt Euch ewig Licht und Leben.
D, Maria Stuart 1,6; II,569
Lichter geschneuzt s. Nicolai, Friedrich, Aufklärung
Lichtes Himmelsfackel Weh denen, die dem Ewigblinden / Des Lichtes Himmelsfackel leihn! / Sie strahlt ihm nicht, sie kann nur zünden / Und äschert Städt und Länder ein.
G-LY, Das Lied von der Glocke; I,440
Lichtgedanke, göttlich Alles Göttliche auf Erden / Ist ein Lichtgedanke nur.
G-LY, Gunst des Augenblicks; I,429

Liebe / Begierde s. Würde und Anmut, verhüten
Liebe / Diadem [Alba über die Königin:] Sie war gefaßt auf Liebe, und empfing – / Ein Diadem.
D, Don Karlos 3,3; II,105
Liebe muß bleiben s. Leidenschaft / Liebe
Liebe, befriedigte Kennst du die herrliche Wirkung der endlich befriedigten Liebe? / Körper verbindet sie schön, wenn sie die Geister befreit.
G-ET, Einer; I,318
Liebe, Begierde, Achtung s. Achtung, Liebe, Begierde
Liebe, Damenherzen [Eboli zum Pagen:] Dein Prinz versteht sich auf die Liebe selbst / So schlecht als, wie es schien, auf Damenherzen. / Er weiß nicht, was Minuten sind –
D, Don Karlos 2,7; II,64
Liebe, der Liebe Preis [Eboli zu Karlos:] Weibergunst, / […] / Das einzige auf diesem Rund der Erde, / Was keinen Käufer leidet als sich selbst. / Die Liebe ist der Liebe Preis.
D, Don Karlos 2,8; II,72
Liebe, erste O! zarte Sehnsucht, süßes Hoffen, / Der ersten Liebe goldne Zeit, / Das Auge sieht den Himmel offen, / Es schwelgt das Herz in Seligkeit, / O! daß sie ewig

Liebe

grünen bliebe, / Die schöne Zeit der jungen Liebe!
G-LY, Das Lied von der Glocke; I,431 f
Liebe, erste / zweite s. Spanien, zweite Liebe
Liebe, Essen, Gott Eine Leiter zu Gott ist die Liebe, sie fängt bei dem Essen / An, bei der höchsten Substanz hört sie gesättiget auf.
G-EX-U, Neueste Theorie der Liebe; I,326
Liebe, Glück, Ruhm, Wahrheit s. Jüngling, Lebens Bahn
Liebe, Großmut, Selbstsucht Liebe ist zugleich das Großmütigste und das Selbstsüchtigste in der Natur; ...
T-PH, Anmut u. Würde; V,484
Liebe, Heimatwelt der s. Fabel, Liebe
Liebe, kann mich retten s. Ehe, verhaßte Ketten
Liebe, macht größer s. Seelen, große, größer
Liebe, ohne Hoffnung [Karlos zu Eboli:] Liebe / Kennt der allein, der ohne Hoffnung liebt.
D, Don Karlos 2,8; II,66
Liebe, schmücken s. Jüngling, errötend
Liebe, Venus s. Venus Amathusia
Liebe, vor Weisheit Weisheit mit dem Sonnenblick, / Große Göttin, tritt zurück, / Weiche vor der Liebe.
G-LY, Der Triumph der Liebe; I,66
Liebe, weibliche, Urteil s. Weibliches Urteil
lieben / gleich sein [Karlos zu Posa:] Als [...] ich endlich / Mich kühn entschloß, dich grenzenlos zu lieben, / Weil mich der Mut verließ, dir gleich zu sein.
D, Don Karlos 1,2; II,16
lieben / huldigen s. Schönheit / Grazie
lieben und hassen s. Distichen, erzählt!
lieben, erwachen, Grab [Karlos zur Königin:] Ich liebte – Jetzt bin ich erwacht. / [...] Meine Leidenschaft wohnt in den Gräbern / der Toten.
D, Don Karlos 5,11; II,216 f
lieben, hassen, Karl [Domingo:] Wo alles liebt, kann Karl allein nicht hassen; ...
D, Don Karlos 1,1; II,10
lieben, Kunst zu Hekate! Keusche! dir schlacht ich die Kunst zu lieben von Manso, / Jungfer noch ist sie, sie hat nie was von Liebe gewußt.
G-EX, Sterilemque tibi; I,293
lieben, Menschheit / sich selbst s. Menschheit / Monarchien
liebend Paar s. Mädchen aus der Fremde

liebend umschlingen *Delia:* Wenn wir uns liebend umschlingen, / Küsse vor Küssen entfliehn, / Flattern auf eilenden Schwingen / Goldene Stunden dahin.
G-LY, Ein Wechselgesang; I,148
Liebesnetz, gesponnen [Wallenstein zu Max:] Ein Liebesnetz hab ich um dich gesponnen, / Zerreiß es, wenn du kannst –
D, W.s Tod 3,18; II,484
Lied von der Glocke s. Glocke; Fest gemauert; Mädchen / Knabe; Schweiß u. a.
Lieder, Feenland der s. Natur, Blütenalter der
Lieder, Klang, erfreut s. Augenblickes Lust
Lieder, unsterbliche s. deutsche Flüsse, Ilm
Lilie, Kelch der s. Schönheit, verdienstlos
Lilien von Valois s. spanisches Mädchen
Lilien, bewundern nicht s. Jubelruf der Wesen
Limonade, Tränen [Miller zu Ferdinand über Luise:] Sie wird Ihnen mit der Limonade auch Tränen zu trinken geben.
D, Kabale u. L. 5,5; I,846
Limonade, vergiftet [Ferdinand zu Luise:] Die Limonade ist matt wie deine Seele – Versuche! [...] Deine Limonade war in der Hölle gewürzt. Du hast sie dem Tod zugetrunken.
D, Kabale u. L. 5,7; I,851/854
Lindwurm, das ist Und tausend Stimmen werden laut: / »Das ist der Lindwurm, kommt und schaut! ...«
G-BA, Der Kampf mit dem Drachen; I,391
List und Argwohn s. Vertrauen vergiftet
List, arge s. lächelt, mit arger List
List, Grobheit s. Grobheit, Heuchelei
List, Notwehr gegen s. Fluch der bösen Tat
literarisches Deutschland s. Mittelmäßigkeit, literarisch
Lob, verweilen beim s. Anklagen, Amt / Lob, Herz
lobe das Spiel s. Freund, Ballspiel
loben / verschreien, einander Nicht so, nicht so, ihr Herrn. Wollt ihr einander zu Ehren / Bringen, muß vor der Welt einer den andern verschrein.
G-EX-U, Zwei Sudler, die einander loben; I,338
loben, die Knechte s. Ärgernis von oben
loben, Erzieher s. sittlich / empfindend
loben, Freundschaft s. Freundschaft, höchster Wert

loben

loben, seine Diener s. besorgt und aufgehoben
loben, was sich empfiehlt s. Moral, gesund / poetisch
loben, Werk den Meister s. Schweiß, muß rinnen
Loblied anzustimmen s. Bewunderung, schauernde
Locke, umflechten s. glühend, hassen, lieben
Lorbeer / Veilchen [Max:] Den blutgen Lorbeer geb ich hin, mit Freuden, / Fürs erste Veilchen, das der März uns bringt ...
D, Piccolomini 1,4; II,330
Lorbeer, Ölzweig s. Wallenstein, Frieden schenken
Lord läßt sich entschuldigen [Kent zu Elisabeth:] Der Lord läßt sich / Entschuldigen, er ist zu Schiff nach Frankreich.
Maria Stuart, 5,15 (Schluß); II,686
Los der Könige s. Irrtum, Schutt des
Los des Schönen [Thekla:] – Da kommt das Schicksal – Roh und kalt / Faßt es des Freundes zärtliche Gestalt / Und wirft ihn unter den Hufschlag seiner Pferde – / – Das ist das Los des Schönen auf der Erde!
D, W.s Tod 4,12; II,520
Los, froh bei jedem s. edles Herz, froh und groß
Los, schweres, Dulden s. Weibes Pflicht, Dienst
Lose, schwarze und heitere s. Mutterliebe, zarte Sorgen
lösen die Bande s. Pfand, dem König zum
losgelassen, wehe wenn s. Wehe, losgelassen
Lottospiel, des Lebens s. Leben, Lottospiel
Löwen wecken s. Mensch in seinem Wahn
Löwengarten Vor seinem Löwengarten, / Das Kampfspiel zu erwarten, / Saß König Franz, / Und um ihn die Großen der Krone, / Und rings auf hohem Balkone / Die Damen in schönem Kranz.
G-BA, Der Handschuh; I,376
Löwin nicht wecken Und willst du die schlafende Löwin nicht wecken, / So wandle still durch die Straße der Schrecken.
G-LY, Berglied; I,416 (»Löwin« ist in der Schweiz mancherorts eine Bezeichnung für Lawine.)
lügen, Sterne nicht s. Sterne lügen nicht
Lügner und Dieb Ernsthaft beweisen sie dir, du dürftest nicht stehlen, nicht lügen. / Welcher Lügner und Dieb zweifelte jemals daran?
G-EX-U, Die neue Entdeckung; I,324
Lust des Lebens, hin s. Tod, verlornes Ach!
Lust, der Sinne s. Sinnenlust / Denken

Lust, des Augenblickes
s. Augenblickes Lust
Lust, die freie s. Schönheit, Selbstzweck
Lust, ganz eigene
s. Kultur / Natur, zurück
Lust, rauschen von
s. Begriff / Schönheit
Lüste, verstohlene s. Ruf, besser als mein
lustig sein, heute s. heute lustig sein
lustig, Bacchus s. Götter, nimmer allein
lustig, schallt es s. Kopf, Querkopf / Leerkopf
lustiges Leben [Zweiter Jäger:] Ja, er hat sich dem Teufel übergeben, / Drum führen wir auch das lustige Leben.
D, W.s Lager 6; II,288
lüstern, sich losringen
s. Fesseln / Zügel
Lüstlinge sind alle s. Männer, Lüstlinge
Lutherische, Fahne, Herz [Wallenstein:] Ihr Lutherischen fechtet / Für eure Bibel, euch ists um die Sach; / Mit eurem *Herzen* folgt ihr eurer Fahne. – / Wer zu dem Feinde läuft von *euch,* der hat / Mit zweien Herrn zugleich den Bund gebrochen.
D, W.s Tod 1,5; II,419
Luthertum / Franztum s. Revolutionen, Luther / Franzosen

luxurierende Einbildungskraft
s. Verstand, intuitiv / spekulativ
Luxus, Mode Du bestrafest die Mode, bestrafest den Luxus, und beide / Weißt du zu fördern, du bist ewig des Beifalls gewiß.
G-EX, Journal des Luxus und der Moden; I,285
Lykurgus, bewundern / mißbilligen s. Staat / Menschheit
Lykurgus, Gesetze / Bürger
s. Gesetze, Lykurgus, Bürger

M

Macht der Menschen s. Volk von Brüdern
Macht, der Natur s. Realist / Empiriker
Macht, des Feuers s. Feuers Macht
Macht, dunkle, treibt [Thekla:] Fortstoßend treibt mich eine dunkle Macht / Von dannen – Was ist das für ein Gefühl!
D, W.s Tod 4,11; II,519
Macht, erleiden / beherrschen s. Natur, erleiden, sich entledigen, beherrschen
Macht, Freiheit, Wallenstein s. Freiheit, bei der Macht
Macht, heilige s. Aachen, Kaiserpracht
Macht, kennen / nutzen [Wallenstein:] Es macht mir Freude, meine Macht zu kennen; / Ob ich sie wirklich brauchen werde, *davon*, denk ich, / Weißt *du* nicht mehr zu sagen als ein andrer. [Terzky:] So hast du stets dein Spiel mit uns getrieben!
D, Piccolomini 2,5; II,343
Macht, Kirche / König s. Geistlichkeit, goldene Zeit der
Macht, Leiter zur [Wachtmeister:] Und wers zum Korporal erst hat gebracht, / Der steht auf der Leiter zur höchsten Macht ...
D, W.s Lager 7; II,290
Macht, solche s. Wallenstein, solche Macht
Macht, verführt s. Wallensteins Lager
Mächtige / Friedliche Nicht blind mehr waltet der eiserne Speer, / Nicht fürchtet der Schwache, der Friedliche mehr, / Des Mächtigen Beute zu werden.
G-BA, Der Graf von Habsburg; I,378
Machwerk der Kunst s. Anmut, affektierte / Würde, falsche
Mädchen s. a. Jungfrau; Magd; Mägdlein; Tochter; Töchter
Mädchen / Knabe Die Jahre fliehen pfeilgeschwind. / Vom Mädchen reißt sich stolz der Knabe, / Er stürmt ins Leben wild hinaus, / Durchmißt die Welt am Wanderstabe. / Fremd kehrt er heim ins Vaterhaus ...
G-LY, Das Lied von der Glocke; I,431
Mädchen aus der Fremde Willkommen waren alle Gäste, / Doch nahte sich ein liebend Paar, / Dem reichte sie der Gaben beste, / Der Blumen allerschönste dar.
G-LY, Das Mädchen aus der Fremde; I,408
Mädchen lehren, Knaben wehren s. Hausfrau, züchtige
Mädchen, Rosenknospe Rosenknospe, du bist dem blühenden Mädchen gewidmet, / Die als die Herrlichste sich, als die Bescheidenste zeigt.
G-ET, L. B.; I,315

Mädchen, schamhafte Sitte In der Mutter bescheidener Hütte / Sind sie geblieben mit schamhafter Sitte, / Treue Töchter der frommen Natur.
G-PH, Würde der Frauen; I,219
Madrid / Wien s. Habsburger, Wien / Madrid
Madrid, fern von s. zehn Jahre Zeit
Madrid, Himmel zu s. Atemholen unter Henkershand
Madrid, nie wieder s. König oder nie
Magen leer / Trauerspiel s. Waschdeputation
Magd, schmeichelnde s. Strafe der Mutter
Mägdlein, am Ufer [Thekla (spielt und singt):] Der Eichwald brauset, die Wolken ziehn, / Das Mägdlein wandelt an Ufers Grün, / Es bricht sich die Welle mit Macht, mit Macht, / Und sie singt hinaus in die finstre Nacht, / Das Auge von Weinen getrübet.
D, Piccolomini 3,7; II,372 f
(Vgl. Des Mädchens Klage; I,409)
Mägdlein, Krieg s. Krieg, Vergewaltigung
Magie, heilige s. Dichtung, heilige Magie
Magnetenstein s. Sünde, Magnet
Majestät / Ungeheuer s. Bösewichter, erstaunliche
Majestät der Menschennatur s. wenige / Haufen

Majestät, Gottes, verschwindet s. Gottes Majestät, verschwindet
Majestät, Helios s. Erde, beseelt / seelenlos
Majestätischer Sünder! s. Räuber, Monument des
Mameluck s. Gehorsam / Mut
Mangel, an allem s. Licht und Leben, ewig
Mangel, des Spiegels s. hoffen und wagen, weiter
mangeln, Mann s. Mann, solcher, gemangelt
Mann / Amt, unterscheiden [Wallenstein:] Sie taten ihre Schuldigkeit. Ich weiß / Den Mann von seinem Amt zu unterscheiden.
D, Piccolomini 2,7; II,357
Mann / Jüngling s. Amt, Mensch / Träumer / Jüngling
Mann / Leier Ich bin ein Mann, das könnt ihr schon / An meiner Leier riechen, / Sie donnert wie im Sturm davon, / Sonst würde sie ja kriechen.
G-LY, Kastraten und Männer; I,79 f
Mann / Mädchen Wie wird sie erst um Gnade schrein, / Ertapp ich sie im Bade? / Ich bin ein Mann, das fällt ihr ein, / Wie schrie sie sonst um Gnade?
G-LY, Kastraten und Männer; I,79
Mann der Freiheit s. Hut, sitzenlassen
Mann des Schicksals [Wallenstein:] Ich fühls, daß ich der Mann des Schicksals bin …
D, W.s Tod 3,15; II,478

Mann

Mann muß hinaus Der Mann muß hinaus / Ins feindliche Leben, / Muß wirken und streben / Und pflanzen und schaffen ...
G-LY, *Das Lied von der Glocke; I,432*

Mann noch was wert s. Pferd, aufs Pferd!

Mann ohne seinesgleichen s. Bösewichter, erstaunliche

Mann, braver, rettet [Tell:] Der brave Mann denkt an sich selbst zuletzt, / Vertrau auf Gott und rette den Bedrängten.
D, Tell 1,1; II,922

Mann, der freie, mächtige [Gordon:] Wir Subalternen haben keinen Willen, / Der freie Mann, der mächtige allein / Gehorcht dem schönen menschlichen Gefühl.
D, W.s Tod 4,2; II,497

Mann, feindliches Streben Feindlich ist des Mannes Streben, / Mit zermalmender Gewalt / Geht der wilde durch das Leben, / Ohne Rast und Aufenthalt.
G-PH, Würde der Frauen; I,219

Mann, kann geholfen werden [Karl:] Man hat tausend Louisdore geboten, wer den großen Räuber lebendig liefert – dem Mann kann geholfen werden. *(Er geht ab)*
D, Räuber 5,2 (Schluß); I,618

Mann, Jugendträume s. Träume seiner Jugend

Mann, schade um solchen s. feststehen / fallen

Mann, seltener [Max:] Der seltne Mann will seltenes Vertrauen, / Gebt ihm den Raum, das Ziel wird *er* sich setzen.
D, Piccolomini 1,4; II,329

Mann, solcher, gemangelt [Philipp zu Posa:] Solch ein Mann hat mir / Schon längst gemangelt, Ihr seid gut und fröhlich / Und kennet doch den Menschen auch – Drum hab / Ich Euch gewählt – [...] Ihr standet / Vor Eurem Herrn und habt nichts für Euch selbst / Erbeten – nichts. Das ist mir neu –
D, Don Karlos 3,10; II,130

Mann, wilde Kraft Ewig aus der Wahrheit Schranken / Schweift des Mannes wilde Kraft, / Unstet treiben die Gedanken / Auf dem Meer der Leidenschaft.
G-PH, Würde der Frauen; I,218

Mann, würdiger / Schelm s. Prophet / Schelm

Männer richten nach Gründen s. weibliches Urteil

Männer, bitten / Kinder, flehen s. Kind, erflehen

Männer, Geld, Herz [Buttler:] Nicht Männer bloß, auch Geld bedarf der Fürst. [...] [Illo:] Nicht Eures Gelds bedarfs – ein Herz, wie Euers, / Wiegt Tonnen Goldes auf und Millionen.
D, Piccolomini 4,4; II,381 f

Männer, Lüstlinge [Elisabeth zu Leicester:] So sind die Männer.

Lüstlinge sind alle! / Dem Leichtsinn eilen sie, der Freude zu, / Und schätzen nichts, was sie verehren müssen.
D, Maria Stuart 2,9; II,613
Männer, Phlegma Und schlendern elend durch die Welt, / Wie Kürbisse von Buben / Zu Menschenköpfen ausgehöhlt, / Die Schädel leere Stuben! // Wie Wein, von einem Chemikus / Durch die Retort' getrieben: / Zum Teufel ist der Spiritus, / Das Phlegma ist geblieben.
G-LY, Kastraten und Männer; I,81
Männer, Stärke / Frauen, Sitte In der Männer Herrschgebiete / Gilt der Stärke trotzig Recht, / […] / Aber mit sanft überredender Bitte / Führen die Frauen den Szepter der Sitte, / Löschen die Zwietracht, die tobend entglüht, / Lehren die Kräfte, die feindlich sich hassen, / Sich in der lieblichen Form zu umfassen, / Und vereinen, was ewig sich flieht.
G-PH, Würde der Frauen; I,220
Männerkraft / Schwachheit [Maria über Bothwell:] Seine Künste waren keine andre, / Als seine Männerkraft und meine Schwachheit.
D, Maria Stuart 1,4; II,561
Manneswort, Bauer s. Bauers Handschlag
Mannigfaltigkeit / Einheit s. Begriff / Schönheit

Männlichkeit, edle stolze s. Jahrhundert, Neige des
Maria Stuart, Furie s. Furie meines Lebens
Maria Stuart, Urteil s. Urteil, Burleigh / Maria
Maria, es ist aus, Lady s. töten, Freier, Männer
Markt der Welt Wo vier Welten ihre Schätze tauschen, / An der Themse, auf dem Markt der Welt. / […] / Und es herrscht der Erde Gott, das Geld.
G-LY, An die Freunde; I,420
Markt des Jahrhunderts s. Nutzen, großes Idol
Markt, Göttin des s. Prosa, Göttin des Markts
Markt, Leipziger s. Buchhandel, Käsehandel
Markt, nicht mehr mein s. Zeus, was tun?
Marmors sprödes Korn s. Ernst, Wahrheit, Born
Marquis Posa, gemangelt s. Mann, solcher, gemangelt
Marquis Posa, kosmopolitisch Fest und beharrlich geht der Marquis seinen großen kosmopolitischen Gang, und alles, was um ihn herum vorgeht, wird ihm nur durch die Verbindung wichtig, in der es mit diesem höhern Gegenstande steht.
D, Briefe ü. d. D. Karlos, 3. Brief; II,239 f

Marquis Posa, Schwärmerei Geräuschlos, ohne Gehülfen, in stiller Größe zu wirken, ist des Marquis Schwärmerei.
D, Briefe ü. d. D. Karlos, 11. Brief; II,260
Marquis Posa, Tat / Reue Er hüllt sich in die Größe seiner Tat, um keine Reue darüber zu empfinden.
D, Briefe ü. d. D. Karlos, 12. Brief (Schluß); II,267
Mars regiert [Wallenstein:] Laß es jetzt gut sein, Seni. Komm herab. / Der Tag bricht an, und Mars regiert die Stunde.
D, W.s Tod 1,1 (Anfang); II,409
Martial, unser Vorgänger Martial, wenn ihrs nicht wißt, bewirtete einst so die Römer, / Viel mehr geben wir nicht – aber die Meinung ist gut.
G-EX-U, Unser Vorgänger; I,319
Märtyrers Kranz s. Lessing, Gotth. Ephr. / Nicolai, Fr.
Maß gehalten s. Wallenstein, Albrecht von
Masse, gestaltlose s. Künstler, pädagogisch und politisch
Masse, sinnlich mächtige s. Chor, Begriff / Masse
Mäßigung, nicht vertrauen s. Mensch, greift um sich
Masten, mit tausend s. Jüngling / Greis
Materie, zurück zur s. Ästhetik, Labyrinth, Faden

matt, Limonade / Seele s. Limonade, vergiftetet
matt, nie ermattet s. Beschäftigung, die nie ermattet
Mauern, in diesen s. Argwohn der Könige
maurischer Aberglaube s. Religion / Religionen
Max, bleibe bei mir [Wallenstein:] Max, bleibe bei mir. – Geh nicht von mir, Max!
D, W.s Tod 3,18; II,484
Meer der Ewigkeit s. Zeit, fliehende / Ewigkeit
Meer der Leidenschaft s. Mann, wilde Kraft
Meer, blindbewegt s. Mensch, Mikrokosmos
Meer, wallet und siedet Und es wallet und siedet und brauset und zischt, / Wie wenn Wasser mit Feuer sich mengt, / Bis zum Himmel sprützet der dampfende Gischt, / Und Flut auf Flut sich ohn Ende drängt, / Und will sich nimmer erschöpfen und leeren, / Als wollte das Meer noch ein Meer gebären.
G-BA, Der Taucher; I,369
Meeres Hyäne s. Hai, Meeres Hyäne
Meerschiff / Boot s. Fischer, leichter Mut
Mehrheit s. a. Stimmenmehrheit
Mehrheit, Unsinn [Sapieha:] Was ist die Mehrheit? Mehrheit ist der

Unsinn, / Verstand ist stets bei wen'gen nur gewesen. / Bekümmert sich ums Ganze, wer nichts hat? / Hat der Bettler eine Freiheit, eine Wahl? / Er muß dem Mächtigen, der ihn bezahlt, / Um Brot und Stiefel seine Stimm verkaufen. / Man soll die Stimmen wägen und nicht zählen; / Der Staat muß untergehn, früh oder spät, / Wo Mehrheit siegt und Unverstand entscheidet.
D, Demetrius 1; III,24 (»Stimmen wägen und nicht zählen« schon bei Cicero, Plinius d. J., Moses Mendelssohn und in Klopstocks ›Die Waage‹)

Meinung, siegreiche diejenige Meinung siegt, welche dem Verstande die höhere Befriedigung und dem Herzen die größre Glückseligkeit anzubieten hat.
H, Universalgeschichte; IV,764

Meinungen, verwandeln sich s. Geschichte, unsterblich

Meinungsfreiheit s. Niederlande, Amsterdam

Meißel / Künstler s. Künstler / Meißel

Meißels schwerer Schlag s. Ernst, Wahrheit, Born

Meister / Bursche Ledig aller Pflicht / Hört der Pursch die Vesper schlagen, / Meister muß sich immer plagen.
G-LY, Das Lied von der Glocke; I,437

Meister / Jüngling s. Jüngling, bescheiden

Meister des Stils s. Stil, verschweigen

Meister seines Schicksals s. kunstgeübte Hand

Meister werden wollen s. früh übt sich

Meister, belohnt Was belohnet den Meister? der zart antwortende Nachklang / Und der reine Reflex aus der begegnenden Brust.
G-ET, Die Belohnung; I,314

Meister, Kunst gewiß [Geßler:] Das Schwarze treffen in der Scheibe, *das* / Kann auch ein andrer, *der* ist mir der Meister, / Der seiner Kunst gewiß ist überall, / Dems Herz nicht in die Hand tritt noch ins Auge.
D, Tell 3,3; II,981

Meister, weise Hand s. Form zerbrechen, Meister

melden / erleben [Wallenstein zu Questenberg:] Ersparen Sies, uns aus dem Zeitungsblatt / Zu melden, was wir schaudernd selbst erlebt.
D, Piccolomini 2,7; II,350

Mendelssohn, Moses s. Nicolai, Friedrich, Aufklärung

Menge, Strom der s. Strom der Menge

Menge, wankelmütige s. wankelmütige Menge

Mensch

Mensch s. a. Individuum; Gattung; Humanität
Mensch auf Philipps Thron [Lerma zu Karlos:] Seien Sie / Ein Mensch auf König Philipps Thron.
D, Don Karlos 5,7; II,202
Mensch griff denkend
s. Sinnenlust / Denken
Mensch in seinem Wahn Gefährlich ists, den Leu zu wecken, / Verderblich ist des Tigers Zahn, / Jedoch der schrecklichste der Schrecken, / Das ist der Mensch in seinem Wahn.
G-LY, Das Lied von der Glocke; I,440
Mensch ohne Form Der Mensch ohne Form verachtet alle Anmut im Vortrage als Bestechung, alle Feinheit im Umgang als Verstellung, alle Delikatesse und Großheit im Betragen als Überspannung und Affektation.
T-PH, Ästhetische Erziehung, 10. Brief; V,597
Mensch, aus Gemeinem
s. Gemeines, Gewohnheit
Mensch, Biene, Wurm
s. Kunst, Mensch allein
Mensch, Dämon, Schwein Menschlichkeit kennest du nicht, nur Menschlichkeiten; der Dämon / Wechselt bei dir mit dem Schwein ab, und das nennest du Mensch.
G-EX-U, Qui pro quo; I,326
Mensch, denken vom s. besser denken / handeln

Mensch, entjochter Daß der entjochte Mensch jetzt seine Pflichten denkt, / Die Fessel liebet, die ihn lenkt, / Kein Zufall mehr mit ehrnem Zepter ihm gebeut, / Dies dankt euch – eure Ewigkeit ...
G-PH, Die Künstler; I,182
Mensch, ergreifen / begreifen
s. Welt, ergreifen / begreifen
Mensch, existieren Nur indem er sich verändert, *existiert* er; nur indem er unveränderlich bleibt, existiert *er.*
T-PH, Ästhetische Erziehung, 11. Brief; V,602
Mensch, fortgeschrittener
s. Natur, bereicherte
Mensch, frei geschaffen Der Mensch ist frei geschaffen, ist frei, / Und würd er in Ketten geboren, / Laßt euch nicht irren des Pöbels Geschrei, / Nicht den Mißbrauch rasender Toren. / Vor dem Sklaven, wenn er die Kette bricht, / Vor dem freien Menschen erzittert nicht.
G-PH, Die Worte des Glaubens; I,214 f
Mensch, gebildeter / Natur Der gebildete Mensch macht die Natur zu seinem Freund und ehrt ihre Freiheit, indem er bloß ihre Willkür zügelt.
T-PH, Ästhetische Erziehung, 4. Brief; V,579
Mensch, Gott zu sein [Karlos zum Pagen:] Wo ist der Mensch, / Der

sich so schnell gewöhnte, Gott zu sein? –
D, Don Karlos 2,4; II,55
Mensch, greift um sich [Gordon zu Buttler:] Denn um sich greift der Mensch, nicht darf man ihn / Der eignen Mäßigung vertraun. Ihn hält / In Schranken nur das deutliche Gesetz / Und der Gebräuche tiefgetretne Spur.
D, W.s Tod 4,2; II,497
Mensch, gut und böse [Seni:] Wie der Mensch aus Gutem / Und Bösem ist gemischt, so ist die Fünfe / Die erste Zahl aus Grad und Ungerade.
D, Piccolomini 2,1; II,335
Mensch, Kern des   s. Kern, des Menschen
Mensch, kultiviert, unvollkommen   s. Ideal, Natur / Kultur
Mensch, Kunst allein   s. Kunst, Mensch allein
Mensch, sein Wille macht   s. Wille / Größe
Mensch, Material und Aufgabe   s. Künstler, pädagogisch und politisch
Mensch, Mikrokosmos [Wallenstein zu Illo und Terzky:] Des Menschen Taten und Gedanken, wißt! / Sind nicht wie Meeres blindbewegte Wellen. / Die innre Welt, sein Mikrokosmus, ist / Der tiefe Schacht, aus dem sie ewig quellen.
D, W.s Tod 2,3; II,440

Mensch, möglich gemacht   s. ästhetische Kultur
Mensch, müssen / wollen   Alle andere Dinge müssen; der Mensch ist das Wesen, welches will.
T-PH, Über das Erhabene; V,792
Mensch, nachahmend [Wallenstein:] Der Mensch ist ein nachahmendes Geschöpf, / Und wer der Vorderste ist, führt die Herde.
D, W.s Tod 3,4; II,457
Mensch, nur Bruchstück   der Genuß wurde von der Arbeit, das Mittel vom Zweck, die Anstrengung von der Belohnung geschieden. Ewig nur an ein einzelnes kleines Bruckstück des Ganzen gefesselt, bildet sich der Mensch selbst nur als Bruckstück aus ...
T-PH, Ästhetische Erziehung, 6. Brief; V,584
Mensch, physisch / sittlich   Nun ist aber der physische Mensch *wirklich,* und der sittliche nur *problematisch.*
T-PH, Ästhetische Erziehung, 3. Brief; V,575
Mensch, physisch, moralisch   s. Spieltrieb, physisch, moralisch
Mensch, real / idealisch   Jeder individuelle Mensch, kann man sagen, trägt, der Anlage und Bestimmung nach, einen reinen idealischen Menschen in sich, mit dessen unveränderlicher Einheit in allen seinen Abwechselungen

Mensch

übereinzustimmen die große Aufgabe seines Daseins ist.
T-PH, Ästhetische Erziehung, 4. Brief; V,577

Mensch, Spiel, Schönheit der Mensch soll mit der Schönheit nur *spielen, und er soll nur mit der Schönheit* spielen. / Denn [...] der Mensch spielt nur, wo er in voller Bedeutung des Worts Mensch ist, und *er ist nur da ganz Mensch, wo er spielt.* Dieser Satz [...] wird [...] das ganze Gebäude der ästhetischen Kunst und der noch schwierigern Lebenskunst tragen.
T-PH, Ästhetische Erziehung, 15. Brief; V,617 f

Mensch, vernünftig / ästhetisch machen Mit einem Wort: es gibt keinen andern Weg, den sinnlichen Menschen vernünftig zu machen, als daß man denselben zuvor ästhetisch macht.
T-PH, Ästhetische Erziehung, 23. Brief; V,641

Mensch, Würde des s. essen, wohnen, Würde

Mensch, zerbricht Fesseln s. Fesseln / Zügel

Menschen / Menschheit s. Realist / Idealist, Aversionen

Menschen göttlicher s. Götter / Menschen

Menschen, frei / national s. Deutsche, Nation

Menschen, gut / schlecht s. Weltmann / Schwärmer

Menschen, kennen wie ich [Philipp zu Posa:] Ich weiß, / Ihr werdet anders denken, kennet Ihr / Den Menschen erst wie ich –
D, Don Karlos 3,10; II,128

Menschen, machen, lieben s. Frauen / Kastraten

Menschen, menschlich s. Felsen, bewegen

Menschen, vertilgen Einen Menschen aus den Lebendigen vertilgen, weil er etwas Böses begangen hat, heißt ebensoviel als einen Baum umhauen, weil *eine* seiner Früchte faul ist.
H, Lykurgus u. Solon; IV,821

Menschenalter, glücklichere s. Götter Griechenlandes

Menschenalter, vier / fünftes s. Weltalter, kindliches

Menschengröße, was ist? s. Verräter an dem Kaiser

Menschenhand, Schöpfungen s. Kunst, zweite höhere

Menschenkenntnis, Posa s. Mann, solcher, gemangelt

Menschenköpfe, sonst s. Welt, malt sich im Kopf

Menschenleben / Weltgeist [Wallenstein:] Es gibt im Menschenleben Augenblicke, / Wo er dem Weltgeist näher ist, als sonst, / Und eine Frage frei hat an das Schicksal.
D, W.s Tod 2,3; II,438

Menschenliebe, Chimäre [Domingo über Karlos:] Sein Kopf entbrennt von einer seltsamen / Chimäre – er verehrt den Menschen – Herzog, / Ob er zu unserm König taugt?
D, Don Karlos 2,10; II,81
Menschennatur, Majestät der
s. wenige / Haufen
Menschenrecht, Brüder Da sah man Millionen Ketten fallen, / Und über Sklaven sprach jetzt Menschenrecht, / Wie Brüder friedlich miteinander wallen, / So mild erwuchs das jüngere Geschlecht.
G-PH, Die Künstler; I,184
Menschheit beschimpft
s. Spartaner / Sklaven
Menschheit Höhen s. Sänger mit dem König
Menschheit / Menschen s. Realist / Idealist, Aversionen
Menschheit / Monarchien [Posa zu Philipp:] Ich liebe / Die Menschheit, und in Monarchien darf / Ich niemand lieben als mich selbst.
D, Don Karlos 3,10; II,120
Menschheit / Tierheit
s. Tierheit dumpfe Schranke
Menschheit / wenige Millionen sorgen dafür, daß die Gattung bestehe, / Aber durch wenige nur pflanzet die Menschheit sich fort.
G-ET, Die verschiedene Bestimmung; I,303

Menschheit, Abgeordneter der [Posa zu Karlos:] jetzt steh ich als Roderich nicht hier, / Nicht als des Knaben Karlos Spielgeselle – / Ein Abgeordneter der ganzen Menschheit / Umarm ich Sie –
D, Don Karlos 1,2; II,14
Menschheit, Ausdruck
s. Poesie, Begriff der
Menschheit, Beglaubigung der
s. Tränen, Beglaubigung
Menschheit, entwölkte Stirn
s. Tierheit dumpfe Schranke
Menschheit, Erweiterung der
s. Realität, Bedürfnis / Gleichgültigkeit
Menschheit, hinausgehen über
s. Anmut, Würde, Menschheit
Menschheit, nähren / pflanzen
Wirke Gutes, du *nährst* der Menschheit göttliche Pflanze, / Bilde Schönes, du streust *Keime* der göttlichen aus.
G-ET, Zweierlei Wirkungsarten; I,303
Menschheit, tiefer Grund
s. wachsen, mit größern Zwecken
Menschheit, verlorener Adel
s. Bürger / Krone
Menschheit, vollendet
s. Anmut und Würde, vereint
Menschheit, Würde verloren
s. Wahrheit, in Täuschung
Menschheit, Würde, bewahren
s. Würde, der Menschheit

Menschheit, Zweck der
s. Staat / Menschheit;
Staat, Mittel / Zweck
menschlich Herz gezeigt
s. Schmerz, gesehen in
menschliches Rühren In den Armen liegen sich beide / Und weinen für Schmerzen und Freude. / Da sieht man kein Auge tränenleer, / Und zum Könige bringt man die Wundermär, / Der fühlt ein menschliches Rühren, / Läßt schnell vor den Thron sie führen.
G-BA, Die Bürgschaft; I,356
Menschlichkeit, heimkehren in die s. Soldat, Heimkehr
Menschlichkeit, Schleier sanfter s. Tod, Griechen
Menschlichkeiten, nur s. Mensch, Dämon, Schwein
Menschlichstes, tun s. Tier, entlaufen dem
Messe, gehetzt in die s. rächen oder dulden
Messer und Gabel s. Genuß, Ideen essen
Messer, Feindin Brust s. Augenblick der Rache
Messers Schneide s. Jugend, schnell fertig
Metaphysik studieren Doch wer Metaphysik studiert, / Der weiß, daß, wer verbrennt, nicht friert ...
G-HU, Die Weltweisen; I,222
Metaphysik, abscheuliches Brot s. Beruf, verfehlter

Metaphysiker und Physiker s. Vernunft, reine / Erfahrung
Metaphysikus, klein, groß Hans Metaphysikus in seinem Schreibgemache. / Sag an, du kleiner großer Mann, / Der Turm, von dem dein Blick so vornehm niederschauet, / *Wovon* ist er – *worauf* ist er erbauet?
G-PH, Der Metaphysiker; I,223
Meteor, steigen / sinken s. Schicksalsgöttin, sagt
Mikrokosmos s. Mensch, Mikrokosmos
Milch der frommen Denkart [Tell (Monolog):] *Du* hast aus meinem Frieden mich heraus / Geschreckt, in gärend Drachengift hast du / Die Milch der frommen Denkart mir verwandelt, / Zum Ungeheuren hast du mich gewöhnt – / Wer sich des Kindes Haupt zum Ziele setzte, / Der kann auch treffen in das Herz des Feinds.
D, Tell 4,3; II,1003 f
Mildes, und Starkes s. prüfe, wer sich ewig bindet
Millionen Ketten fallen s. Menschenrecht, Brüder
Millionen Könige s. Könige / König
Millionen, duldet s. Duldet mutig
Millionen, Gattung s. Menschheit / wenige
Millionen, Gold s. Männer, Geld, Herz

Millionen, niederstürzen
s. Schöpfer, über Sternen
Millionen, seid umschlungen
s. Kuß der Welt
Mime s. Schauspieler
mimischer Vortrag
s. Reden / Gebärden
Minerva, die erste s. Gedanke des Lichts
Minister, falsche Würde s. Anmut, affektierte / Würde, falsche
Minute / Ewigkeit
s. Ewigkeit / Minute
Minuten, Liebe s. Liebe, Damenherzen
Minuten, Tage, Jahre s. Beschäftigung, die nie ermattet
mische seinen Jubel ein s. Wurf gelungen, großer
Mißbrauch rasender Toren
s. Mensch, frei geschaffen
Mißtraut Euch, Lord
s. Staat / Gerechtigkeit
mit mir / wider mich [Illo:] Wer nicht ist *mit* mir, der ist wider mich.
D, Piccolomini 4,7; II,391
Mitleid, macht lebendig
s. töten, Maria, wozu?
Mitleid, nicht verschenken
s. Goethe, Egmont, Leichtsinn
Mitte vereint, spät
s. Parteigeist / Mitte
Mitte, des Weges s. Weges Mitte, ach!

mitteilen / sich geben Teile mir mit, was du weißt, ich werd es dankbar empfangen, / Aber du gibst mir dich selbst, damit verschone mich, Freund.
G-ET, An *; I,304
Mittel, Gefahr [Posa zur Königin:] Das Mittel / Ist fast so schlimm als die Gefahr. Es ist / Verwegen wie Verzweiflung. –
D, Don Karlos 4,3; II,135
Mittel, menschliches / teuflisches s. Präsident werden
Mittelbahn des Schicklichen [Posa über die Königin:] Mit sorgenlosem Leichtsinn, mit des Anstands / Schulmäßiger Berechnung unbekannt, / Gleich ferne von Verwegenheit und Furcht, / Mit festem Heldenschritte wandelt sie / Die schmale Mittelbahn des *Schicklichen* ...
D, Don Karlos 2,15; II,94
Mittelding, unseliges
s. Philosoph, Vieh / Engel
Mittelmäßigkeit, Gegner Mittelmäßigkeit ist von allen Gegnern der schlimmste, / Deine Verirrung, Genie, schreibt sie als Tugend sich an.
G-EX-U, Böser Kampf; I,324
Mittelmäßigkeit, literarisch
»Macht ihr euch Feinde zur Lust?« Im literarischen Deutschland / Gibts nur *einen*, er paßt in den Pentameter nicht.
G-EX-U, Mittelmäßigkeit; I,337
(was nicht paßt: »Mittelmäßigkeit«)

Mittelpunkt seiner Kunst
s. philosophischer Geist
Mittelpunkt, für Tausende
s. Herrscherseele
Mittelweg, keiner s. Schiller, Selbstcharakteristik
Mitwelt und Nachwelt
s. Schuld, abtragen
Mode, Luxus s. Luxus, Mode
Mode, Schwert der s. Freude, Götterfunken
Moderne, Poesie s. Poesie, charakteristisch sein
Mohr kann gehen [Mohr:] Der Mohr hat seine Arbeit getan, der Mohr kann gehen.
D, Fiesko 3,4; I,704 (statt »Arbeit« häufig zitiert »Schuldigkeit«)
Moment, Leben / Tod [Mortimer:] Das Leben ist / Nur ein Moment, der Tod ist auch nur einer!
D, Maria Stuart 3,6; II,631
Monarchen / Monarchien [Alba über Philipp:] Ihm mocht es wohl bekannt sein, wieviel leichter / Die Sache sei, Monarchen fortzupflanzen / Als Monarchien − wieviel schneller man / Die Welt mit einem Könige versorge, / Als Könige mit einer Welt.
D, Don Karlos 2,5; II,59
Monarchie, Solon *die Monarchie, sagte er* [Solon], *sei ein schöner Wohnplatz, aber er habe keinen Ausgang.*
H, Lykurgus u. Solon; IV,823
Monarchien / Menschheit
s. Menschheit / Monarchien

Mönche, schweigen weislich
s. Glück, nie gewährt
mönchische Asketik s. Kant, Moralphilosophie
Mönchskutte, verhüllt
s. Philipp II., Fanatismus
Moor, Karl von s. Räuber
Moral s. a. Tugend
Moral / Natur, gesunde
s. Natur, am Pranger
Moral des Fiesko s. Fiesko, Moral des
Moral, Geistesfreiheit
s. Würde, moralische Kraft
Moral, gesund / poetisch Eine gesunde Moral empfiehlt dies poetische Werk dir, / Aber ich lobe nur das, welches sich selber empfiehlt.
G-EX-U, Apollos Bildsäule; I,329
Moral, Peitsche Wie sie mit ihrer Moral, die schmutzgen Naturen, uns quälen! / Tut euch die Peitsche so gar not, was empfehlt ihr sie uns!
G-EX-U, Moralische Schwätzer; I,324
Moral, Vergnügen, Poesie
s. Poesie, Vergnügen / Moral
moralisch / physisch s. Weg, physisch / moralisch
moralische Schöpfung s. Weg, physisch / moralisch
moralische Schwätzer s. Moral, Peitsche
moralische Verschlimmerung
s. Philosophie, einseitige

moralische Weltregierung Jeder Mensch [...] will, wenn er von ernsthafterer Natur ist, die moralische Weltregierung, die er im wirklichen Leben vermißt, auf der Schaubühne finden.
T-LI, Chor i. d. Tragödie; II,816
moralischer / ästhetischer Zustand nur aus dem ästhetischen, nicht aber aus dem physischen Zustand [kann] der moralische sich entwickeln.
T-PH, Ästhetische Erziehung, 23. Brief; V,643
Moralisten, an die Richtet den herrschenden Stab auf Leben und Handeln und lasset / Amorn, dem lieblichen Gott, doch mit der Muse das Spiel!
G-EX, An die Moralisten; I,271
Moralphilosophie, Kant
s. Kant, Moralphilosophie
Moralprediger s. Lügner und Dieb
Mord / Altäre »Alle nicht, die wiederkehren, / Mögen sich des Heimzugs freun, / An den häuslichen Altären / Kann der Mord bereitet sein. ...«
G-LY, Das Siegesfest; I,425
Mord / Gewalt
s. Gewalt / Mord
Mord lieben / Mörder strafen [Deveroux zu Buttler:] Ists des Kaisers Will? / Sein netter, runder Will? Man hat Exempel, / Daß man den Mord liebt und den Mörder straft.
D, W.s Tod 5,2; II,525 f

Mord, gefällt / Mörder nie [Gordon:] Es kann der Mord bisweilen / Den Königen, der Mörder nie gefallen.
D, W.s Tod 4,8; II,510
Mord, Genuß der Rache
s. Rache, keine Frucht
Mord, mein Geschäft [Tell (Monolog):] Jeder treibt / Sich an dem andern rasch und fremd vorüber, / Und fraget nicht nach seinem Schmerz – [...] / Denn jede Straße führt ans End der Welt. / Sie alle ziehen ihres Weges fort / An ihr Geschäft – und meines ist der Mord!
D, Tell 4,3; II,1005
morden und brennen
s. Eigentum, etwas
mordend einbricht s. Feind, gemeinsamen jagen
Mörder, kein gemeiner [Franz, (betet):] Ich bin kein gemeiner Mörder gewesen, mein Herrgott – hab mich nie mit Kleinigkeiten abgegeben ...
D, Räuber 5,1; I,608
Mörder, wie Richter [Maria zu Paulet:] Man liebt hier rasch zu Werk zu gehn. Soll mich / Der Mörder *überfallen* wie die Richter?
D, Maria Stuart 1,2; II,558
Mordgewehr, gefährlich [Geßler zu Tell:] Gefährlich ists, ein Mordgewehr zu tragen, / Und auf den Schützen springt der Pfeil zurück. / [...] / Gewaffnet sei niemand, als

Mordsucht

wer gebietet. / Freuts euch, den Pfeil zu führen und den Bogen, / Wohl, so will *ich* das Ziel euch dazu geben.
D, Tell 3,3; II,982
Mordsucht heiß Und herum im Kreis, / Von Mordsucht heiß, / Lagern die greulichen Katzen.
G-BA, Der Handschuh; I,377
morgen Galgen / heute lustig s. heute lustig sein
Morgen, goldener s. Mutterliebe, zarte Sorgen
Morgen, schon im Heute s. Schicksal, Geister voran
Morgentor des Schönen s. Erkenntnis, durch das Schöne
Mortimer, starb gelegen [Burleigh:] Graf! Dieser Mortimer starb Euch sehr gelegen.
D, Maria Stuart 4,6; II,649
mosaische Religion s. Judentum, Aufklärung
Mühe, Preis der s. Arbeit, Bürgers Zierde
Mund der Guten und Besten s. Worte des Wahns
Mund, schlechter s. Wort, nützlich / Mund, schlecht
mündig werden [Max:] Mein General! – Du machst mich heute mündig.
D, W.s Tod 2,2; II,432
mündig, mein Sohn [Octavio:] Mein Sohn ist mündig.
D, Piccolomini 4,7; II,390
murmelt hervor s. Quell, lebendiger, murmelt
Muse besingt s. Klopstock, Friedrich Gottlieb, Muse
Muse, ohne sie s. Kunst, Muse
Musen / Vandalen Der allein besitzt die Musen, / Der sie trägt im warmen Busen, / Dem Vandalen sind sie Stein.
G-PH, Die Antiken zu Paris; I,213
Musen und Grazien, Bund s. antike Muster, Barbaren
Musen, Amor, Spiel s. Moralisten, an die
Musen, fort jetzt! s. Prosa, Göttin des Markts
müssen / wollen [Karlos zur Königin:] So viel, / Daß Karlos nicht gesonnen ist, zu müssen, / Wo er zu wollen hat …
D, Don Karlos 1,5; II,33
müssen, können s. Bewunderung, schauernde
müßig und bewundernd s. Flamme brausend
müßig, böse [Paulet:] In müßger Weile schafft der böse Geist.
D, Maria Stuart 1,1; II,551
Muster, griechisch-römische s. antike Muster, Barbaren
Muster, Nacheiferung Ein großes Muster weckt Nacheiferung / Und gibt dem Urteil höhere Gesetze.
D, W.s Lager, Prolog; II,270
Muster, ohne Beschämung s. Kultur / Natur, zurück

Musterung, fürchterliche
s. fürchterliche Musterung
Mut / Furcht s. Furcht, macht mutig
Mut, beflügelt von kühnem
s. Jüngling, Lebens Bahn
Mut, Flut Da treibt ihn die Angst, da faßt er sich Mut / Und wirft sich hinein in die brausende Flut / Und teilt mit gewaltigen Armen / Den Strom, und ein Gott hat Erbarmen.
G-BA, Die Bürgschaft; I,354
Mut, getrosten Mutes
s. Tyrannenmacht, Grenze
Mut, Grab des s. Frieden, Grab des Muts
Mut, Mameluck
s. Gehorsam / Mut
mutiges Roß / bedächtiger Esel
s. Roß / Esel
Mutter alles Bösen
s. Falschheit, unselige
Mutter, Bild der s. Eltern / Kinder
Mutter, laß mich ziehen! »Laß die Blümlein, laß sie blühen, / Mutter, Mutter, laß mich ziehen!«
G-BA, Der Alpenjäger; I,389
Mütter, Unglück mit [Karlos zu Domingo:] Hochwürdger Herr – ich habe sehr viel Unglück / Mit meinen Müttern. Meine erste Handlung, / Als ich das Licht der Welt erblickte, war / Ein Muttermord. [...] / Und meine neue Mutter – hat sie mir / Nicht meines Vaters Liebe schon gekostet?
D, Don Karlos 1,1; II,10

Mutterliebe, zarte Sorgen Ihm ruhen noch im Zeitenschoße / Die schwarzen und die heitern Lose, / Der Mutterliebe zarte Sorgen / Bewachen seinen goldnen Morgen. –
G-LY, Das Lied von der Glocke; I,431
Mutterpflicht, der Natur
s. Natur, Mutterpflicht der
mutvoll, kühn s. Tat, vorher / nachher
Mützenfabrik s. Wille, ist Glück
Mysterien der Wissenschaft
s. Geschmack / Erkenntnis

N

nachahmendes Geschöpf
s. Mensch, nachahmend
Nachahmer, üben s. bildender Geist / Nachahmer
Nachbar, böser s. Frömmste nicht in Frieden
Nacheiferung, Muster s. Muster, Nacheiferung
Nachen / Port s. Fischer, leichter Mut
Nachen, Fährmann Einen Nachen seh ich schwanken, / Aber ach! der Fährmann fehlt.
G-LY, Sehnsucht; I, 411
Nachklang, Reflex s. Meister, belohnt
Nächste, Angehörige [Berta zu Rudenz:] Was liegt / Dem guten Menschen näher als die Seinen?
D, Tell 3,2; II, 970
Nächster, helfen dem s. helfen, dem Nächsten
Nacht gelichtet s. Alles rennt
Nacht / tagendes Licht s. Schrift, Körper und Stimme
Nacht muß es sein [Wallenstein:] Es ist entschieden, nun ists gut – und schnell / Bin ich geheilt von allen Zweifelsqualen, / Die Brust ist wieder frei, der Geist ist hell, / Nacht muß es sein, wo Friedlands Sterne strahlen.
D, W.s Tod 3,10; II, 469
Nacht und Grauen »Lang lebe der König! Es freue sich, / Wer da atmet im rosigten Licht! / Da unten aber ists fürchterlich, / Und der Mensch versuche die Götter nicht / Und begehre nimmer und nimmer zu schauen, / Was sie gnädig bedecken mit Nacht und Grauen. ...«
G-BA, Der Taucher; I, 371
Nacht, Bartholomäusnacht s. Bartholomäusnacht
Nacht, hell tagen in s. Freiheit, schauen / hören
Nacht, in mir s. zwei Stimmen, wählen
Nacht, Mitternacht s. spanisches Mädchen
Nacht, schreckt nicht s. Auge des Gesetzes
Nacht, stürzen in tiefere s. Kindheit, sicher
Nachtigallen, lesen nicht s. Jubelruf der Wesen
Nachwelt, Archiv der s. Zeit, bettelhaft, hektisch
Nachwelt, keine Kränze s. Schauspieler, Nachwelt
nackt, auf der Bühne s. Theater, Nacktheit
nähren, den Krieg s. Krieg ernährt den Krieg
Nährstand / Wehrstand s. Stand, Wehrstand / Nährstand
Nahrung / Keim s. Menschheit, nähren / pflanzen

Nahrung, für Bettler
s. Könige / Kärrner
Nahrung, fürchterliche
s. Rache, keine Frucht
naiv / sentimentalisch
s. Dichter, naiv / sentimentalisch
naiv, sentimentalisch, absolut
s. Darstellung, naiv / sentimentalisch
naiv, unbewußt / bewußt Zum Naiven wird erfordert, daß die Natur über die Kunst den Sieg davontrage, es geschehe dies nun wider Wissen und Willen der Person oder mit völligem Bewußtsein derselben. In dem ersten Fall ist es das Naive der *Überraschung* und belustigt; in dem andern ist es das Naive der *Gesinnung* und rührt.
T-PH, Naive u. sentim. D.; V,698 f
naive Dichtung, Natur Ich habe die naive Dichtung eine *Gunst der Natur* genannt, um zu erinnern, daß die Reflexion keinen Anteil daran habe. Ein glücklicher Wurf ist sie; keiner Verbesserung bedürftig, wenn er gelingt, aber auch keiner fähig, wenn er verfehlt wird.
T-PH, Naive u. sentim. D.; V,753
Name, Cäsars
s. Wallenstein / Cäsar
Name, Don Karlos
s. erobern / verheeren
Name, gebannt in diesem
s. Zauberring, in einem
Name, großer, lebt s. Ruhm, höchstes Gut

Name, guter s. Kleinod, guter Name
Namen keine Schande
s. Friedländers wilde Jagd
Namen, vieldeutig doppelsinnige s. Pflicht und Ehre
Namen, echte Währung [Melchthal:] An solcher Namen echte Währung glaubt / Das Volk, sie haben guten Klang im Lande.
D, Tell 1,4; II,940
Namen, Völker s. Völker, Namen
Narrenkönig s. Dummheit, kämpfen mit
Nase s. Rechtsfrage, Nase
Nation der Hebräer s. Juden, gerecht gegen
Nation, deutsche s. Deutsche, Nation
Nation, Ehre [Dunois:] Nichtswürdig ist die Nation, die nicht / Ihr Alles freudig setzt an ihre Ehre.
D, Jungfrau 1,5; II,715
Nationen und Zeiten, aller
s. Geschichte, unsterblich
Natter, am Busen [Elisabeth zu Maria:] Mein guter Stern bewahrte mich davor, / Die Natter an den Busen mir zu legen.
D, Maria Stuart 3,4; II,624
Natur / Gärtner Keinem Gärtner verdenk ichs, daß er die Sperlinge scheuchet, / Doch nur Gärtner ist er, jene gebar die Natur.
G-EX, Hausrecht; I,283

Natur / Reflexion s. naive
Dichtung, Natur
Natur in der Kunstmäßigkeit
s. Schönheit, Natur / Kunst
Natur ist redlich s. Laune löst,
knüpfe
Natur siegt, Kunst weicht
s. Schein, nie Wirklichkeit
Natur, als Natur
s. Kultur / Natur, zurück
Natur, am Pranger Fromme gesunde Natur! Wie stellt die Moral dich an Pranger! / Heilge Vernunft! Wie tief stürzt dich der Schwärmer herab!
G-ET, Fratzen; I,308
Natur, aus ihren Grenzen [Wallenstein:] Wo die Natur aus ihren Grenzen wanket, / Da irret alle Wissenschaft.
D, W.s Tod 3,9; II,467
Natur, beisammen haben
s. Schönheit, Geist und Sinne
Natur, bereicherte Der fortgeschrittne Mensch trägt auf erhobnen Schwingen / Dankbar die Kunst mit sich empor, / Und neue Schönheitswelten springen / Aus der bereicherten Natur hervor.
G-PH, Die Künstler; I,181
Natur, Blütenalter der Schöne Welt, wo bist du? Kehre wieder, / Holdes Blütenalter der Natur! / Ach, nur in dem Feenland der Lieder / Lebt noch deine fabelhafte Spur.
G-PH, Die Götter Griechenlandes (zweite Fassung); I,172

Natur, einstweilen Einstweilen, bis den Bau der Welt / Philosophie zusammenhält, / Erhält sie das Getriebe / Durch Hunger und durch Liebe.
G- HU, Die Weltweisen; I,223
Natur, entgötterte Gleich dem toten Schlag der Pendeluhr, / Dient sie knechtisch dem Gesetz der Schwere, / Die entgötterte Natur.
G-PH, Die Götter Griechenlandes (zweite Fassung); I,172
Natur, erleiden, sich entledigen, beherrschen Der Mensch in seinem *physischen* Zustand erleidet bloß die Macht der Natur; er entledigt sich dieser Macht in dem *ästhetischen* Zustand, und er beherrscht sie in dem *moralischen*.
T-PH, Ästhetische Erziehung, 24. Brief; V,646
Natur, ewig gerecht [Erster Chor:] Ungleich verteilt sind des Lebens Güter / Unter der Menschen flüchtgem Geschlecht, / Aber die Natur, sie ist ewig gerecht.
D, Braut v. M.; II,831
Natur, ewiger Brauch [Erster Chor:] Wenn die Blätter fallen / In des Jahres Kreise, / Wenn zum Grabe wallen / Entnervte Greise, / Da gehorcht die Natur / Ruhig nur / Ihrem alten Gesetze, / Ihrem ewigen Brauch, / Da ist nichts, was den Menschen entsetze! / Aber das

Ungeheure auch / Lerne erwarten im irdischen Leben!
D, Braut v. M.; II,894
Natur, fromme, Töchter
s. Mädchen, schamhafte Sitte
Natur, Genie, Bund
s. Genie / Natur, Bund
Natur, höherer Adel An der Liebe Busen sie zu drücken, / Gab man höhern Adel der Natur. / Alles wies den eingeweihten Blicken, / Alles eines Gottes Spur.
G-PH, Die Götter Griechenlandes (2. Fassung fast identisch); I,163/169
Natur, Ideal, Kultur s. Ideal, Natur / Kultur
Natur, Idee des Geistes Die Natur selbst ist nur eine Idee des Geistes, die nie in die Sinne fällt. [...] Bloß der Kunst des Ideals ist es verliehen, oder vielmehr, es ist ihr aufgegeben, diesen Geist des Alls zu ergreifen und in einer körperlichen Form zu binden.
T-LI, Chor i. d. Tragödie; II,818
Natur, mehren, in Natur
s. Genius, mehrt die Natur
Natur, Mensch, Bestimmung Bei dem Tiere und der Pflanze gibt die Natur nicht bloß die Bestimmung an, sondern *führt sie auch allein aus.* Dem Menschen aber gibt sie bloß die Bestimmung und überläßt *ihm selbst* die Erfüllung derselben. Dies allein macht ihn zum Menschen.
T-PH, Anmut u. Würde; V,454

Natur, Mutterpflicht der Doch weil, was ein Professor spricht, / Nicht gleich zu allen dringet, / So übt Natur die Mutterpflicht / Und sorgt, daß nie die Kette bricht / Und daß der Reif nie springet.
G- HU, Die Weltweisen; I,223
Natur, nackt, Bühne s. Theater, Nacktheit
Natur, nicht Sinn ist in s. Traumkunst träumt
Natur, Schauder der [Max:] Schwer rächen sie die Schauder der Natur / An dem Barbaren, der sie gräßlich schändet.
D, W.s Tod 3,21; II,491
Natur, sein / suchen s. Dichter, naiv / sentimentalisch
Natur, sich losringen von der
s. Fesseln / Zügel
Natur, Spur der s. Genie, das größte
Natur, unterdrückt / mitwirkend Wäre die sinnliche Natur im Sittlichen immer nur die unterdrückte und nie die *mitwirkende* Partei, wie könnte sie das ganze Feuer ihrer Gefühle zu einem Triumph hergeben, der über sie selbst gefeiert wird?
T-PH, Anmut u. Würde; V,467
Natur, verrammeln [Karl:] Da verrammeln sie sich die gesunde Natur mit abgeschmackten Konventionen [...]. – Fallen in Ohnmacht, wenn sie eine Gans bluten

Natur

sehen, und klatschen in die Hände, wenn ihr Nebenbuhler bankerott von der Börse geht. – –
D, Räuber 1,2; I,503
Natur, Verstand, Vernunft s. Philosophem, irriges
Natur, wirklich / wahr Wirkliche Natur existiert überall, aber wahre Natur ist desto seltener …
T-PH, Naive u. sentim. D.; V,755
Natur, zeichnet vor s. Weg, physisch / moralisch
Natur, zum Freund machen s. Mensch, gebildeter / Natur
Natur, zurück zur s. Kultur / Natur, zurück
Naturen, schmutzige s. Moral, Peitsche
natürlich / ideal, keines Jener will uns natürlich, der ideal; wir versuchen / Unser Möglichstes, doch keines von beiden zu sein.
G-EX-U, Die Foderungen; I,330
Nebel des Wahns s. Schrift, Körper und Stimme
Neid der Götter s. Götter Neide
Neid hat scharfe Augen [Leicester:] der Neid / Hat scharfe Augen –
D, Maria Stuart 2,9; II,614
Neid, verfolgt Glückliche [Burleigh:] Die Meinung hält es / Mit dem Unglücklichen, es wird der Neid / Stets den obsiegend Glücklichen verfolgen.
D, Maria Stuart 1,8; II,582

Neider, keine haben s. Charakter, ungewöhnlich / keiner
Neige, schlürfen zur s. Soldat, furchtlos
Neigung, und Gewohnheit Schwer zu besiegen ist schon die Neigung, gesellet sich aber / Gar die Gewohnheit zu ihr, unüberwindlich ist sie.
G-ET, Einer; I,318
Neigung zur Pflicht s. sittlich, Handlungen / Wesen
Neigung, billigen / bewilligen [Elisabeth zu Leicester:] Begeh ich eine Torheit, / So ist es Eure, Leicester, nicht die meine. / […] Dadurch / Gibt Neigung sich ja kund, daß sie bewilligt / Aus freier Gunst, was sie auch nicht gebilligt.
D, Maria Stuart 2,9; II,615 f
Neigung, Tugend, Kant s. Tugend, mit Neigung, leider
Nekrolog, lesen Unter allen, die von uns berichten, bist du mir der liebste, / Wer sich lieset in dir, liest dich zum Glücke nicht mehr.
G-EX, Nekrolog; I,262
Nestor, alter Zecher Nestor jetzt, der alte Zecher, / Der drei Menschenalter sah, / Reicht den laubumkränzten Becher / Der betränten Hekuba: …
G-LY, Das Siegesfest; I,427
Netz, verstrickt mit eigenem [Wallenstein (Monolog):] So hab ich / Mit eignem Netz verderblich mich

umstrickt, / Und nur Gewalttat kann es reißend lösen.
D, W.s Tod 1,4; II,415
neue Tugend s. Denken, neue Tugend
Neuerungen, Wut der s. Wut der Neuerungen
Neues dringt herein s. Zeiten, andere, kommen
Neues kommt s. Rad der Zeit, fallen in
neues Leben blüht s. Altes stürzt / neues Leben
Neues, nie s. Bretter, Welt bedeuten
Nichts, Gefühl seines s. Herzog Alba, Ritterstolz
nichtswürdig, Nation s. Nation, Ehre
Nicolai, Friedrich, Aufklärung
Zur Aufklärung der Deutschen hast du mit Lessing und Moses / Mitgewirkt, ja, du hast ihnen die Lichter geschneuzt.
G-EX-U, Nicolai; I,337
Nicolai, Friedrich, Verdienst s. Verdienst / verdienen
Nicolai, Friedrich, auf Reisen
Schreiben wollt er, und leer war der Kopf, da besah er sich Deutschland, / Leer kam der Kopf zurück, aber das Buch war gefüllt.
G-EX-U, Nicolai auf Reisen; I,337
Nicolai, Friedrich, bellt »Scheusal! was bellst du?« Mein Herr, es sind unserer zwei, die da bellen, / Spitz Nicolai versieht oben, ich unten das Amt.
G-EX-U, Der Höllenhund; I,331
Nicolai, Friedrich, Querkopf s. Kopf, Querkopf / Leerkopf
Niederlande, Amsterdam Amsterdam [war] beinahe der einzige Freihafen aller Meinungen
H, Niederlande; IV,39
Niederlande, Brüssel, bewilligen s. gute Sache, Königssohn
Niederlande, Geschichte wenn sich andere zum Zweck setzen, die Überlegenheit des Genies über den Zufall zu zeigen, so stelle ich hier ein Gemälde auf, wo die Not das Genie erschuf und die Zufälle Helden machten.
H, Niederlande; IV,34
Niederlande / Spanien [Posa zu Karlos:] es sind die flandrischen / Provinzen, die an Ihrem Halse weinen, / Und feierlich um Rettung Sie bestürmen. / Getan ists um Ihr teures Land, wenn Alba, / Des Fanatismus rauher Henkersknecht, / Vor Brüssel rückt mit spanischen Gesetzen. / Auf Kaiser Karls glorwürdgem Enkel ruht / Die letzte Hoffnung dieser edeln Lande.
D, Don Karlos 1,2; II,14
Nieten, die wir ziehn s. Leben, Lottospiel

Nonnenklöster s. Kerls wie ich
nordische Barbaren s. antike Muster, Barbaren
Not gebeuts s. Klugheit / Not
Not gehorchend [Isabella:] Der Not gehorchend, nicht dem eignen Trieb, / Tret ich, ihr greisen Häupter dieser Stadt, / Heraus zu euch aus den verschwiegenen / Gemächern meines Frauensaals, das Antlitz / Vor euren Männerblicken zu entschleiern.
D, Braut v. M.; II,825
Not und Gefahr, in keiner s. Volk von Brüdern
Not, alles wagen [Tell:] Wos not tut, Fährmann, läßt sich alles wagen.
D, Tell 1,1; II,921
Not, das Unnötige s. Schönheit, Selbstzweck
Not, erschuf Genie s. Niederlande, Geschichte
Not, Stärke, Klarheit s. Wahl, schwer / Not, drängt
Notdurft dieses Zeitenlaufes s. Vernunft, prahlende
Notdurft, Fesseln der s. Schönheit, Selbstzweck
Notdurft, kleine s. Mangel, des Spiegels
Notwehr gegen List s. Fluch der bösen Tat
Notwendiges, mit Würde s. handeln, wie wir müssen

Notwendigkeit / lichte Bilder s. Tod, Griechen
Notwendigkeit ist da [Wallenstein:] Notwendigkeit ist da, der Zweifel flieht ...
D, W.s Tod 3,10; II,469
Notwendigkeit, Anblick der s. Schicksal, Urne des
Notwendigkeit, eine Gunst s. Streit der Pflichten
Notwendigkeit, sanfter Bogen Gelassen hingestützt auf Grazien und Musen, / Empfängt er das Geschoß, das ihn bedräut, / Mit freundlich dargebotnem Busen / Vom sanften Bogen der Notwendigkeit.
G-PH, Die Künstler; I,182
Nüchternheit, kühn in s. Genius, kühn, fromm
Nutzen des Staats s. Staat / Gerechtigkeit
nützen, Dichtung / Wirklichkeit Wozu nützt denn die ganze Erdichtung? Ich will es dir sagen, / Leser, sagst du mir erst, wozu die Wirklichkeit nützt.
G-EX-U, Poetische Erdichtung und Wahrheit; I,341
Nutzen, großes Idol Der *Nutzen* ist das große Idol der Zeit, dem alle Kräfte fronen und alle Talente huldigen sollen. Auf dieser groben Waage hat das geistige Verdienst der Kunst kein Gewicht, und, al-

ler Aufmunterung beraubt, verschwindet sie von dem lärmenden Markt des Jahrhunderts.
T-PH, Ästhetische Erziehung, 2. Brief; V,572
Nutzen, regiert [Terzky:] Denn nur vom Nutzen wird die Welt regiert.
D, W.s Tod 1,6; II,423
nützlich Wort s. Wort, nützlich / Mund, schlecht

Oberhaupt muß sein [Stauffacher:] Denn herrenlos ist auch der Freiste nicht. / Ein Oberhaupt muß sein, ein höchster Richter, / Wo man das Recht mag schöpfen in dem Streit. / [...] / Denn dieses ist der Freien einzge Pflicht, / Das Reich zu schirmen, das sie selbst beschirmt.
D, Tell 2,2; II,957 f
Offenheit / Armut Viele Läden und Häuser sind offen in südlichen Ländern, / Und man sieht das Gewerb, aber die Armut zugleich.
G-EX, Taschenbuch; I,283
Ohnmacht, fallen in s. Natur, verrammeln
Ohnmacht, frei von Tadel s. Tadellos sein, Ohnmacht / Größe
Ohnmacht, Regel s. Kraft / Ohnmacht
ohnmächtiger Stolz s. Stolz, ohnmächtiger
Ohr der Neugier s. Argwohn der Könige
Ohren, leiht Tauber s. Frankreich, was geschieht
Olymp, der Seligen Ewigklar und spiegelrein und eben / Fließt das zephirleichte Leben / Im Olymp den Seligen dahin.
G-PH, Das Ideal und das Leben; I,201

Olymp, Sinnlichkeit s. Griechen, Sinnlichkeit / Olymp
Opernwelt, Salto mortale s. Goethe, Egmont, Opernwelt
Opfer / Opferer s. Bewunderung, schauernde
Opfer, dem Staat bringen s. Staat, Mittel / Zweck
Opfer, verhöhnen [Maria zu Elisabeth:] – Jetzt macht ein Ende, Schwester. Sprecht es aus, / Das Wort, um dessentwillen Ihr gekommen, / Denn nimmer will ich glauben, daß Ihr kamt, / Um Euer Opfer grausam zu verhöhnen. / [...] / – Ein Wort macht alles ungeschehn. Ich warte / Darauf. O laßt michs nicht zu lang erharren!
D, Maria Stuart 3,4; II,626
Opfer, ausschweifender Empfindung s. Kabale und Liebe
Ordnung / Willkür s. Willkür / Ordnung
Ordnung heilig Band s. Drache, schlimmerer
Ordnung im ABC [Kapuziner:] Hinter dem U kömmt gleich das Weh, / Das ist die Ordnung im ABC.
D, W.s Lager 8; II,293
Ordnung, heilig, segensreich Heilge Ordnung, segenreiche / Himmelstochter, die das Gleiche / Frei und leicht und freudig bindet, / Die der Städte Bau gegründet ...
G-LY, Das Lied von der Glocke; I,438

Ordre widersprechen s. verboten / erlaubt
Organ der Tradition s. Geschichte, Tradition, Sprache
Orkus, klanglos hinab s. Klaglied, herrlich
Ort der Freiheit s. Freiheit, Orte der
Österreich s. a. Wien
Österreich / Wallenstein s. Soldaten, keinen Feldherr
Österreich, Dank s. Dank vom Haus Österreich
Österreich, Hufen Land s. Wallenstein, Österreich, Europa
Ostrazismus s. Griechen, Ostrazismus
Ovid, Amor s. Amors Kunst, nach Ovid
Ozean / Hafen s. Jüngling / Greis
Ozean vergiften [Karl:] Oh ich möchte den Ozean vergiften, daß sie / den Tod aus allen Quellen saufen!
D, Räuber 1,2; I,514
Ozean, der Harmonie s. Dichtung, heilige Magie

P

Paar, ein liebend s. Mädchen aus der Fremde
Paar, entmenschtes s. Henkerslust, rohe
Paar, glücklich liebend s. Hütte, kleinste
Paare, drehen sich s. Tanz, Paare
pädagogisch und politisch s. Künstler, pädagogisch und politisch
Palmenzweig, o Mensch mit s. Jahrhundert, Neige des
Pantheon, deutsches s. Deutschland, Pantheon
Panthers Zähne s. Weiber zu Hyänen
Panzer, Flügelkleid s. Schmerz, kurz / Freude, ewig
Papier, Feuer gießen auf s. Dichter, Alltag
Pappenheimer, meine [Gefreiter:] Kein fremder Mund soll zwischen uns sich schieben, / Den guten Feldherrn und die guten Truppen. [Wallenstein:] Daran erkenn ich meine Pappenheimer.
D, W.s Tod 3,15; II,474 f
Papst, Schlüssel s. Bartholomäusnacht
Parlament und Gewissen s. Englands Herrscher
Parteien Gunst verwirrt s. Wallenstein, Charakterbild

Parteien, Geist der s. Demokratie, Übel der
Parteigeist / Überzeugung Überzeugung sonderst du leicht vom stumpfen Parteigeist, / Denn das Zeichen begehrt dieser und jene den Sinn.
G-EX-U, Das Merkmal; I,320
Parteigeist / Mitte Wo Parteien entstehn, hält jeder sich hüben und drüben, / Viele Jahre vergehn, eh sie die Mitte vereint.
G-EX, Parteigeist; I,267
Paß zeigen, passieren »Halt, Passagiere! Wer seid ihr? Wes Standes und Charakteres? / Niemand passieret hier durch, bis er den Paß mir gezeigt.«
G-EX, Der ästhetische Torschreiber (erstes Xenion); I,257
Pastorenlatein s. Zofenfranzösisch
Pathos, Leiden / Freiheit Das *Sinnenwesen* muß tief und heftig *leiden*; Pathos muß da sein, damit das Vernunftwesen seine Unabhängigkeit kundtun und sich *handelnd* darstellen könne. [...] Bei allem Pathos muß also der Sinn durch Leiden, der Geist durch Freiheit interessiert sein.
T-PH, Über d. Pathetische; V,512/526
Patroklus, Thersites s. Glück, wahllos
Pedant, locker und lose Was das entsetzlichste sei von allen entsetz-

Pedant

lichen Dingen? / Ein Pedant, den es jückt, locker und lose zu sein.
G-EX, Amor als Schulkollege; I,261
Pedant, verdeutscht s. Sprache, Fremdwörter
pedantische Beschränktheit s. Ideenreich / Sinnenwelt
Pentameter s. Distichon
Perlen / Wunden s. Krone, Perlen / Wunden
Peter aus Itzehö s. Blasewitz
Pfäfflein, Sprüchel [Kroaten:] Bleib da, Pfäfflein, fürcht dich nit, / Sag dein Sprüchel und teils uns mit.
D, W.s Lager 8; II,296
Pfand größern Glücks s. Hoffnung aufgegangen
Pfand, dem König zum »So bleib du dem König zum Pfande, / Bis ich komme, zu lösen die Bande.«
G-BA, Die Bürgschaft; I,353
Pfeil und Bogen, mit dem s. Schütze, kommt gezogen
Pfeil und Bogen, Ziel geben s. Mordgewehr, gefährlich
Pfeil, geschärft / abgedrückt s. Blut, säen / ernten
Pfeil, mit dem zweiten [Tell zu Geßler:] Mit diesem zweiten Pfeil durchschoß ich – Euch, / Wenn ich mein liebes Kind getroffen hätte, / Und Eurer – wahrlich! hätt ich nicht gefehlt.
D, Tell 3,3; II,986
Pfeil, von Vaters Hand [Walter Tell:] Denket Ihr, ich fürchte / Den Pfeil von Vaters Hand? Ich will ihn fest / Erwarten, und nicht zucken mit den Wimpern. / – Frisch, Vater, zeigs, daß du ein Schütze bist ...
D, Tell 3,3; II,982
Pferd, aufs Pferd! [Zweiter Kürassier (singt):] Wohl auf, Kameraden, aufs Pferd, aufs Pferd! / Ins Feld, in die Freiheit gezogen. / Im Felde, da ist der Mann noch was wert, / Da wird das Herz noch gewogen.
D, W.s Lager 11; II,309
(Vgl. Reiterlied; I,413)
Pferde, Hufschlag s. Los des Schönen
Pflanze, lehrt Suchst du das Höchste, das Größte? Die Pflanze kann es dich lehren: / Was sie willenlos ist, sei du es wollend – das ists!
G-EP, Das Höchste; I,243
Pflanze, Tier, Mensch s. Natur, Mensch, Bestimmung
pflanzen für die Ewigkeit s. Ewigkeit / Tod
Pflanzungen des Verstandes s. Verstand, intuitiv / spekulativ
Pflicht / Wille Der Pflichten schwerste zu erfüllen: / Zu bändigen den eignen Willen!
G-BA, Der Kampf mit dem Drachen; I,399
Pflicht und Ehre [Gräfin Terzky zu Thekla:] Pflicht und Ehre! / Das sind vieldeutig doppelsinnge Namen ...
D, W.s Tod 3,2; II,453

Pflicht, der Freien einzige s. Oberhaupt muß sein
Pflicht, Idee der s. Kant, Moralphilosophie
Pflicht, ledig aller s. Meister / Bursche
Pflicht, Neigung zur s. sittlich, Handlungen / Wesen
Pflicht, schmaler Weg der s. Freiheit, Irrtum
Pflicht, schwerste / nächste [Max:] Dem edeln Herzen könnte / Die schwerste Pflicht die nächste scheinen.
D, W.s Tod 3,21; II,490
Pflichten denken s. Mensch, entjochter
pflichtig, mit seinem Leibe s. Redlichkeit gedeiht
Pflug / Degen s. Degen / Pflug
pflügen, alten Boden s. Franzosen, freie Bürger
Phantasie und Witz s. Desideratum, das
Phantasie, ewig jung Alles wiederholt sich nur im Leben, / Ewig jung ist nur die Phantasie, / Was sich nie und nirgends hat begeben, / Das allein veraltet nie!
G-LY, An die Freunde; I,421
Phantasie, hitzig / kalt s. Schiller, Selbstkritik der ›Räuber‹
Phantast, verläßt Natur der Phantast verläßt die Natur aus bloßer Willkür, um dem Eigensinne der Begierden und den Launen der Einbildungskraft desto ungebundener nachgeben zu können.
T-PH, Naive u. sentim. D.; V,780
Philipp II., Fanatismus Mit verbundenen Augen, in eine Mönchskutte verhüllt, die Fackel in der Hand, streifte der Fanatismus durch Europa.
H, Philipp; IV,19
Philipp II., Überlegenheit Ohne seiner Überlegenheit jemals froh zu werden, mußte er sein ganzes Leben hindurch mit der Eifersucht ringen, die sie ihm bei andern erweckte.
H, Niederlande; IV,44
Philipps Hof s. Sonderling spielen
Philipps Thron s. Herzog Alba, Thron
Philister und Schöngeist s. Schöngeist / Philister
Philister verdrieße Den Philister verdrieße, den Schwärmer necke, den Heuchler / Quäle der fröhliche Vers, der nur das Gute verehrt.
G-EX, Vorsatz; I,279
Philister, an die s. Schmetterling / Raupe
Philister, der s. Geschmack / Gelehrsamkeit
Philosoph / Poet s. Poet, Philosoph, geboren
Philosoph / Schwärmer Jener steht auf der Erde, doch schauet das Auge zum Himmel, / Dieser, die

Philosoph

Augen im Kot, recket die Beine hinauf.
G-ET, Der Philosoph und der Schwärmer; I,308
Philosoph / Weltmann Forsche der Philosoph, der Weltmann handle! Doch weh uns, / Handelt der Forscher und gibt, der es vollzieht, das Gesetz.
G-EX-U, Verkehrter Beruf; I,322
Philosoph, Vieh / Engel den Philosophen, der die Natur der Gottheit entfaltet und wähnet, die Schranken der Sterblichkeit durchbrochen zu haben, kehrt ein kalter Nordwind, der durch seine baufällige Hütte streicht, zu sich selbst zurück und lehrt ihn, daß er das unselige Mittelding von Vieh und Engel ist.
T-ME, Zusammenhang; V,296
Philosophem, irriges Die Natur (der Sinn) vereinigt überall, der Verstand scheidet überall, aber die Vernunft vereinigt wieder; daher ist der Mensch, ehe er anfängt zu philosophieren, der Wahrheit näher als der Philosoph, der seine Untersuchung noch nicht geendigt hat. Man kann deswegen ohne alle weitere Prüfung ein Philosophem für irrig erklären, sobald dasselbe, *dem Resultat nach,* die gemeine Empfindung gegen sich hat; mit demselben Rechte aber kann man es für verdächtig halten, wenn es, der Form und Methode nach, die gemeine Empfindung auf seiner Seite hat. [...] Mit dem erstern mag man jeden zum Stillschweigen bringen, der auf Kosten des Menschenverstandes neue Systeme gründen will.
T-PH, Ästhetische Erziehung, 18. Brief (Fußnote); V,626 f
Philosophie / Philosophien Welche wohl bleibt von allen den Philosophien? Ich weiß nicht, / Aber die Philosophie, hoff ich, soll immer bestehn.
G-ET, Die Philosophien; I,307
Philosophie, Anfang / Ende
s. Philosophem, irriges
Philosophie, Bau der Welt
s. Natur, einstweilen
Philosophie, denken / handeln
s. Fichtes Wissenschaftslehre
Philosophie, einseitige Die allgemeine Wurzel der moralischen Verschlimmerung ist eine einseitige und schwankende Philosophie [...]. Ein erleuchteter Verstand hingegen veredelt auch die Gesinnungen – der Kopf muß das Herz bilden.
T-PH, Philos. Briefe (Vorerinnerung); V,336
philosophieren, vornehm s. vornehm philosophieren
philosophischer Geist Wo der Brotgelehrte trennt, vereinigt der philosophische Geist. Frühe hat er sich überzeugt, daß im Gebiete des Verstandes, wie in der Sinnenwelt, alles ineinander greife, [...] seine edle Ungeduld kann nicht ruhen,

bis alle seine Begriffe zu einem harmonischen Ganzen sich geordnet haben, bis er im Mittelpunkt seiner Kunst, seiner Wissenschaft steht und von hier aus ihr Gebiet mit befriedigtem Blick überschauet.
H, Universalgeschichte; IV, 752
philosophischer Untersuchungsgeist s. Kunst, verengt / Wissenschaft, erweitert
Phlegma ist geblieben
s. Männer, Phlegma
Phöbus, Bacchus, Amor
s. Götter, nimmer allein
Physiognom [der Physiognome will nicht bloß wissen], was der Mensch selbst aus sich gemacht, sondern auch, was die Natur für und gegen ihn getan hat.
T-PH, Anmut u. Würde; V, 455
physisch / moralisch s. Weg, physisch / moralisch
physisch, ästhetisch, moralisch
s. Natur, erleiden, sich entledigen, beherrschen
physische Schöpfung s. Weg, physisch / moralisch
physischer Mensch s. Mensch, physisch / sittlich
Piccolomini, Max
s. Wallenstein, Herz / Tochter
Piccolomini, Octavio, Fürst
s. Fürst Piccolomini
Platz dem Landvogt! [Rudolf der Harras:] Platz, Platz dem Landvogt! [Geßler:] Treibt sie auseinander!
D, Tell 3,3; II, 978

Platz, an Euerem [Elisabeth:] Ihr seid an Eurem Platz, Lady Maria! / Und dankend preis ich meines Gottes Gnade, / Der nicht gewollt, daß ich zu Euren Füßen / So liegen sollte, wie Ihr jetzt zu meinen.
D, Maria Stuart 3,4; II, 622
Plutarch lesen s. Jahrhundert, tintenklecksendes
Pöbel, Deutschland / Frankreich s. Frankreich / Deutschland, Pöbel
Pöbel, tonangebend Der Pöbel, worunter ich keineswegs die Gassenkehrer allein will verstanden wissen, der Pöbel wurzelt (unter uns gesagt) weit um und gibt zum Unglück – den Ton an. Zu kurzsichtig, mein *Ganzes* auszureichen, zu kleingeistisch, mein *Großes* zu begreifen, zu boshaft, mein *Gutes* wissen zu wollen, wird er, fürcht ich, fast meine Absicht vereiteln, wird vielleicht eine Apologie des Lasters, das ich stürze, darin zu finden meinen ...
D, Räuber, Vorrede zur ersten Auflage; I, 487
Pöbels Geschrei s. Mensch, frei geschaffen
Poesie / Religion s. Religionen, Hülle aller
Poesie, Begriff der [Der] Begriff der Poesie [ist kein andrer], *als der Menschheit ihren möglichst vollständigen Ausdruck zu geben ...*
T-PH, Naive u. sentim. D.; V, 717

Poesie, Blasen s. Gehirn, treibt Blasen

Poesie, charakteristisch sein Völlig charakterlos ist die Poesie der Modernen, / Denn sie verstehen bloß, charakteristisch zu sein.
G-EX, Neueste Behauptung; I,292

Poesie, erbärmlich s. Klopstock, Friedrich Gottlieb, Muse

Poesie, fort! s. Prosa, Göttin des Marktes

Poesie, Tat / Wort Ein poetisches Werk muß sich selbst rechtfertigen, und wo die Tat nicht spricht, da wird das Wort nicht viel helfen.
T-LI, Chor i. d. Tragödie; II,815

Poesie, Vergnügen / Moral Es sind in Rücksicht auf Poesie zwei Grundsätze im Gebrauch, die an sich völlig richtig sind, aber in der Bedeutung, worin man sie gewöhnlich nimmt, einander gerade aufheben. Von dem ersten, »daß die Dichtkunst zum Vergnügen und zur Erholung diene«, ist schon oben gesagt worden, daß er der Leerheit und Platitude […] günstig sei; durch den andern Grundsatz, »daß sie zur moralischen Veredlung des Menschen diene«, wird das Überspannte in Schutz genommen.
T-PH, Naive u. sentim. D.; V,764

Poet, Philosoph, geboren Wird der Poet nur geboren? Der Philosoph wirds nicht minder, / Alle Wahrheit zuletzt wird nur gebildet, geschaut.
G-EX, Wissenschaftliches Genie; I,263

Poet, Wirt, Zeche Der Poet ist der Wirt und der letzte Aktus die Zeche, / Wenn sich das Laster erbricht, setzt sich die Tugend zu Tisch.
G-EX, Er; I,302

Poeten, invalide Invaliden Poeten ist dieser Spittel gestiftet, / Gicht und Wassersucht wird hier von der Schwindsucht gepflegt.
G-EX, Bibliothek schöner Wissenschaften (Dieselbe); I,262

Pol, ruhender s. Gesetz / Zufall

Politik, Krieg, Weisheit s. Weisheit, Griechen

politisch / gelehrt s. Deutschland, gelehrt / politisch

politische Schwäche, Schiller s. Schiller, politisch / poetisch

politische Tendenzen s. Wohlstand / Freiheit

politischer Künstler s. Künstler, pädagogisch und politisch

Polykrates Er stand auf seines Daches Zinnen, / Er schaute mit vergnügten Sinnen / Auf das beherrschte Samos hin. / »Dies alles ist mir untertänig«, / Begann er zu Ägyptens König, / »Gestehe, daß ich glücklich bin.«
G-BA, Der Ring des Polykrates; I,343

Popanz, euer Gott s. Fromme, an

Posa s. Marquis Posa
Pracht, Kaiser s. Aachen, Kaiserpracht
Prächtig habt ihr gebaut s. Systeme, Pracht / Irrtum
Praktiken und Kniffe s. Soldaten, Diebe
Pranger, führen zum s. Präsident werden
Pranger, Natur am s. Natur, am Pranger
Präsident werden [Ferdinand:] Kein *menschliches* Mittel ließ ich unversucht – ich muß zu einem *teuflischen* schreiten – Ihr führt sie zum Pranger fort, unterdessen *(zum Präsidenten ins Ohr rufend)* erzähl ich der Residenz eine Geschichte, *wie man Präsident wird.*
D, Kabale u. L. 2,7; I,798
Preis zu erwerben s. Leben und Sterben, auf
Preis, der Liebe s. Liebe, der Liebe Preis
Priester lehren s. Bartholomäusnacht
Priester, stolzer s. Wahnsinn, frommer
Priester, Züge des s. göttliches Walten, verehrt
Privaterbitterung / Universalhaß s. Räuber, Karl v. Moor
Probe, Augenblick der s. Augenblick der Probe
Probierstein, untrüglicher s. Seele, schön / erhaben

Problem, Demokratie s. Versammlungen, große / kleine
problematisch, sittlicher Mensch s. Mensch, physisch / sittlich
Professor spricht s. Natur, Mutterpflicht der
Prometheus / Amor Nimm dem Prometheus die Fackel, o Muse, belebe die Menschen, / Nimm sie dem Amor und rasch quäl und beglücke, wie er.
G-ET, An die Muse; I,314
Prophet / Schelm Schade, daß die Natur nur *einen* Menschen aus dir schuf, / Denn zum würdigen Mann war und zum Schelmen der Stoff.
G-EX, Der Prophet (zielt auf Johann Kaspar Lavater); I,259
Propheten, Ton der neuen s. vornehm philosophieren
Prosa, deutsche s. Shakespeare, Prosa-Übersetzung
Prosa, Göttin des Marktes Fort jetzt, ihr Musen! Fort, Poesie! du, Göttin des Marktes, / Deutliche Prosa, empfang deutlich den deutlichen Gast.
G-EX-U, Einführung; I,325
Protestant(en) s. Luther(-)
Provinzen, Schicksal der [Posa zu Karlos:] Dein Herz ist ausgestorben. Keine Träne, / Dem ungeheuern Schicksal der Provinzen …
D, Don Karlos 2,15; II,96
Prozeß, kürzeren s. Wallenstein, Österreich, entbehrlich

prüfe, wer sich ewig bindet Denn wo das Strenge mit dem Zarten, / Wo Starkes sich und Mildes paarten, / Da gibt es einen guten Klang. / Drum prüfe, wer sich ewig bindet, / Ob sich das Herz zum Herzen findet! / Der Wahn ist kurz, die Reu ist lang.
G-LY, Das Lied von der Glocke; I,432
Prüfungsstunde, treulos fliehn s. Leben, Lottospiel
Publikum, Empfänglichkeit s. Kunst, Verfall, Künstler
Publikum, Genügsamkeit Die Genügsamkeit des Publikums ist nur ermunternd für die Mittelmäßigkeit, aber beschimpfend und abschreckend für das Genie.
T-PH, Tragische Kunst; V,393
Publikum, Schritt s. Horen, Erster Jahrgang
Pulverdampf, wolkig s. Tod ist los
Purpur fällt [Verrina:] Nun, wenn der Purpur fällt, muß auch der Herzog nach.
D, Fiesko 5,16; I,751 (nicht »wenn der Mantel fällt«!)

Q

quäl und beglücke s. Prometheus / Amor
Qual, dieser letzten Tage s. Schlaf, langer
Qual, Mensch mit seiner s. Welt, vollkommen / Mensch, Qual
Qualm der Städte s. Volk von Brüdern
Quell, lebendiger, murmelt Und sieh, aus dem Felsen, geschwätzig, schnell, / Springt murmelnd hervor ein lebendiger Quell ...
G-BA, Die Bürgschaft; I,354
Quell, Tränen s. göttliches Walten, verehrt
Quell, verborgene Tiefen s. Sängers Lied
Quelle aller Geschichte s. Geschichte, Tradition, Sprache
Quelle, der Wahrheit s. Irrtum, Schutt des
Quelle, Knabe an der An der Quelle saß der Knabe, / Blumen wand er sich zum Kranz ...
G-LY, Der Jüngling am Bache; I,406
Quelle, Kultur selbst s. Kultur, Verwilderung / Erschlaffung
Quelle, Lebensquelle s. vergessen, Lethes Welle

Quelle, Springquell s. Distichon
Quellen, tiefste s. Zufall, es gibt keinen
Quellen, Tod aus allen s. Ozean vergiften
Querkopf s. Kopf, Querkopf / Leerkopf

R

Rache der schwachen Geister s. Schönheit, Geist und Sinne
Rache Strahl Man reißt und schleppt sie vor den Richter, / Die Szene wird zum Tribunal, / Und es gestehn die Bösewichter, / Getroffen von der Rache Strahl.
G-BA, Die Kraniche des Ibykus; I,352
Rache, Gewerbe [Karl zum Pater:] Rache ist mein Gewerbe.
D, Räuber 2,3; I,553
Rache, keine Frucht [Walter Fürst:] Rache trägt keine Frucht! Sich selbst ist sie / Die fürchterliche Nahrung, ihr Genuß / Ist Mord, und ihre Sättigung das Grausen.
D, Tell 5,1; II,1019
Rache, kühn / bleich s. Tat, vorher / nachher
Rache-Engel [Wallenstein:] ich erwart es, daß der Rache Stahl / Auch schon für *meine* Brust geschliffen ist. / Nicht hoffe, wer des Drachen Zähne sät, / Erfreuliches zu ernten. Jede Untat / Trägt ihren eignen Rache-Engel schon, / Die böse Hoffnung, unter ihrem Herzen.
D, W.s Tod 1,7; II,430
rächen oder dulden [Wallenstein:] Und kanns der Sohn vergessen,

rächen

daß der Vater / Mit Hunden in die Messe ward gehetzt? / Ein Volk, dem das geboten wird, ist schrecklich, / Es räche oder dulde die Behandlung.
D, W.s Tod 1,5; II,419
rächen / hassen s. zittern, vor Lebender / Toter
rächend nahn s. Schuld, frei von
Rad der Zeit, fallen in Es wär ein eitel und vergeblich Wagen, / Zu fallen ins bewegte Rad der Zeit, / Geflügelt fort entführen es die Stunden, / Das Neue kommt, das Alte ist verschwunden.
G-PH, An Goethe; I,211
Rad, das rollende s. Staat, Uhrwerk, bessern
Räder, Weltenuhr s. Freude treibt die Räder
Raserei mich führen s. Schwächen, Raserei
rast der See s. See, will Opfer haben
Rat der Weiber [Eboli zu Karlos:] Sie – der im ganzen strengen Rat der Weiber / Bestochne Richter sitzen hat [...] / Der, wo er nur *bemerkte*, schon erobert ...
D, Don Karlos 2,8; II,67
raten und meinen Wir können nur raten und meinen.
G-PH, Die Worte des Wahns; I,216
Raub, an Allgemeinheit s. Wut, gerechte, bezähmen
Räuber, der große s. Mann, geholfen werden

Räuber, Drama / Roman Ich schreibe einen *dramatischen Roman*, und kein theatralisches Drama.
D, Räuber, Unterdrückte Vorrede; I,482
Räuber, Karl Moor die Privaterbitterung gegen den unzärtlichen Vater wütet in einen Universalhaß gegen das ganze Menschengeschlecht aus.
D, Räuber, Selbstbesprechung; I,624
Räuber, Monument des Vollendet! / Heil dir! Vollendet! / Majestätischer Sünder! / Deine furchtbare Rolle vollbracht.
G-LY, Monument Moors des Räubers; I,98
Räuber, Schauspiel, keine Bühne Es mag beim ersten *in die Hand nehmen* auffallen, daß dieses Schauspiel niemals das Bürgerrecht auf dem Schauplatz bekommen wird.
D, Räuber, Unterdrückte Vorrede (Anfang); I,481
Rauch, alles Irdische »Rauch ist alles irdsche Wesen, / Wie des Dampfes Säule weht, / Schwinden alle Erdengrößen, / Nur die Götter bleiben stet.«
G-LY, Das Siegesfest; I,428
rauhe Wirklichkeit s. Glaube, süßer, dahin
Raum für alle »Raum für alle hat die Erde, / Was verfolgst du meine Herde?«
G-BA, Der Alpenjäger; I,390

Raum, hart stoßen sich s. Welt, eng / Gehirn, weit
Raum, kleinste Hütte s. Hütte, kleinste
Raum, unendlich / eng s. Säugling / Mann, Mensch / Welt
räuspern und spucken s. abgeguckt
Realist / Empiriker Der wahre Realist nämlich unterwirft sich […] der Natur als einem Ganzen, aber […] nicht ihren blinden und augenblicklichen *Nötigungen*. Mit Freiheit umfaßt und befolgt er ihr Gesetz und […] daher kann es auch nicht fehlen, daß er mit dem echten Idealisten in dem endlichen Resultat übereinkommen wird […]. Der gemeine Empiriker hingegen unterwirft sich der Natur als einer Macht und mit wahlloser blinder Ergebung.
T-PH, Naive u. sentim. D.; V, 779
Realist / Idealist, Aversionen Das Gemeine, ja selbst das Niedrige im Denken und Handeln kann er [der Realist] verzeihen, nur das Willkürliche, das Exzentrische nicht; der Idealist hingegen ist ein geschworner Feind alles Kleinlichen und Platten und wird sich selbst mit dem Extravaganten und Ungeheuern versöhnen, wenn es nur von einem großen Vermögen zeugt. Jener beweist sich als Menschenfreund, ohne eben einen sehr hohen Begriff von den Menschen und der Menschheit zu haben; dieser denkt von der Menschheit so groß, daß er darüber in Gefahr kommt, die Menschen zu verachten.
T-PH, Naive u. sentim. D.; V, 776
Realist / Idealist, Neigungen s. Wohlstand / Freiheit
Realität / Formalität die zwei Fundamentalgesetze der sinnlich-vernünftigen Natur. Das erste dringt auf absolute *Realität*: er soll alles zur Welt machen, was bloß Form ist, und alle seine Anlagen zur Erscheinung bringen: das zweite dringt auf absolute *Formalität*: er soll alles in sich vertilgen, was bloß Welt ist, […] mit andern Worten: er soll alles Innere veräußern und alles Äußere formen.
T-PH, Ästhetische Erziehung, 11. Brief; V, 603
Realität, Bedürfnis / Gleichgültigkeit Die höchste Stupidität und der höchste Verstand haben darin eine gewisse Affinität miteinander, daß beide nur das *Reelle* suchen und für den bloßen Schein gänzlich unempfindlich sind. […] Insofern also das Bedürfnis der Realität und die Anhänglichkeit an das Wirkliche bloße Folgen des Mangels sind, ist die Gleichgültigkeit gegen Realität und das Interesse am Schein eine wahre Erwei-

Realität

terung der Menschheit und ein entschiedener Schritt zur Kultur.
T-PH, Ästhetische Erziehung, 26. Brief; V,656
Realität, vernachlässigen s. Geschmack, Form / Inhalt
Rebellentreue [Leonore zu Arabella:] Rebellentreue ist wankend.
D, Fiesko 5,5; I,737
Reben, Gold der s. Heiter wie Frühlingstag
Rechenkünstler, großer s. Wallenstein, Rechenkünstler
rechnen, sich verrechnen [Alba zu Karlos:] Prinz, wir verrechnen uns / Auf ganz verschiedne Weise.
D, Don Karlos 2,5; II,58
Rechnung mit dem Himmel [Paulet zu Maria:] Schließt Eure Rechnung mit dem Himmel ab.
D, Maria Stuart 1,2; II,558
(Vgl. Tell 4,3; II,1003)
Recht schöpfen s. Oberhaupt muß sein
recht tun, gehaßt werden [Tell über Geßler:] Mir soll sein böser Wille nicht viel schaden, / Ich tue recht und scheue keinen Feind. [Hedwig:] Die recht tun, eben die haßt er am meisten.
D, Tell 3,1; II,968
Recht, das er sich nimmt s. Ehre geben, Recht verweigern
Recht, du wohnst im s. Besitz / Recht

Recht, ein heiliges s. Unterdrückter, Rechte des
Rechte, ewige s. Tyrannenmacht, Grenze
Rechte, greifen in s. Schicksal, eifersüchtig
Rechtes Probe s. Stimmenmehrheit
Rechtsfrage, Nase Jahrelang schon bedien ich mich meiner Nase zum Riechen, / Hab ich denn wirklich an sie auch ein erweisliches Recht?
G-EX, Rechtsfrage; I,299
Rechtssinn, Besitzer s. Besitzer, Regierer
Rede Sinn, dunkel »Herr, dunkel war der Rede Sinn«
G-BA, Der Gang nach dem Eisenhammer; I,388
Rede, lange / Sinn, kurzer [Questenberg zu Buttler:] Was ist der langen Rede kurzer Sinn?
D, Piccolomini 1,2; II,322
Reden / Gebärden aus den Reden eines Menschen [wird man] zwar abnehmen können, für *was er will gehalten sein,* aber das, *was er wirklich ist,* muß man aus dem mimischen Vortrag seiner Worte und aus seinen Gebärden, also aus Bewegungen, *die er nicht will,* zu erraten suchen.
T-PH, Anmut u. Würde; V,450
reden / handeln s. handeln / schwatzen
reden in den spätsten Zeiten s. Schuß, das war ein

Reden, gute s. **Wort, ernstes**
Redlichkeit gedeiht [Stauffacher:] Es preise sich, wer keinem / Mit seinem Leibe pflichtig ist auf Erden, / Doch Redlichkeit gedeiht in jedem Stande.
D, Tell 2,2; II,953
Redner, Funktion der
s. **Demokratie, Lenkung**
Reflex, Nachklang s. **Meister, belohnt**
Reflexion / Natur s. naive Dichtung, Natur
Reformation, Fürsten Der Reiz der Unabhängigkeit, die reiche Beute der geistlichen Stifter mußte die Regenten nach einer Religionsveränderung lüstern machen und das Gewicht der innern Überzeugung nicht wenig bei ihnen verstärken ...
H, Dreißigj. Krieg; IV,367
Regel, Ohnmacht
s. **Kraft / Ohnmacht**
Regenten, lüstern
s. **Reformation, Fürsten**
regieren, Geist im Körper
s. **Würde, Herrscher / Anmut, Liberalität**
regieren, Kunst s. **Drakos Gesetze**
regieren, kurz s. **Herrscher, kurz regieren**
regieren, sich, nur wenige
s. **Herrscherseele**
regierte Recht s. **Ruf, besser als mein**

Regierung, Senat der Tumult, den eine so große Volksmenge erregte, erlaubte nicht immer, reif zu überlegen und weise zu entscheiden. Diesem Übel zu begegnen, schuf Solon einen Senat ...
H, Lykurgus u. Solon; IV,826
Regiment, bewirten [Terzky zu Illo:] Laß die Toten ruhn! / Heut gilt es, wer den andern niedertrinkt, / Denn Euer Regiment will uns bewirten.
D, W.s Tod 4,7; II,507
Regiment, Haß erwerben
s. **Königs Ehre / Wille**
Register, heilige s. **Inquisitor, Marquis Posa**
Reich der Kräfte / des Spiels Mitten in dem furchtbaren Reich der Kräfte und mitten in dem heiligen Reich der Gesetze baut der ästhetische Bildungstrieb unvermerkt an einem dritten, fröhlichen Reiche des Spiels und des Scheins ...
T-PH, Ästhetische Erziehung, 27. Brief; V,667
Reich der Träume s. **Freiheit, Schönheit**
Reich des Klanges s. **Glocke, hochgezogen**
Reich von Soldaten [Erster Jäger:] Ein Reich von Soldaten wollt er gründen, / Die Welt anstecken und entzünden ...
D, W.s Lager 6; II,287

Reich, Dienst / Kosten [Wallenstein zu Questenberg:] Seitdem es mir so schlecht bekam, / Dem Thron zu dienen, auf des Reiches Kosten, / Hab ich vom Reich ganz anders denken lernen.
D, Piccolomini 2,7; II,353
Reich, drittes, fröhliches
s. Reich der Kräfte / des Spiels
reich, durch zwei Worte [Lerma zu Medina Sidonia:] Wie reich sind Sie auf einmal durch zwei Worte!
D, Don Karlos 3,7; II,116
Reich, römisches, arm
s. römisch Reich / römisch Arm
Reich, Tummelplatz von Waffen
s. Europa, Friede / Krieg
Reicher, nährt Bettler
s. Könige / Kärrner
Reichsveränderung
s. Reformation, Fürsten
Reichtum, geistigen verwalten
s. Jean Paul, Reichtum
reif, Jahrhundert s. Bürger der Zukunft
Reise, fertig für die letzte
s. Sakrament, letzte Reise
reisen, mit Gott [Karlos zu Alba:] Sie reisen – reisen Sie mit Gott!
D, Don Karlos 2,5; II,57
Reiter, Roß des
s. leben, heute / morgen
Reiterlied s. Pferd, aufs Pferd!
Reiz / Gürtel s. Jungfrau, reizende Fülle
Reize sondergleichen [Elisabeth zu Leicester:] Das müssen Reize sondergleichen sein, / Die einen Greis in solches Feuer setzen.
D, Maria Stuart 2,3; II,594
Reize, Maria Stuart s. Schönheit, allgemeine / gemeine
Reizend und lieblich sein
s. Unverzeihliche, das
Religion / Religionen Ich habe die christliche Religion und die griechische Götterlehre vermischt angewendet, ja, selbst an den maurischen Aberglauben erinnert. Aber der Schauplatz der Handlung ist Messina, wo diese drei Religionen teils lebendig, teils in Denkmälern fortwirkten ...
T-LI, Chor i. d. Tragödie; II,823
Religion der Hebräer Zwei Religionen, welche den größten Teil der bewohnten Erde beherrschen, das Christentum und der Islamismus, stützen sich beide auf die Religion der Hebräer, und ohne diese würde es niemals weder ein Christentum noch einen Koran gegeben haben.
H, Moses; IV,783
Religion, der Weisen / des Volkes die hebräische Verfassung erhielt den ausschließenden Vorzug, daß die Religion der Weisen mit der Volksreligion nicht in direktem Widerspruche stand, wie es doch bei den aufgeklärten Heiden der Fall war.
H, Moses; IV,784

Religion, keine bekennen Welche Religion ich bekenne? Keine von allen, / Die du mir nennst! »Und warum keine?« Aus Religion.
G-ET, Mein Glaube; I,307
Religion, mosaische
s. Judentum, Aufklärung
Religionen, Hülle aller Und dann halte ich es für ein Recht der Poesie, die verschiedenen Religionen als ein kollektives Ganze für die Einbildungskraft zu behandeln, [...]. Unter der Hülle aller Religionen liegt die Religion selbst, die Idee eines Göttlichen ...
T-LI, Chor i. d. Tragödie; II,823
Rennbahn, stürzen
s. Roß / Esel
rennet, rettet, flüchtet s. Alles rennet
Republik, Deutschland s. Kerls wie ich
Resignation, abgeblüht Des Lebens Mai blüht einmal und nicht wieder, / Mir hat er abgeblüht. / [...] / Der stille Gott taucht meine Fackel nieder, / Und die Erscheinung flieht.
G-LY, Resignation; I,130
Retorte, Wein s. Männer, Phlegma
rette dein eigenes Leben!
s. Freund, nicht mehr retten
retten / wagen, alles [Fiesko:] Alles zu retten, muß alles gewagt werden. Ein verzweifeltes Übel will eine verwegene Arznei.
D, Fiesko 4,6; I,719

Retter, diesem Lande [Ruodi:] Wann wird der Retter kommen diesem Lande?
D, Tell 1,1; II,923
Retter, hilf dir selbst! s. Leben, nicht den Schuß
rettet, rennet, flüchtet s. Alles rennet
Rettung von Tyrannenketten Rettung von Tyrannenketten, / Großmut auch dem Bösewicht, / Hoffnung auf den Sterbebetten, / Gnade auf dem Hochgericht!
G-LY, An die Freude (Erstdruck, später weggelassen); I,136
Rettungsbrücke bauen [Mortimer über Leicester:] Wer hieß mich auch dem Elenden vertrauen? / Weg über meinen Nacken schreitet er, / Mein Fall muß ihm die Rettungsbrücke bauen.
D, Maria Stuart 4,4; II,641
Reue ist lang s. prüfe, wer sich ewig bindet
Revolution s. a. Besitz-; Sansculotte
Revolution, französische, Pöbel s. Frankreich / Deutschland, Pöbel
Revolutionäre, Putz s. rote Kappen
Revolutionen / Religion s. Christentum, siegreich
Revolutionen, Luther / Franzosen Was das Luthertum war, ist jetzt das Franztum in diesen / Letzten

Tagen, es drängt ruhige Bildung zurück.
G-EX, Revolutionen; I,267
Rezension, Frosch Sehet, wie artig der Frosch nicht hüpft! / Doch find ich die hintern / Füße um vieles zu lang, so wie die vordern zu kurz.
G-EX, Rezension; I,289
Rheinstrom, ist Peinstrom s. römisch Reich / römisch Arm
richten, Gründe / Liebe s. Weibliches Urteil
Richter / Dichter Der Kronen schönste reicht der Richter / Der Taten – durch die Hand der Dichter.
G-GE, Für Jens Baggesen; I,452
Richter, auf Erden s. kaiserlose Zeit
Richter, bestochene s. Rat der Weiber
Richter, gnädigster s. Kenner, gnädigster Richter
Richter, Gutes / Besseres s. Gutes, Besseres, Bestes
Richter, höchster s. Oberhaupt muß sein
Richter, Jean Paul s. Jean Paul
Richter, Pflicht, Gerechtigkeit [Armgard zu Geßler:] Gerechtigkeit, Landvogt! Du bist der Richter / Im Lande an des Kaisers Statt und Gottes. / Tu deine Pflicht! [...] – Wir sind / So grenzenlos unglücklich, daß wir nichts / Nach deinem Zorn mehr fragen –
D, Tell 4,3; II,1009 f

Richter, vor seinen s. Tod, rasch tritt
Richter, wie Mörder s. Mörder, wie Richter
Richterin aller Verdienste s. Zeit, Richterin
riesengroß, hoffnungslos s. Flamme brausend
Riesenkraft [Karlos zur Königin:] Sie zu erkämpfen, hab / Ich Riesenkraft, Sie zu verlieren, keine.
D, Don Karlos 1,5; II,35
Ring des Polykrates s. Polykrates
Ringe, machen Kette [Elisabeth:] Der Ring macht Ehen, / Und Ringe sinds, die eine Kette machen.
D, Maria Stuart 2,2; II,588
ringen / mutlos enden [Königin zu Karlos:] Ermannen Sie sich, edler Prinz. – Der Enkel / Des großen Karls fängt frisch zu ringen an, / Wo andrer Menschen Kinder mutlos enden.
D, Don Karlos 1,5; II,35
Ringers Muskel s. Kraft, muß lieblich schweigen
Ritter / Drachen Und alles blickt verwundert bald / Den Ritter an und bald den Drachen.
G-BA, Der Kampf mit dem Drachen; I,391
Ritter, Zwinger, hinab Und der Ritter in schnellem Lauf / Steigt hinab in den furchtbarn Zwinger ...
G-BA, Der Handschuh; I,377

Rittersmann oder Knapp
s. tauchen in diesen Schlund
Ritterstolz, Alba s. Herzog Alba, Ritterstolz
Röcke, stecken in
s. Unterschied, Röcke
roh und kalt s. Los des Schönen
rohe gesetzlose Triebe s. Kultur, Verwilderung / Erschlaffung
rohe Henkerslust s. Henkerslust, rohe
rohe Kräfte, walten s. Kräfte, rohe, sinnlos
roher Stein s. Zufall, roher Stein
rohes Handwerk s. Krieg, rohes Handwerk
Rolle, fallen aus der [Max:] Sie fallen aus der Rolle, Herr Minister, / Nicht Lobenswegen sind Sie hier ...
D, Piccolomini 1,4; II,327
Rolle, furchtbare s. Räuber, Monument des
Rom und Sparta s. Kerls wie ich
Roman, dramatischer
s. Räuber, Drama / Roman
Römer / Christen
s. Christentum, siegreich
Römer, bewirtet s. Martial, unser Vorgänger
römisch Reich / römisch Arm [Kapuziner:] Und das römische *Reich* – daß Gott erbarm! / Sollte jetzt heißen römisch *Arm*, / Der *Rheinstrom* ist worden zu einem *Peinstrom*, / Die *Klöster* sind ausgenommene *Nester*, / Die *Bistümer* sind verwandelt in *Wüsttümer*, / Die *Abteien* und die *Stifter* / Sind nun *Raubteien* und *Diebesklüfter*, / Und alle die gesegneten deutschen *Länder* / Sind verkehrt worden in *Elender* –
D, W.s Lager 8; II,293
römisch, griechisch s. Deutsche, griechisch-römisch / gallisch
Rosen / Dornen [Gräfin Terzky zu Thekla:] Nicht Rosen bloß, auch Dornen hat der Himmel, / Wohl dir! wenn sie den Kranz dir nicht verletzen.
D, Piccolomini 3,4; II,368
Rosen, himmlische s. Frauen, Würde der
Rosenknospe s. Mädchen, Rosenknospe
Roß / Esel Nur das feurige Roß, das mutige, stürzt auf der Rennbahn, / Mit bedächtigem Paß schreitet der Esel daher.
G-ET, Die Sicherheit; I,312
Roß des Aberwitzes s. Dummheit, kämpfen mit
rote Kappen Lange werden wir euch noch ärgern und werden euch sagen: / Rote Kappen, euch fehlt nur noch das Glöckchen zum Putz.
G-EX, Das Requisit; I,280
roter Hut s. Habsburger, Wien / Madrid
Rousseau, J. J., Fiesko – *Fiesko*, von dem ich vorläufig nichts

routiniert

Empfehlenderes weiß, als daß ihn *J. J. Rousseau* im Herzen trug –
D, Fiesko, Erinnerung an das Publikum; I,752
routiniert denken s. vornehm philosophieren
Ruf, besser als mein [Maria zu Elisabeth:] Das Ärgste weiß die Welt von mir und ich / Kann sagen, ich bin besser als mein Ruf. / Weh Euch, wenn sie von Euren Taten einst / Den Ehrenmantel zieht, womit Ihr gleißend / Die wilde Glut verstohlner Lüste deckt. / [...] / – Regierte Recht, so läget *Ihr* vor mir / Im Staube jetzt, denn *ich* bin Euer König.
D, Maria Stuart 3,4; II,627 f
Ruhe eines Kirchhofs [Philipp zu Posa:] Sehet / In meinem Spanien Euch um. Hier blüht / Des Bürgers Glück in nie bewölktem Frieden; / Und *diese Ruhe* gönn ich den Flamändern. [Posa:] Die Ruhe eines Kirchhofs! Und Sie hoffen / [...] / Den allgemeinen Frühling aufzuhalten, / Der die Gestalt der Welt verjüngt?
D, Don Karlos 3,10; II,124
ruhender Pol, Gesetz
s. Gesetz / Zufall
ruhet nimmer s. Hausfrau, züchtige
ruhige Bildung s. Revolutionen, Luther / Franzosen
Ruhm, genug getan
s. Wallenstein, Frieden schenken

Ruhm, höchstes Gut »Von des Lebens Gütern allen / Ist der Ruhm das höchste doch, / Wenn der Leib in Staub zerfallen, / Lebt der große Name noch.«
G-LY, Das Siegesfest; I,426
Ruhm, Liebe, Glück, Wahrheit
s. Jüngling, Lebens Bahn
Ruhm, wohlfeil s. Schönheit, allgemeine / gemeine
Ruhmes Glanz, Kranz
s. Sängers Schläfe
Rühren, menschliches
s. menschliches Rühren
Ruinen, blühen aus s. Altes stürzt / neues Leben
ruinieren / verführen [Erster Arkebusier:] Denn seht! erst tut man sie ruinieren, / Das heißt sie zum Stehlen selbst verführen.
D, W.s Lager 10; II,297
Rußland, überwunden
s. Thron, gründen, Waffen

S

Saale s. deutsche Flüsse, Saale
Säbel / Schnabel s. Schnabel wetzen
Sachen, stoßen sich s. Welt, eng / Gehirn, weit
sagen, nichts mehr [Questenberg:] Wenns *so* steht, hab ich hier nichts mehr zu sagen.
D, Piccolomini 2,7; II,354
sagen, sich selbst [Wallenstein zu Max:] Mir selbst schon sagt ich, was du sagen kannst.
D, W.s Tod 2,2; II,434
sagen, was habt ihr mir [Elisabeth zu Maria:] Was habt Ihr mir zu sagen, Lady Stuart?
D, Maria Stuart 3,4; II,623
Saiten, mächtig schlagen Und der Sänger rasch in die Saiten fällt / Und beginnt sie mächtig zu schlagen ...
G-BA, Der Graf von Habsburg; I,379
Sakrament, letzte Reise [Mortimer zu Maria:] Das letzte Sakrament empfingen wir, / Und fertig sind wir zu der letzten Reise. / [...] / Und müßt ich auch die Königin durchbohren, / Ich hab es auf die Hostie geschworen. / [...] / – Ich achte nichts mehr! Eh ich dir entsage, / Eh nahe sich das Ende aller Tage.
D, Maria Stuart 3,6; II,630 f

Säkulum s. Jahrhundert
salto mortale s. Goethe, Egmont, Opernwelt
Salz des Vergnügens s. Veränderung, Salz
Salz, salzlos / versalzen s. Bücher, salzlos / versalzen
Samen, Glück / Unglück s. Schicksal, eifersüchtig
Sand, tausend Körner s. Zeit, wundertätig
Sandkorn nur für Sandkorn s. Beschäftigung, die nie ermattet
sanft und gut s. Eltern / Kinder
Sänger mit dem König [Karl:] Drum soll der Sänger mit dem König gehen, / Sie beide wohnen auf der Menschheit Höhen!
D, Jungfrau 1,2; II,704
Sänger, Finger, wärmen s. Dichter, Alltag
Sänger, Saiten schlagen s. Saiten, mächtig schlagen
Sängers Lied »Wie in den Lüften der Sturmwind saust, / Man weiß nicht, von wannen er kommt und braust, / Wie der Quell aus verborgenen Tiefen, / So des Sängers Lied aus dem Innern schallt / Und wecket der dunkeln Gefühle Gewalt, / Die im Herzen wunderbar schliefen.«
G-BA, Der Graf von Habsburg; I,379
Sängers Schläfe »Und muß ich so dich wiederfinden, / Und hoffte

Sankt Peter

mit der Fichte Kranz / Des Sängers Schläfe zu umwinden, / Bestrahlt von seines Ruhmes Glanz!«
G-BA, Die Kraniche des Ibykus; I,348
Sankt Peters Schlüssel s. Bartholomäusnacht
Sansculott, Deutschland Sagt, wo steht in Deutschland der Sansculott? In der Mitte, / Unten und oben besitzt jeglicher, was ihm behagt.
G-EX, Die drei Stände; I,282
Sansculotten, mit Orden s. Aristokraten in Lumpen
Sarg, sich betten auf [Mortimer:] Ich bleibe. Noch versuch ichs, sie zu retten, / Wo nicht, auf ihrem Sarge mir zu betten.
D, Maria Stuart 3,8; II,635
Satansengel s. Wüste, Satansengel
Satz, Obersatz, Untersatz s. Theoretiker, Gesetze
Säugling / Mann Glücklicher Säugling! Dir ist ein unendlicher Raum noch die Wiege, / Werde Mann, und dir wird eng die unendliche Welt.
G-EP, Das Kind in der Wiege; I,243
Säule, glänzende Last Müßig gelt ich dir nichts, ich gefalle dir nur, wenn ich trage, / Herrlich im glänzenden Reihn schmückt mich die glänzende Last.
G-EX-U, Säule; I,333
Säumen, entschuldigt s. Spät kommt ihr
Schacht, innere Welt s. Mensch, Mikrokosmos
Schädel leere Stuben s. Männer, Phlegma
schädlich, Wahrheit nie s. Strafe der Mutter
schädliche Wahrheit s. Wahrheit, schädlich / heilend
schaffen, langsam s. Beschäftigung, die nie ermattet
schaffende Gewalt s. Stamm, entlaubter
Schall, kein leerer s. Tugend, üben, streben
schallen vergeblich s. Worte des Wahns
schamhafte Sitte s. Mädchen, schamhafte Sitte
Schande, sich geopfert s. Erröten, zurücknehmen
Schatten, Fürst der s. Tod, der Gattin
Schatz im Herzen, sicheren s. Spiel des Lebens, heiter
Schatz, schönster, Herz »Der schönste Schatz gehört dem Herzen an, / Das ihn erwidern und empfinden kann.«
G-LY, Die Begegnung; I,405
Schätze tauschen s. Markt der Welt
schätzen nichts s. Männer, Lüstlinge
Schaubühne s. Drama; Theater

Schauder der Natur s. Natur, Schauder der
schaudernd, erleben s. melden / erleben
schauen, das zu [Stauffacher:] O hätt ich nie gelebt, um das zu schauen!
D, Tell 1,3; II,930
Schauspieler, Nachwelt Dem Mimen flicht die Nachwelt keine Kränze, / Drum muß er geizen mit der Gegenwart ...
D, Ws. Lager, Prolog; II,271
Schein s. a. Erscheinung
Schein / Sein [Elisabeth:] Was man *scheint*, / Hat jedermann zum Richter, was man *ist*, hat keinen.
D, Maria Stuart 2,5; II,600
Schein der Tugend s. ermorden, nicht richten
Schein, etwas Selbständiges s. Bildungstrieb, Spieltrieb
Schein, Interesse am s. Realität, Bedürfnis / Gleichgültigkeit
Schein, nie Wirklichkeit Der Schein soll nie die Wirklichkeit erreichen, / Und siegt Natur, so muß die Kunst entweichen.
G-PH, An Goethe; I,212
Schein, verweilen beim s. Kunsttrieb, Entwicklung des
Schelm / würdiger Mann s. Prophet / Schelm
Schelm, sein können [Deveroux zu Buttler:] Zum Teufel, Herr! Ich folgte deinem Beispiel, / Kann der ein Schelm sein, dacht ich, kannst dus auch.
D, W.s Tod 5,2; II,523
schelten, schilt mich nicht s. beklagen / schelten
Schema, allgemeines s. Gestalt, lebende, Schönheit
schenken, einmal / ewig [Eboli zu Karlos:] Ich schenke / Nur einmal, aber ewig. Einen nur / Wird meine Liebe glücklich machen – einen – / Doch diesen einzigen zum Gott.
D, Don Karlos 2,8; II,73
Scherz / Notwendigkeit s. Tod, Griechen
Schickliches s. Mittelbahn des Schicklichen
Schicksal- s. a. Los
Schicksal / Herzen [Thekla zu Max:] Uns trennt das Schicksal, unsre Herzen bleiben einig.
D, W.s Tod 3,21; II,491
Schicksal der Provinzen s. Provinzen, Schicksal der
Schicksal erfüllt s. Held, fallend, Schicksal
Schicksal, behält Recht [Wallenstein:] Geschehe denn, was muß. / Recht stets behält das Schicksal, denn das Herz / In uns ist sein gebietrischer Vollzieher.
D, W.s Tod 1,7; II,430

Schicksal

Schicksal, eigne Brust [Johanna:] *Dein* Schicksal ruht in deiner eignen Brust!
D, Jungfrau 3,4; II,759
(Vgl. *D, Piccolomini 2,6; II,346*)

Schicksal, entgegenreiten s. Soldat, furchtlos

Schicksal, erhebt / zermalmt Woher nehmt ihr denn aber das große gigantische Schicksal, / Welches den Menschen erhebt, wenn es den Menschen zermalmt?
G-EX, Er; I,302

Schicksal, gebannt s. Zauberring, in einem

Schicksal, Geister voran [Wallenstein:] Wie sich der Sonne Scheinbild in dem Dunstkreis / Malt, eh sie kommt, so schreiten auch den großen / Geschicken ihre Geister schon voran, / Und in dem Heute wandelt schon das Morgen.
D, W.s Tod 5,3; II,532

Schicksal, Mann des s. Mann des Schicksals

Schicksal, roh und kalt s. Los der Schönen

Schicksal, Urne des [Wallenstein (Monolog):] Ernst ist der Anblick der Notwendigkeit. / Nicht ohne Schauder greift des Menschen Hand / In des Geschicks geheimnisvolle Urne. / [...] / Ein unsichtbarer Feind ists, den ich fürchte, / Der in der Menschen Brust mir widersteht ...
D, W.s Tod 1,4; II,415

Schicksals Frucht [Johanna:] Nur wenn sie reif ist, fällt des Schicksals Frucht!
D, Jungfrau 5,4; II,798

Schicksals Mächte, eifersüchtig [Wallenstein zu Gräfin Terzky:] Frohlocke nicht! / Denn eifersüchtig sind des Schicksals Mächte. / Voreilig Jauchzen greift in ihre Rechte. / Den Samen legen wir in ihre Hände, / Ob Glück, ob Unglück aufgeht, lehrt das Ende.
D, W.s Tod 1,7 (Aktschluß); II,430

Schicksals Sterne [Illo zu Wallenstein:] O! du wirst auf die Sternenstunde warten, / Bis dir die irdische entflieht! Glaub mir, / In deiner Brust sind deines Schicksals Sterne. / Vertrauen zu dir selbst, Entschlossenheit / Ist deine Venus! [...] [Wallenstein:] Du redst, wie dus verstehst.
D, Piccolomini 2,6; II,346 f

Schicksals Stimme s. Herz, Schicksals Stimme

Schicksals Waage [Gordon zu Wallenstein:] Dem Unglück ist die Hoffnung zugesendet. / Furcht soll das Haupt des Glücklichen umschweben, / Denn ewig wanket des Geschickes Waage.
D, W.s Tod 5,4; II,535

Schicksalsgöttin, sagt [Buttler über Wallenstein:] Bis hieher, Friedland, und nicht weiter! sagt / Die Schicksalsgöttin. Aus der böhmischen Erde / Erhub sich dein

bewundert Meteor, / [...] Und hier an Böhmens Grenze muß es sinken!
D, W.s Tod 4,1; II,495
Schicksalsmächte   Doch mit des Geschickes Mächten / Ist kein ewger Bund zu flechten, / Und das Unglück schreitet schnell.
G-LY, Das Lied von der Glocke; I,433 f
Schicksalsmächten, übergeben   s. Sterne, Saatzeit erkunden
schießen, zeitig lernen   s. früh übt sich
Schiff nach Frankreich   s. Lord lässt sich entschuldigen
Schiff, das schwere   s. Strom der Menge
Schiff, der Sorgen   s. leben, heute / morgen
Schiff, Meerschiff   s. Fischer, leichter Mut
Schiffbruch, sich helfen   s. zusammen / alleine
schiffen, in den Ozean   s. Jüngling / Greis
schiffen, wütge See   s. Gott versuchen / vertrauen
schiffte schnell sich ein   s. Gast mit Grausen
schiffte, wer mit euch!   s. Wolken, Segler
schildern, vermögen   Was nur einer vermag, das sollte nur einer uns schildern, / *Voß* nur den Pfarrer und nur *Iffland* den Förster allein.
G-EX, Nachbildung der Natur; I,270

Schiller, Friedrich, Historiker
s. Geschichtsschreibung
Schiller, Friedrich, Marquis Posa
s. Marquis Posa, kosmopolitisch
Schiller, Friedrich, mein Ganzes
s. Pöbel, tonangebend
Schiller, Friedrich, politisch / poetisch   Mein Verhältnis mit der bürgerlichen Welt machte mich auch mit dem Herzen bekannter als dem Kabinett, und vielleicht ist eben diese politische Schwäche zu einer poetischen Tugend geworden.
D, Fiesko, Vorrede (Schluß); I,641
Schiller, Friedrich, Rousseau
s. Rousseau, J. J., Fiesko
Schiller, Friedrich, Selbstcharakteristik   Der Geist des Dichters scheint sich überhaupt mehr zum Heroischen und Starken zu neigen, als zum Weichen und Niedlichen. Er ist [...] in keinem Mittelweg zu gebrauchen.
D, Räuber, Selbstbesprechung; I,628
Schiller, Friedrich, Selbstkritik der ›Räuber‹   Die blumigte Sprache verzeihen wir nur der erhitzten Phantasie, und Franz sollte schlechterdings kalt sein. Das Mädchen hat mir zuviel im Klopstock gelesen.
D, Räuber, Selbstbesprechung (»Das Mädchen« ist Amalia); I,634
Schiller, Friedrich, Zeitbürger
s. Jahrhundert, kein anderes

Schimmer, zum Guten
s. Hausfrau, züchtige
Schirmer, des Reichs
s. Wallenstein, Reichsfürst
Schlacht, ein Schlachten [Raoul:] Ein Schlachten wars, nicht eine Schlacht zu nennen!
D, Jungfrau 1,9; II,720
Schlacht, Sehnen *Hektor:* Teures Weib, gebiete deinen Tränen, / Nach der Feldschlacht ist mein feurig Sehnen ...
G-LY, Hektors Abschied; I,408
Schlachtroß steigt s. Feldruf, Schlachtroß
Schlaf, langer [Wallenstein:] Gut Nacht, Gordon! / Ich denke einen langen Schlaf zu tun, / Denn dieser letzten Tage Qual war groß, / Sorgt, daß sie nicht zu zeitig mich erwecken.
D, W.s Tod 5,5; II,538
schlafen legen, ruhig s. Herzog Alba, Thron
Schlafenden, schonen
s. Wetterwolke zeigen
Schlagbaum, über den
s. Distichen sind wir
Schlagen / Würgen s. Furien der Wut
Schlange sticht s. Friedlicher, in Frieden
Schlangen, Eris s. Trojas Schicksal
Schlangenheer der Spötter
s. Spötter, Schlangenheer der

Schleier aufheben s. Irrtum ist das Leben
Schleier, sanfter s. Tod, Griechen
Schleier, züchtiger s. Frauen, Würde der
schlimmster Schritt s. eingestehen / verlieren
Schlüssel weiser Vorsicht
s. Gedankens Tore
Schlüssel, des Papstes
s. Bartholomäusnacht
Schlüssel, Schrank s. Schrank, Schlüssel
schmale Mittelbahn s. Mittelbahn des Schicklichen
Schmeicheln / Beißen
s. hündische Art
schmeicheln / verachten
s. Volksdienst, Götze
schmeicheln, dem Volk
s. Kaisers Diener
schmeichelnde Magd s. Strafe der Mutter
schmeichelnder Wahn
s. Hoffnung, kein Wahn
schmeichelt dem Pöbel s. Frankreich / Deutschland, Pöbel
schmeichelt große Seelen
s. Unrecht leiden schmeichelt
Schmerz, besingen ein Dichter nehme sich ja in acht, mitten im Schmerz den Schmerz zu besingen. [...] Aus der sanftern und fernenden Erinnerung mag er dichten, und dann desto besser für

ihn, je mehr er an sich erfahren hat, was er besingt ...
T-LI, Bürgers Gedichte; V,982
Schmerz, gesehen in [Thekla zum schwedischen Hauptmann:] Sie haben mich in meinem Schmerz gesehn, / Und mir ein menschlich Herz gezeigt –
D, W.s Tod 4,10; II,517
Schmerz, kurz / Freude, ewig Wie wird mir – Leichte Wolken heben mich – / Der schwere Panzer wird zum Flügelkleide. / Hinauf – hinauf – Die Erde flieht zurück – / Kurz ist der Schmerz und ewig ist die Freude!
D, Jungfrau 5,14 (Schluß); II,811 f
Schmerz, lernen s. Besitz, lerne verlieren
Schmerz, schmerzlicher machen s. Wallenstein / Max
Schmerz, Tier / Mensch Das Tier *muß* streben, den Schmerz los zu sein, der Mensch kann sich entschließen, ihn zu behalten.
T-PH, Anmut u. Würde; V,471
Schmerz, zum Glück s. Glück und Schmerz
Schmerzen verhüpft s. Heiter wie Frühlingstag
Schmetterling / Raupe Freut euch des Schmetterlings nicht, der Bösewicht zeugt euch die Raupe, / Die euch den herrlichen Kohl, fast aus der Schüssel, verzehrt.
G-EX, An die Philister; I,283

Schmuck, Christen
 s. Gehorsam / Mut
Schmuck, sich schmücken
 s. Schönheit, Selbstzweck
Schnabel wetzen [Kapuziner:] Wetzt lieber den Schnabel als den Sabel ...
D, W.s Lager 8; II,292
Schneckengang / Adlerflug [Karl:] Ich soll meinen Leib pressen in eine Schnürbrust und meinen Willen schnüren in Gesetze. Das Gesetz hat zum Schneckengang verdorben, was Adlerflug geworden wäre.
D, Räuber 1,2; I,504
schnell fertig s. Jugend, schnell fertig
schnell, Gedanken s. Zeit, wundertätig
schnelle Herrscher
 s. Herrscher, kurz regieren
Schnürbrust
 s. Schneckengang / Adlerflug
schön / wahr gesagt [Karlos zu Eboli:] Der schönste Text in diesem schönen Munde; / Doch freilich nicht so wahr gesagt als schön.
D, Don Karlos 2,8; II,66
schön, göttlich, einst s. Glaube, süßer, dahin
schöne Gefühle s. Frauen, Würde der
schöne Naturen
 s. tun, gemein / sein, schön

schöne Seele, Anmut s. Anmut / Würde
schöne Seele, erhaben s. Seele, schön / erhaben
schöne Seele, Tränen s. Tränen, schöne Seele
Schöne Welt, wo bist du? s. Natur, Blütenalter der
schönere Zeiten s. Zeiten, schönere
Schönes / Witz s. Witz / Schönheit
Schönes schön malen s. Jean Paul, Fratzen
Schönes und Großes, eingeweiht s. edles Herz, froh und groß
Schönes, blüht, Gesang s. Freiheit, Schönheit
Schönes, Los des s. Los der Schönen
Schöngeist / Philister Jener mag gelten, er dient doch als fleißiger Knecht noch der Wahrheit, / Aber dieser bestiehlt Wahrheit und Schönheit zugleich.
G-ET, Philister und Schöngeist; I,305
Schöngeist / schöner Geist Nur das Leichtere trägt auf leichten Schultern der Schöngeist, / Aber der schöne Geist trägt das Gewichtige leicht.
G-ET, Der schöne Geist und der Schöngeist; I,305

Schönheit s. a. Anmut; Grazie
Schönheit / Bedeutung s. Bedeutung / Schönheit
Schönheit / Grazie Die Schönheit hat *Anbeter, Liebhaber* hat nur die Grazie; denn wir huldigen dem Schöpfer und lieben den Menschen.
T-PH, Anmut u. Würde; V,469
Schönheit / Kraft, schweigt s. Kraft, muß lieblich schweigen
Schönheit / Wahrheit Aus der schlechtesten Hand kann Wahrheit mächtig noch wirken, / Bei der Schönheit allein macht das Gefäß den Gehalt.
G-ET, Mitteilung; I,304
Schönheit, allgemeine / gemeine [Elisabeth:] Das also sind die Reizungen, Lord Leicester, / Die ungestraft kein Mann erblickt, daneben / Kein andres Weib sich wagen darf zu stellen! / Fürwahr! *Der Ruhm war wohlfeil zu erlangen*, / Es kostet nichts, die *allgemeine* Schönheit / Zu sein, als die *gemeine* sein für *alle*!
D, Maria Stuart 3,4; II,627
Schönheit, als Wahrheit Was wir als Schönheit hier empfunden, / Wird einst als *Wahrheit* uns entgegengehn.
G-PH, Die Künstler; I,175
Schönheit, auflösend und anspannend von dem Schönen [ist] zugleich eine auflösende und eine

anspannende Wirkung zu erwarten ...
T-PH, Ästhetische Erziehung, 16. Brief; V,619
Schönheit, bewegliche / fixe Anmut ist eine *bewegliche* Schönheit; eine Schönheit nämlich, die an ihrem Subjekte zufällig entstehen und ebenso aufhören kann. Dadurch unterscheidet sie sich von der *fixen* Schönheit, die mit dem Subjekte selbst notwendig gegeben ist.
T-PH, Anmut u. Würde; V,434
Schönheit, Erscheinung s. edel, Form, Geist
Schönheit, Frage der s. Ästhetik, Labyrinth, Faden
Schönheit, Freiheit Schönheit also ist nichts anders als Freiheit in der Erscheinung.
T-PH, Kallias-Briefe; V,400
Schönheit, für Herz s. Wahrheit, für Weise
Schönheit, Gefäß, Gehalt s. Schönheit / Wahrheit
Schönheit, Geist und Sinne Die Schönheit ist das Produkt der Zusammenstimmung zwischen dem Geist und den Sinnen, es spricht zu allen Vermögen des Menschen zugleich und [...] ein erweitertes Herz, einen frischen und ungeschwächten Geist muß man dazu mitbringen, seine ganze Natur muß man beisammen haben; welches keinesweges der Fall derjenigen ist, die durch abstraktes Denken in sich selbst geteilt, durch kleinliche Geschäftsformeln eingeengt, durch anstrengendes Aufmerken ermattet sind. [...] Darf man sich also noch über das Glück der Mittelmäßigkeit und Leerheit in ästhetischen Dingen und über die Rache der schwachen Geister an dem wahren und energischen Schönen verwundern?
T-PH, Naive u. sentim. D.; V,765
Schönheit, griechische s. Deutsche, griechisch-römisch / gallisch
Schönheit, liebend s. Begriff / Schönheit
Schönheit, Morgentor der s. Erkenntnis, durch das Schöne
Schönheit, Natur / Kunst Schönheit ist Natur in der Kunstmäßigkeit.
T-PH, Kallias-Briefe; V,411
Schönheit, ohne Tendenz der Begriff einer schönen lehrenden (didaktischen) oder bessernden (moralischen) Kunst [ist widersprüchlich], denn nichts streitet mehr mit dem Begriff der Schönheit, als dem Gemüt eine bestimmte Tendenz zu geben.
T-PH, Ästhetische Erziehung, 22. Brief; V,640
Schönheit, Selbstzweck Nicht zufrieden, einen ästhetischen Überfluß in das Notwendige zu bringen, reißt sich der freiere Spieltrieb

Schönheit

endlich ganz von den Fesseln der Notdurft los, und das Schöne wird für sich allein ein Objekt seines Strebens. Er *schmückt* sich. Die freie Lust wird in die Zahl seiner Bedürfnisse aufgenommen, und das Unnötige ist bald der beste Teil seiner Freuden.
T-PH, Ästhetische Erziehung, 27. Brief; V,665
Schönheit, Spiel
s. Spiel / Übung
Schönheit, spielen mit
s. Ernst / Spiel
Schönheit, sterblich Auch das Schöne muß sterben! Das Menschen und Götter bezwinget, / Nicht die eherne Brust rührt es des stygischen Zeus.
G-PH, Nänie; I,242
Schönheit, verdienstlos Zürne der Schönheit nicht, daß sie schön ist, daß sie verdienstlos, / Wie der Lilie Kelch, prankt durch der Venus Geschenk ...
G-PH, Das Glück; I,241
Schönheit, vergänglich
s. Vergängliches, schön
Schönheit, weiteste Bedeutung
s. Gestalt, lebende, Schönheit
Schönheit, Würde / Trieb So wie die *Freiheit* zwischen dem gesetzlichen Druck und der Anarchie mitten inne liegt, so werden wir jetzt auch die *Schönheit* zwischen der *Würde,* als dem Ausdruck des herrschenden Geistes, und der *Wollust,* als dem Ausdruck des herrschenden Triebes, in der Mitte finden.
T-PH, Anmut u. Würde; V,463
Schönheit, zweite Schöpferin Es ist also nicht bloß poetisch erlaubt, sondern auch philosophisch richtig, wenn man die Schönheit unsre zweite Schöpferin nennt.
T-PH, Ästhetische Erziehung, 21. Brief; V,636
Schönheitsideal, antikes
s. Anmut und Würde, vereint
Schönheitswelten, neue
s. Natur, bereicherte
Schöpfer, fremde, dulden
s. Künstler / Meißel
Schöpfer, über Sternen Ihr stürzt nieder, Millionen? / *Ahndest* du den Schöpfer, Welt? / Such ihn überm Sternenzelt, / Über Sternen muß er wohnen.
G-LY, An die Freude (Chor); I,134
Schöpfung, Lebensfülle
s. Dichtkunst malerische Hülle
Schöpfung, physisch / moralisch
s. Weg, physisch / moralisch
Schöpfung, zweite s. Schönheit, zweite Schöpferin
Schöpfungen aus Schöpfungen
s. Theater, Schöpfungen
Schöpfungen der Menschenhand s. Kunst, zweite höhere
Schoß, Abrahams s. Abrahams Schoß
Schoß, der Götter s. Augenblick, Herrscher

Schoß, der Zeiten s. Mutterliebe, zarte Sorgen
Schrank, Schlüssel [Eboli:] Belehren *Sie* mich endlich, Prinz – Ich stehe / Vor einem zauberisch verschloßnen Schrank, / Wo alle meine Schlüssel mich betrügen.
D, Don Karlos 2,8; II,71
Schranke, dumpfe s. Tierheit dumpfe Schranke
Schranken, Gebräuche s. Mensch, greift um sich
Schrecken, als Instrument s. Drakos Gesetze
Schrecken, bleich vor s. Leben, nichts als mein
Schrecken, schrecklichster s. Mensch in seinem Wahn
schreckenbleicher Mund s. Wort entfahren
schrecklich immer s. Gewalt, immer schrecklich
Schrecknis droht s. Irrtum ist das Leben
Schrecknis, furchtbares s. Krieg, wütend Schrecknis
schreiben, geschwind Was sie gestern gelernt, das wollen sie heute schon lehren, / Ach! was haben die Herrn doch für ein kurzes Gedärm!
G-EX, Geschwindschreiber; I,293
schreiben, Kreuz [Isolani zu Terzky:] Er kann nicht schreiben, doch sein Kreuz ist gut, / Und wird ihm honoriert von Jud und Christ.
D, Piccolomini 4,6; II,389

schreitet das Unglück s. Unglück, vom Jammer gefolgt
Schrift, Körper und Stimme Körper und Stimme leiht die Schrift dem stummen Gedanken, / Durch der Jahrhunderte Strom trägt ihn das redende Blatt. / Da zerrinnt vor dem wundernden Blick der Nebel des Wahnes, / Und die Gebilde der Nacht weichen dem tagenden Licht.
G-PH, Der Spaziergang; I,232
Schriftliches, nichts [Wallenstein zu Terzky:] Ich geb nichts Schriftliches von mir, du weißts.
D, Piccolomini 2,5; II,343
Schritt der Zeit, dreifach s. Zeit, dreifach
Schritt, Publikum s. Horen, Erster Jahrgang
Schritt, schlimmster s. eingestehen / verlieren
Schritt, schwebender s. Tanz, Paare
Schuld der Zeiten s. Beschäftigung, die nie ermattet
Schuld, abtragen Alles unser Wissen ist ein Darlehn der Welt und der Vorwelt. Der tätige Mensch trägt es an die Mitwelt und Nachwelt ab; der untätige stirbt mit einer unbezahlten Schuld. Jeder, der etwas Gutes wirkt, hat für die Ewigkeit gearbeitet.
Jena, den 22. Sept. 90.
G-GE, Für Johannes Groß; I,452

Schuld, frei von »Wohl dem, der frei von Schuld und Fehle / Bewahrt die kindlich reine Seele! / Ihm dürfen wir nicht rächend nahn, / Er wandelt frei des Lebens Bahn.«
G-BA, Die Kraniche des Ibykus; I,350

Schuld, Gestirne Sie [die Kunst] sieht den Menschen in des Lebens Drang / Und wälzt die größre Hälfte seiner Schuld / Den unglückseligen Gestirnen zu.
D, W.s Lager, Prolog; II,273

Schuld, hündische s. hündische Art

Schuld, Wahrheit s. Wahrheit, durch Schuld

Schuldbuch sei vernichtet s. Welt, ausgesöhnt

Schuldigkeit, tun s. Mann / Amt, unterscheiden

Schule, sei meine s. Bartholomäusnacht

Schulen, Eigentum der s. Geschmack / Erkenntnis

Schuß, das war ein [Leuthold:] Das war ein Schuß! Davon / Wird man noch reden in den spätsten Zeiten. [Rudolf der Harras:] Erzählen wird man von dem Schützen Tell, / Solang die Berge stehn auf ihrem Grunde.
D, Tell 3,3; II,985

Schuß, Gott versucht [Rösselmann:] Der Schuß war gut, doch wehe dem, der ihn / Dazu getrieben, daß er Gott versuchte.
D, Tell 3,3; II,985

Schuß, ich will den s. Leben, nicht den Schuß

Schutt des Irrtums s. Irrtum, Schutt des

Schutz, Recht auf s. Unterdrückter, Rechte des

Schütze Tell s. Schuß, das war ein

Schütze, du kennst den s. Tells Geschoß

Schütze, ein rechter s. früh übt sich

Schütze, kommt gezogen [Walter Tell:] Mit dem Pfeil, dem Bogen, / Durch Gebirg und Tal / Kommt der Schütz gezogen / Früh am Morgenstrahl. // Wie im Reich der Lüfte / König ist der Weih, – / Durch Gebirg und Klüfte / Herrscht der Schütze frei. // Ihm gehört das Weite, / Was sein Pfeil erreicht, / Das ist seine Beute, / Was da kreucht und fleugt.
D, Tell 3,1; II,965 f

Schütze, Pfeil zurück s. Mordgewehr, gefährlich

schwach gesehen, unverzeihlich [Hedwig zu Tell:] Er hat vor dir gezittert – Wehe dir! / Daß du ihn schwach gesehn, vergibt er nie.
D, Tell 3,1; II,969

schwache Geister, Rache s. Schönheit, Geist und Sinne

Schwäche, Beispiel meiner s. Denkmal meiner Strenge

Schwache, Beute s. Mächtige / Friedliche

Schwache, Stachel der
s. Stachel, des Schwachen
Schwache, verbunden mächtig
s. zusammen / alleine
Schwächen, Raserei [Philipp:] Was bis zu Schwächen mich / Gebracht, kann auch zu Raserei mich führen.
D, Don Karlos 4,9; II,149
Schwaches Geschlecht s. Weib, gebrechlich / stark
Schwachheit, meine
s. Männerkraft / Schwachheit
Schwärmer / Philosoph
s. Philosoph / Schwärmer
Schwärmer / Vernunft
s. Natur, am Pranger
Schwärmer / Weltmann
s. Weltmann / Schwärmer
Schwärmer necke s. Philister verdrieße
Schwärmer, sonderbarer
s. Gedankenfreiheit
Schwärmerei / Größe
s. Marquis Posa, Schwärmerei
Schwärmers Ernst / Weltmanns Blick Drum paart, zu eurem schönsten Glück, / Mit Schwärmers Ernst des Weltmanns Blick.
G-PH, Licht und Wärme; I,217
schwarz verschleiert s. Stunde, nächste
schwärzen, Strahlendes
s. Strahlendes zu schwärzen
Schweden / Deutsche [Wrangel:] Der Schwede muß sich vorsehn mit dem Deutschen.
D, W.s Tod 1,5; II,421

Schweden, Blut geflossen [Wrangel:] So vieler Schweden adeliges Blut, / Es ist um Gold und Silber nicht geflossen!
D, W.s Tod 1,5; II,421
Schweif, Reif Schlägt mit dem Schweif / Einen furchtbaren Reif ...
G-BA, Der Handschuh; I,376
schweifen, ewig s. Mann, wilde Kraft
Schweigen s. a. verschwiegen
Schweigen, lastendes [Herzogin zu Wallenstein:] Nein, niemand schalt Sie – Man verhüllte sich / In ein so lastend feierliches Schweigen.
D, Piccolomini 2,2; II,336
Schwein, Dämon, Mensch
s. Mensch, Dämon, Schwein
Schweiß, muß rinnen Von der Stirne heiß / Rinnen muß der Schweiß, / Soll das Werk den Meister loben, / Doch der Segen kommt von oben.
G-LY, Das Lied von der Glocke; I,429
Schweiz, Zeiten, alte [Walter Fürst:] Was sucht ihr hier in Uri? [Stauffacher:] Die alten Zeiten und die alte Schweiz.
D, Tell 1,4; II,934
Schweizer / Kaiser [Geßler:] Dies kleine Volk ist uns ein Stein im Weg – / So oder so – Es muß sich unterwerfen.
D, Tell 4,3; II,1009

Schweizerin, freie s. frei, alle Knechte
Schwerste, dein Anteil s. Vermögen, besteuert nach
Schwert / Stab [Johanna:] Frommer Stab! O hätt ich nimmer / Mit dem Schwerte dich vertauscht!
D, Jungfrau 4,1; II, 775
Schwester dem Gatten s. sterben, bereit zu
Schwindsucht s. Poeten, invalide
schwören, Gelübde s. Gelübde, treu, schwören
Schwur, auf die Hostie s. Sakrament, letzte Reise
Schwyzer, alte Bünde [Stauffacher:] Wenn Uri ruft, wenn Unterwalden hilft, / Der Schwyzer wird die alten Bünde ehren.
D, Tell 1,4; II, 939
See, ladet zum Bade [Fischerknabe:] Es lächelt der See, er ladet zum Bade, / Der Knabe schlief ein am grünen Gestade …
D, Tell 1,1; II, 917
See, will Opfer haben [Ruodi:] Da rast der See und will sein Opfer haben.
D, Tell 1,1; II, 922
See, wütiger s. Gott versuchen / vertrauen
Seele, befreit sich [Max:] Die Sinne sind in deinen Banden noch, / Hat gleich die Seele blutend sich befreit!
D, W.s Tod 2,2; II, 433
Seele, eine feige s. Ersatz fürs Unersetzliche
Seele, hoffende s. Hoffnung, kein Wahn
Seele, im Genuß s. Humanität, Seele, Geist, Grazie, Herz
Seele, kindlich rein s. Schuld, frei von
Seele, offene s. Verstellung, fremd
Seele, schön / erhaben Die *schöne* Seele muß sich also im Affekt in eine *erhabene* verwandeln, und das ist der untrügliche Probierstein, wodurch man sie von dem *guten Herzen* oder der *Temperamentstugend* unterscheiden kann.
T-PH, Anmut u. Würde; V, 474
Seele, sorgende s. Frist nicht verfehle
Seele, Sprache der s. Sprache / Seele
Seele, Welt, wir s. Ding, Welt und Seele
Seele, wird sich zeigen s. siegen, mit / gegen Wallenstein
Seelen, große, dulden s. dulden still
Seelen, große, größer [Karlos zu Posa:] Große Seelen macht / Die Liebe größer.
D, Don Karlos 4,5; II, 142
Seelen, starke, verwandt [Buttler:] Ich liebe einen Weg, der meinem gleicht. [Illo:] Verwandte sind sich alle starken Seelen. [Buttler:] Es ist ein großer Augenblick der

Zeit, / Dem Tapfern, dem Entschloßnen ist sie günstig.
D, Piccolomini 4,4; II,382
Seelenfrieden, Sinnenglück s. Sinnenglück und Seelenfrieden
seelenlos ein Feuerball s. Erde, beseelt / seelenlos
Segen, Preis der Mühe s. Arbeit, Bürgers Zierde
Segen, von oben s. Schweiß, muß rinnen
Segen, wandelt s. Willkür / Ordnung
segenreiche Himmelstochter s. Ordnung, heilig, segensreich
Segler der Lüfte s. Wolken, Segler
sehen / wenden s. Verhängnis, geschehen
sehen, Mensch / Sache Du willst Wahres mich lehren? Bemühe dich nicht, nicht die Sache / Will ich durch dich, ich will *dich* durch die Sache nur sehn.
G-ET, An **; I,304
sehen, müßig und bewundernd s. Flamme brausend
Sehnsucht, zarte s. Liebe, erste
Seil, flattern am s. Inquisition, spanische
Sein / Denken s. Cogito, ergo sum
sein / gekauft werden s. kaufen / sein
sein / haben s. haben / sein
sein / scheinen, wagen s. ermorden, nicht richten
sein / tragen, tun, bedeuten Alle die andern, sie haben zu tragen, zu tun, zu bedeuten, / Wir, das glückliche Volk, brauchen sonst nichts, als zu sein.
G-EX-U, Alle die andern; I,333
Selbstbestimmung, edel Das edelste Vorrecht der menschlichen Natur ist, sich selbst zu bestimmen und das Gute um des Guten willen tun.
H, Lykurgus u. Solon; IV,830
Selbsterkenntnis / andere verstehen s. erkennen, sich / andere
Selbsthilfe, Raub s. Wut, gerechte, bezähmen
Selbstverwirklichung* s. ästhetische Kultur
selten, Mann, Vertrauen s. Mann, seltener
seltsame Chimäre s. Menschenliebe, Chimäre
Senat s. Regierung, Senat
Senne muß scheiden s. Sommer ist hin
sentimentalisch / naiv s. Dichter, naiv / sentimentalisch
sentimentalisch, extrem s. Goethe, Werther
Shakespeare, Prosa-Übersetzung Hier ist William Shakespeare in deutscher Prosa zu lesen, / Oder Wilhelm vielmehr, denn er ist wahrhaft *verdeutscht*.
G-EX-U, Der Eschenburgische Shakespeare; I,342

sicher

sicher im Dämmerschein
s. Kindheit, sicher
sicherer Port, gemächlich [Ruodi:] Vom sichern Port läßt sichs gemächlich raten ...
D, Tell 1,1; II,922
Sicherheit / Vertrauen
s. Vertrauen, wird kommen
Sicherheit, Esel / Roß
s. Roß / Esel
Sieg, der Mehrheit s. Mehrheit, Unsinn
Sieg, freu dich des [Gräfin Terzky zu Wallenstein:] Freu dich des Siegs, vergiß was er dir kostet. / Nicht heute erst ward dir der Freund geraubt, / Als er sich von dir schied, da starb er dir.
D, W.s Tod 5,3; II,530
Sieg, göttlichster [Isabella:] Der Siege göttlichster ist das Vergeben! / In eures Vaters Gruft werft ihn hinab / Den alten Haß der frühen Kinderzeit!
D, Braut v. M.; II,837
Sieg, nötig / unnötig [Wallenstein zu Questenberg:] Manch blutig Treffen wird um nichts gefochten, / Weil einen Sieg der junge Feldherr braucht. / Ein Vorteil des bewährten Feldherrn ists, / Daß er nicht nötig hat zu schlagen, um / Der Welt zu zeigen, er versteh zu siegen.
D, Piccolomini 2,7; II,351

Siege, Gattin trachtet s. Gattin, glücklich macht
siegen, mit / gegen Wallenstein [Wallenstein:] Führt eure Tausende mir kühn entgegen, / Gewohnt wohl sind sie, unter mir zu siegen, / Nicht gegen mich – Wenn Haupt und Glieder sich trennen, / Da wird sich zeigen, wo die Seele wohnte.
D, W.s Tod 3,13; II,472
singen s. Gesang
Sinn / Rede s. Rede, lange / Sinn, kurzer
Sinn / Zeichen
s. Parteigeist / Überzeugung
Sinn, aufgeschlossener
s. Jahrhundert, Neige des
Sinn, der Rede s. Rede Sinn, dunkel
Sinn, erhabener [Genius:] Wisset, ein erhabner Sinn / *Legt* das Große in das Leben, / Und er *sucht* es nicht darin.
D, Huldigung; II,1087
Sinn, hoher, im Spiel s. Spiel, hoher Sinn
Sinn, in Bräuchen [Maria zu Burleigh:] Ein tiefer Sinn wohnt in den alten Bräuchen ...
D, Maria Stuart 1,7; II,576
Sinn, verengt s. wachsen, mit größern Zwecken
Sinne, in Banden s. Seele, befreit sich
Sinne, mit gesunden s. Berg, schreckt nicht

Sinnenglück und Seelenfrieden
Zwischen Sinnenglück und Seelenfrieden / Bleibt dem Menschen nur die bange Wahl. / Auf der Stirn des hohen Uraniden / Leuchtet ihr vermählter Strahl.
G-PH, Das Ideal und das Leben;
I,201
Sinnenlust / Denken Verbannt ward der Sinne flüchtige Lust, / Und der Mensch griff *denkend* in seine Brust.
G-LY, Die vier Weltalter; I,419
Sinnenwelt wiedergegeben, der
s. Ästhetik, Labyrinth, Faden
Sinnenwelt, Fremdling in der
s. Ideenreich / Sinnenwelt
Sinngedicht, begeistert zu
s. Jubelruf der Wesen
sinnlich mächtige Masse s. Chor, Begriff / Masse
sinnliche Natur s. Natur, unterdrückt / mitwirkend
sinnliche Wahrheit s. Goethe, Werther
sinnlicher Mensch, Form
s. Ästhetik, Labyrinth, Faden
sinnlicher Trieb, Gegenstand des s. Gestalt, lebende, Schönheit
sinnlicher Trieb, Veränderung
s. Spieltrieb, physisch und moralisch
Sinnlichkeit und Vernunft
s. ästhetischer Zustand
Sinnlichkeit, Griechen s. Griechen, Sinnlichkeit / Olymp

sinnlich-vernünftige Natur
s. Realität / Formalität
sinnlos, rohe Kräfte s. Kräfte, rohe, sinnlos
Sitte, Krieg s. Kriegessitt
Sitte, schamhafte s. Mädchen, schamhafte Sitte
Sitte, Szepter der s. Männer, Stärke / Frauen, Sitte
Sitten Hohn sprechen
s. Europa, Friede / Krieg
sittlich / empfindend Bürger erzieht ihr der sittlichen Welt, wir wollten euch loben, / Stricht ihr sie nur nicht zugleich aus der empfindenden aus.
G-ET, Die Erzieher; I,310
sittlich / sinnlich s. Natur, unterdrückt / mitwirkend
sittlich, Handlungen / Wesen Der Mensch nämlich ist nicht dazu bestimmt, einzelne sittliche Handlungen zu verrichten, sondern ein sittliches Wesen zu sein. Nicht *Tugenden,* sondern *die Tugend* ist seine Vorschrift, und Tugend ist nichts anders »als eine Neigung zu der Pflicht«.
T-PH, Anmut u. Würde; V,464
sittliche Welt, Adel s. tun, gemein / sein, schön
sittliche Welt, Bau der s. Leben, entsetzliches
sittliche Welt, Bürger
s. sittlich / empfindend

sittlich

sittlicher Mensch, problematisch s. Mensch, physisch / sittlich
Sittlichkeit, aufopfern s. Geschmack, Form / Inhalt
Skeptizismus und Freidenkerei Skeptizismus und Freidenkerei sind die Fieberparoxysmen des menschlichen Geistes ...
T-PH, Philos. Briefe; V,337
Sklave / freier Mensch s. Mensch, frei geschaffen
Sklaven, Könige s. Könige sind nur Sklaven
Sklaven, Menschenrecht s. Menschenrecht, Brüder
Sklaven, Schlachtopfer s. Spartaner / Sklaven
Sklaven, treibt Furcht s. Furcht / Freude
Sklavensinn, Widerstand s. Gottes Majestät, verschwindet
Sklaverei des Volksdiensts s. Volksdienst, Götze
Sklaverei und Dummheit s. Extreme, Gehorsam / Empörung
so sind alle s. alle, einer wie der andre
so weit geht niemand s. weit gehen müssen
Sohn ist mündig s. mündig, mein Sohn
Sohn, unter Fremdlingen [Karlos zu Philipp:] Suchen / Sie unter Fremdlingen sich einen Sohn –
D, Don Karlos 5,4; II,197

Söhne, von des Vaters Blut s. Eltern / Kinder
Sokrates / Stolberg, Fr. L. v. s. Weisheit, Wissen / unwissend sein
Sokrates, weise, beschwerlich s. Weisheit, beschwerlich
Soldat(en) s. a. Heer; Waffen
Soldat, Abschied [Rekrut:] Grüß den Vater und Vaters Brüder! / Bin Soldat, komme nimmer wieder.
D, W.s Lager 7; II,289
Soldat, der tapferste s. Weisheit, Griechen
Soldat, eisernes Herz [Bürger:] Eine Braut läßt er sitzen in Tränen und Schmerz. [Erster Jäger:] Recht so, da zeigt er ein eisernes Herz. [Bürger:] Die Großmutter wird für Kummer sterben. [Zweiter Jäger:] Desto besser, so kann er sie gleich beerben.
D, W.s Lager 7; II,290
Soldat, furchtlos [Erster Jäger:] Des Lebens Ängsten, er wirft sie weg, / Hat nicht mehr zu fürchten, zu sorgen; / Er reitet dem Schicksal entgegen keck, / Triffts heute nicht, trifft es doch morgen, / Und trifft es morgen, so lasset uns heut / Noch schlürfen die Neige der köstlichen Zeit.
D, W.s Lager 11; II,310
Soldat, Heimkehr [Max:] O schöner Tag! wenn endlich der

Soldat / Ins Leben heimkehrt, in die Menschlichkeit ...
D, Piccolomini 1,4; II,331
Soldat, Schicksal des [Wallenstein:] Fluchwürdig Schicksal des Soldaten! Wo / Er hinkommt, flieht man vor ihm – wo er weggeht, / Verwünscht man ihn! Er muß sich alles nehmen ...
D, Piccolomini 2,7; II,352
Soldaten, Diebe [Kapuziner:] Vor euren Klauen und Geiersgriffen, / Vor euren Praktiken und bösen Kniffen / Ist das Geld nicht geborgen in der Truh, / Das Kalb nicht sicher in der Kuh, / Ihr nehmt das Ei und das Huhn dazu.
D, W.s Lager 8; II,295
Soldaten, folgen, zur Hölle s. General, kommandierst
Soldaten, keinen Feldherrn [Illo:] Der Kaiser hat Soldaten, keinen Feldherrn, / [...] [Terzky:] [...] Nur unterm Wallenstein kann Östreich siegen.
D, W.s Tod 4,7; II,507
Soldatenhände s. fallen von Soldatenhänden
Solipsismus s. Ding, nur ich
Solon, Regierung s. Monarchie, Solon
Solon, Senat s. Regierung, Senat
Sommer ist hin [Hirte:] Ihr Matten lebt wohl! / Ihr sonnigen Weiden! / Der Senne muß scheiden, / Der Sommer ist hin.
D, Tell 1,1; II,918

sonderbarer Schwärmer s. Gedankenfreiheit
Sonderling spielen [Posa zur Königin:] Gesetzt, ich [...] wär es müde, / An Philipps Hof den Sonderling zu spielen?
D, Don Karlos 4,3; II,133
Sonne / eignes Feuer s. Feuer, eignes
Sonne geht nicht unter s. Stelle, wo ich sterblich bin
Sonne Homers s. Homer, Sonne des
Sonne, in dunkler Schlacht s. Wallenstein, ich zeige mich
Sonnen, erloschen s. Ideale, zerronnen
Sonnenbild, Wahrheit s. Weges Mitte, ach!
Sonnenblick, Weisheit s. Liebe, vor Weisheit
Sophisten, Politik s. Demokratie, Lenkung
Sorge, noch keine s. Jüngling, Lebens Bahn
Sorgen, um das Schiff s. leben, heute / morgen
sorgend bewacht s. Verstand, bewachen / erobern
sorgende Seele s. Frist nicht verfehle
Spanien s. a. Madrid; Niederlande; Philipp II.
Spanien / Flandern s. Niederlande / Spanien
Spanien, hispanisch s. Habsburger, Wien / Madrid

Spanien, in meinem s. Ruhe eines Kirchhofs

Spanien, zweite Liebe [Königin zu Karlos:] Elisabeth / War Ihre erste Liebe. Ihre zweite / Sei Spanien! Wie gerne, guter Karl, / Will ich der besseren Geliebten weichen!
D, Don Karlos 1,5; II,35 f

Spaniens Frauen [Königin zu Philipp:] Bloß Zwang bewacht die Frauen Spaniens? / Schützt sie ein Zeuge mehr als ihre Tugend? / Und jetzt Vergebung, mein Gemahl – ich bin / Es nicht gewohnt, die mir mit Freude dienten, / In Tränen zu entlassen. – [...] / In meinem Frankreich wars doch anders.
D, Don Karlos 1,6; II,38

Spanier, stolz [Philipp:] Stolz will ich / Den Spanier. Ich mag es gerne leiden, / Wenn auch der Becher überschäumt –
D, Don Karlos 3,10; II,119

spanisches Mädchen [Domingo zu Alba:] Jene Lilien / Von Valois zerknickt ein span'sches Mädchen / Vielleicht in *einer* Mitternacht.
D, Don Karlos 2,10; II,83

Spartaner / Sklaven Ein Staatsgesetz machte den Spartanern die Unmenschlichkeit gegen ihre Sklaven zur Pflicht, in diesen unglücklichen Schlachtopfern wurde die Menschheit beschimpft und mißhandelt.
H, Lykurgus u. Solon; IV,816

Spaß / Jammer, gefällt Ja, ein derber und trockener Spaß, nichts geht uns darüber, / Aber der Jammer auch, wenn er nur naß ist, gefällt.
G-EX, Ich; I,301

Spaß / Spaßmacher [Fiesko:] Der Spaß verliert alles, wenn der Spaßmacher selber lacht.
D, Fiesko 1,7; I,654

Spät kommt ihr [Illo:] Spät kommt Ihr – Doch Ihr kommt! Der weite Weg, / Graf Isolan, entschuldigt Euer Säumen.
D, Piccolomini 1,1 (Anfang); II,315

Spektakel, betrogen um [Wallenstein:] Die Schlacht hätt ich mit Schimpf verlieren mögen, / Doch das vergeben mir die Wiener nicht, / Daß ich um ein Spektakel sie betrog.
D, Piccolomini 2,7; II,352

spekulaltiv, beschränkt s. Verstand, gemein / spekulativ

spekulativ / intuitiv s. Verstand, intuitiv / spekulativ

spekulativer Geist s. Ideenreich / Sinnenwelt

Spiegel, kleine Notdurft des s. hoffen und wagen, weiter

Spiegelberg, ich kenne dich s. fürchterliche Musterung

Spiegelfechterei [Fiesko:] Spiegelfechterei der Hölle! Es ist mein Weib.
D, Fiesko 5,12; I,743

Spiel / Mensch s. Mensch, Spiel, Schönheit

Spiel / Übung Durch gymnastische Übungen bilden sich zwar athletische Körper aus, aber nur durch das freie und gleichförmige Spiel der Glieder die Schönheit.
T-PH, Ästhetische Erziehung, 6. Brief; V,588

Spiel aller Kräfte s. Kunst, Freude gewidmet

Spiel des Lebens, heiter [Thekla zu Max:] Das Spiel des Lebens sieht sich heiter an, / Wenn man den sichern Schatz im Herzen trägt, / Und froher kehr ich, wenn ich es gemustert, / Zu meinem schönern Eigentum zurück –
D, Piccolomini 3,4; II,366

Spiel gewinnen, zahlen [Terzky:] Was bekümmerts dich, / Wenn du das Spiel gewinnest, wer es zahlt.
D, Piccolomini 2,5; II,342

Spiel mit uns getrieben s. Macht, kennen / nutzen

Spiel, Amor, Musen s. Moralisten, an die

Spiel, Ballspiel s. Freund, Ballspiel

Spiel, grausames »Laßt, Vater, genug sein das grausame Spiel ...«
G-BA, Der Taucher; I,372

Spiel, hoher Sinn Wage du, zu irren und zu träumen, / Hoher Sinn liegt oft in kindschem Spiel.
G-GE, Thekla; I,461

Spieltisch, gedient s. Gott, Spieltisch

Spieltrieb, entfesselt s. Schönheit, Selbstzweck

Spieltrieb, Gegenstand des s. Gestalt, lebende, Schönheit

Spieltrieb, physisch und moralisch Der sinnliche Trieb will, daß Veränderung sei, daß die Zeit einen Inhalt habe; der Formtrieb will, daß die Zeit aufgehoben, daß keine Veränderung sei. Derjenige Trieb also, in welchem beide verbunden wirken [...], der Spieltrieb also würde dahin gerichtet sein, die Zeit *in der Zeit* aufzuheben, Werden mit absolutem Sein, Veränderung mit Identität zu vereinbaren. / Der Spieltrieb also [...] wird [...] den Menschen sowohl physisch als moralisch in Freiheit setzen.
T-PH, Ästhetische Erziehung, 14. Brief; V,612 f

spionieren, Übel [Karlos:] Doch hab ich immer sagen hören, daß / Gebärdenspäher und Geschichtenträger / Des Übels mehr auf dieser Welt getan, / Als Gift und Dolch in Mörders Hand nicht konnten.
D, Don Karlos 1,1; II,11

Spiritus, Phlegma s. Männer, Phlegma

Spitze, fein zugespitzt [Burleigh zu Leicester:] Ein feiner Plan! Fein zugespitzt! Nur schade, / Zu fein geschärfet, daß die Spitze brach.
D, *Maria Stuart 4,3; II,639 (Vgl. Bogen, allzu straff gespannt; II,983)*
splitternackend, Bühne s. Theater, Nacktheit
Spott, euer fader s. Fromme, an
Spott, verspottet / genannt Nein! Du erbittest mich nicht. Du hörtest dich gerne verspottet, / Hörtest du dich nur genannt, darum verschon ich dich, Freund.
G-EX, *An ***; I,274*
Spötter, Schlangenheer der Frech witzelte das Schlangenheer der Spötter: ...
G-LY, *Resignation; I,131*
Sprache / Geschichte
s. Geschichte, Tradition, Sprache
Sprache / Körper Laß die Sprache dir sein, was der Körper den Liebenden; *er* nur / Ists, der die Wesen trennt und der die Wesen vereint.
G-ET, *An den Dichter; I,313*
Sprache / Seele Warum kann der lebendige Geist dem Geist nicht erscheinen! / *Spricht* die Seele, so spricht ach! schon die *Seele* nicht mehr.
G-ET, *Sprache; I,313*
Sprache / Tat [Octavio:] Stets ist die Sprache kecker als die Tat ...
D, *Piccolomini 1,3; II,325*

Sprache, blumige s. Schiller, Selbstkritik d. ›Räuber‹
Sprache, dichtet und denkt Weil ein Vers dir gelingt in einer gebildeten Sprache, / Die für dich dichtet und denkt, glaubst du schon Dichter zu sein.
G-ET, *Dilettant; I,313*
Sprache, Fremdwörter Sinnreich bist du, die Sprache von fremden Wörtern zu säubern, / Nun, so sage doch, Freund, wie man *Pedant* uns verdeutscht.
G-EX, *Der Purist; I,273*
Sprachen, tote, lebend Tote Sprachen nennt ihr die Sprache des Flaccus und Pindar, / Und von beiden nur kommt, was in der unsrigen lebt!
G-ET, *Tote Sprachen; I,315*
sprechen, bald / tun, schwer [Meier:] Ist bald gesprochen, aber schwer getan.
D, *Tell 2,2; II,962*
spreizen sich s. vornehm tun
spricht die Seele
s. Sprache / Seele
Springquell s. Distichon
sprossend eine Welt s. Stamm, entlaubter
Sprüchel sagen s. Pfäfflein, Sprüchel
Sprung von dieser Brücke
s. Wahl, letzte, frei
Sprung, gallischer s. Deutsche, griechisch-römisch / gallisch

Spur der Natur s. Genie, das größte
Spur, eines Gottes s. Natur, höherer Adel
Spur, fabelhafte s. Natur, Blütenalter der
Spur, tiefgetretene s. Mensch, greift um sich
Staat / Frau, beste »Woran erkenn ich den besten Staat?« Woran du die beste / Frau kennst! daran, mein Freund, daß man von beiden nicht spricht.
G-EP, Der beste Staat; I,249
Staat / Gerechtigkeit [Maria zu Burleigh:] Mißtraut Euch, edler Lord, daß nicht der Nutzen / Des Staats Euch als Gerechtigkeit erscheine.
D, Maria Stuart 1,7; II,575
Staat / Kunst, göttlich s. Kunst, göttlich / Staat
Staat / Menschheit Gegen seinen eignen Zweck gehalten, ist die Gesetzgebung des Lykurgus ein Meisterstück der Staats- und Menschenkunde. Er wollte einen mächtigen, in sich selbst gegründeten unzerstörbaren Staat; [...]. Aber hält man den Zweck, welchen Lykurgus sich vorsetzte, gegen den Zweck der Menschheit, so muß eine tiefe Mißbilligung an die Stelle der Bewunderung treten ...
H, Lykurgus u. Solon; IV,814 f (zitiert im ersten »Flugblatt der weißen Rose«, Juni 1942)

Staat des Lykurgus Der Staat des Lykurgus konnte nur unter der einzigen Bedingung fortdauern, wenn der Geist des Volks stillestünde, er konnte sich also nur dadurch erhalten, daß er den höchsten und einzigen Zweck eines Staats verfehlte.
H, Lykurgus u. Solon; IV,817 (zitiert im ersten »Flugblatt der weißen Rose«, Juni 1942)
Staat, Mittel / Zweck Alles darf dem Besten des Staats zum Opfer gebracht werden, nur dasjenige nicht, dem der Staat selbst nur als ein Mittel dient. Der Staat selbst ist niemals Zweck, er ist nur wichtig als eine Bedingung, unter welcher der Zweck der Menschheit erfüllt werden kann ...
H, Lykurgus u. Solon; IV,815
Staat, muß untergehn s. Mehrheit, Unsinn
Staat, schütteln s. Kork, schwimmt immer
Staat, Uhrwerk, bessern Wenn der Künstler an einem Uhrwerk zu bessern hat, so läßt er die Räder ablaufen; aber das lebendige Uhrwerk des Staats muß gebessert werden, indem es schlägt, und hier gilt es, das rollende Rad während seines Umschwunges auszutauschen.
T-PH, Ästhetische Erziehung, 3. Brief; V,575 (indem = während)

Staaten, schlechte
s. Emigration★
Staats- und Menschenkunde
s. Staat / Menschheit
Staatsbürger, Zeitbürger
s. Jahrhundert, kein anderes
Staatsmann, der beste
s. Weisheit, Griechen
Staatsverbesserer, Kur So schlimm steht es wahrlich noch nicht um des Staates Gesundheit, / Daß er die Kur bei euch wage auf Leben und Tod.
G-EX-U, *Die Staatsverbesserer; I,320*
Staatsverfassung
s. Fortschritt / Dauerhaftigkeit
Stab, du brichst dir selbst den
s. Glück, nie gewährt
Stab, eiserner s. Furcht / Freude
Stab, frommer s. Schwert / Stab
Stab, herrschender s. Moralisten, an die
Stab, Wanderstab
s. Mädchen / Knabe
Stachel, des Schwachen [Tell:] Dem Schwachen ist sein Stachel auch gegeben.
D, *Tell 4,3; II,1007*
Stadt nicht erreichen s. Freund mir erbleichen
Stadt, befreien s. Kreuze bereuen
Städte, Qualm der s. Volk von Brüdern
Stahl, der Rache s. Rache-Engel

Stamm, entlaubter [Wallenstein:] Da steh ich, ein entlaubter Stamm! Doch innen / Im Marke lebt die schaffende Gewalt, / Die sprossend eine Welt aus sich geboren.
D, *W.s Tod 3,13; II,471*
Stand, Sklaven ihres s. Könige sind nur Sklaven
Stand, Wehrstand / Nährstand [Kürassier:] Der Wehrstand soll leben! [Beide Jäger:] Der Nährstand soll geben!
D, *W.s Lager 11; II,309*
Stände, drei s. Sansculotte, Deutschland
Stärke siegt
s. Welt, eng / Gehirn, weit
Starke, am mächtigsten allein
s. zusammen / alleine
Stärke, Befugnis [Buttler:] Nichts ist so hoch, wornach der Starke nicht / Befugnis hat, die Leiter anzusetzen.
D, *Piccolomini 4,4; II,382*
Stärke, Klarheit
s. Wahl, schwer / Not, drängt
Stärke, trotziges Recht der
s. Männer, Stärke / Frauen, Sitte
Starkes, und Mildes s. prüfe, wer sich ewig bindet
Staub, ziehen in den
s. Strahlendes zu schwärzen
stehlen, morden, huren, balgen
s. heute lustig sein
stehlen, abscheuliches Brot
s. Beruf, verfehlter

Stehlen, verführen zum
s. ruinieren / verführen
Stein des Anstoßes
s. Friedländer / Friede
Stein im Weg
s. Schweizer / Kaiser
Stein, dem Vandalen
s. Musen / Vandalen
Stein, keiner bleib auf dem anderen s. bauen / zerstören
Stelle, wo ich sterblich bin [Philipp:] Die Sonne geht in meinem Staat nicht unter – / Doch alles das besaß ein andrer schon, / Wird nach mir mancher andre noch besitzen. / *Das* ist mein eigen. Was der König hat, / Gehört dem Glück – Elisabeth dem Philipp. / Hier ist die Stelle, wo ich sterblich bin.
D, Don Karlos 1,6; II,38 f
Sterbebett, Hoffnung
s. Rettung von Tyrannenketten
Sterben / Tod s. Todesangst
sterben, bereit zu »Ich bin«, spricht jener, »zu sterben bereit / Und bitte nicht um mein Leben, / Doch willst du Gnade mir geben, / Ich flehe dich um drei Tage Zeit, / Bis ich die Schwester dem Gatten gefreit …
G-BA, Die Bürgschaft; I,352
sterben, für dich s. Königreich ist dein Beruf
sterben, sei bereit zu s. Wahl, zum Verderben

sterblich bin s. Stelle, wo ich sterblich bin
Stern des Auges s. Licht des Auges
Stern, mein guter s. Natter, am Busen
Sterne lügen nicht [Wallenstein:] Die Sterne lügen nicht, *das* aber ist / Geschehen wider Sternenlauf und Schicksal. / Die Kunst ist redlich, doch dies falsche Herz / Bringt Lug und Trug in den wahrhaftgen Himmel.
D, W.s Tod 3,9; II,466
Sterne, Rechte s. Tyrannenmacht, Grenze
Sterne, Saatzeit erkunden [Wallenstein zu Illo:] Die himmlischen Gestirne machen nicht / Bloß Tag und Nacht, Frühling und Sommer – nicht / Dem Sämann bloß bezeichnen sie die Zeiten / Der Aussaat und der Ernte. Auch des Menschen Tun / Ist eine Aussaat von Verhängnissen, / Gestreuet in der Zukunft dunkles Land, / Den Schicksalsmächten hoffend übergeben. / Da tut es not, die Saatzeit zu erkunden …
D, Piccolomini 2,6; II,347
Sterne, unglückselige
s. Schuld, Gestirne
Sterne, werden scheinen
s. Glück / Sterne
Sternenkrone, Ruhm
s. Jüngling, Lebens Bahn

Sternenrichter, Gelübde
s. Gelübde, treu, schwören
Sternenstunde warten
s. Schicksals Sterne
Sternenzelt, überm s. Kuß der Welt; Schöpfer, über Sternen
Steuer, des Zufalls s. Zufall, regieren wollen
Stil, bunter s. französische Bonmots
Stil, verschweigen Jeden anderen Meister erkennt man an dem, was er ausspricht, / Was er weise verschweigt, zeigt mir den Meister des Stils.
G-ET, Der Meister; I,313
stille Größe s. Marquis Posa, Schwärmerei
Stimme des Volks, Gottes [Burleigh zu Elisabeth:] Gehorche / Der Stimme des Volks, sie ist die Stimme Gottes.
D, Maria Stuart 4,8; II,651
Stimme verkaufen s. Mehrheit, Unsinn
Stimme, innere s. Hoffnung, kein Wahn
Stimmen wägen und nicht zählen s. Mehrheit, Unsinn
Stimmen, zwei s. zwei Stimmen, wählen
Stimmenmehrheit [Talbot zu Elisabeth:] Nicht Stimmenmehrheit ist des Rechtes Probe ...
D, Maria Stuart 2,3; II,592

Stimmung, mittlere
s. ästhetischer Zustand
Stinkereien in Leipzig [Spiegelberg zu Karl:] Meinst du, deine Stinkereien in Leipzig machen die Grenzen des menschlichen Witzes aus?
D, Räuber 1,2; I,507
Stirn des hohen Uraniden
s. Sinnenglück und Seelenfrieden
Stirn, entwölkte s. Tierheit dumpfe Schranke
Stirn, glatt / gefurcht [Terzky:] Doch möcht ich mich den glatten Stirnen lieber / Als jenen tiefgefurchten anvertrauen.
D, W.s Tod 3,7; II,465
Stirn, Herz s. Herz, Stirn, offen
Stirne heiß s. Schweiß, muß rinnen
Stoff nur, Bildung s. bildender Geist / Nachahmer
Stoff, erhaben / erbärmlich
s. Klopstock, Fr. G., Muse
Stoff, vertilgt durch Form
s. Kunstwerk, Inhalt / Form
stöhnen, wimmern s. Tod, verlornes Ach!
Stolberg, Fr. L. v. s. Weisheit, Wissen / unwissend sein
Stolberg-Stolberg, Reichsgrafen Kommt ihr den Zwillingen nah, so sprecht nur: Gelobet sei J – / C – ! »In Ewigkeit« gibt man zum Gruß euch zurück.
G-EX, Zeichen der Zwillinge; I,265

Stolz bewacht streng
s. Jungfrau, reizende Fülle
stolz will ich den Spanier
s. Spanier, stolz
Stolz, höflicher s. Gesellschaft, böse
Stolz, ohnmächtiger [Maria:] Fahr hin, ohnmächtger Stolz der edeln Seele!
D, Maria Stuart 3,4; II,622
Stolze find ich [Elisabeth:] Eine Stolze find ich, / Vom Unglück keineswegs geschmeidigt.
D, Maria Stuart 3,4; II,622
Stöpsel, Korkbaum s. Teleologie, Korkbaum / Stöpsel
Stöpsel, schwimmt s. Kork, schwimmt immer
Strafe der Mutter Wahrheit ist niemals schädlich, sie straft – und die Strafe der Mutter / Bildet das schwankende Kind, wehret der schmeichelnden Magd.
G-ET, Zucht; I,306
Strafe, Todesstrafe s. Menschen, vertilgen
strafen / verhindern s. Drakos Gesetze
straflose Frechheit s. Europa, Friede / Krieg
Strahl, vermählter, leuchtet s. Sinnenglück und Seelenfrieden
strahlen / zünden s. Lichtes Himmelsfackel

Strahlendes zu schwärzen Es liebt die Welt, das Strahlende zu schwärzen / Und das Erhabne in den Staub zu ziehn …
G-GE, Das Mädchen von Orleans; I,460
Straße der Schrecken s. Löwin nicht wecken
Straße, jede s. Mord, mein Geschäft
Straße, Segen wandelt s. Willkür / Ordnung
straucheln / streben s. Tugend, üben, streben
strebe zum Ganzen s. Ganzes, sein / dienen
streben, nach Tugend s. Tugend, üben, streben
strebender Geist Nie verläßt uns der Irrtum, doch zieht ein höher Bedürfnis / Immer den strebenden Geist leise zur Wahrheit hinan.
G-ET, Trost; I,306
Streich erleiden / führen [Burleigh zu Elisabeth:] Du mußt den Streich erleiden oder führen. / Ihr Leben ist dein Tod! Ihr Tod dein Leben!
D, Maria Stuart 2,3; II,591
Streich gedroht s. Wahnsinn, frommer
Streiche, gewaltige Und drei mit gewaltigen Streichen / Erlegt er, die andern entweichen.
G-BA, Die Bürgschaft; I,354

Streit der Pflichten [Wallenstein:] Doch, wo von zwei gewissen Übeln eins / Ergriffen werden muß, wo sich das Herz / Nicht *ganz* zurückbringt aus dem Streit der Pflichten, / Da ist es Wohltat, keine Wahl zu haben, / Und eine Gunst ist die Notwendigkeit.
D, W.s Tod 2,2; II,432
Streit herrscht, Stärke siegt s. Welt, eng / Gehirn, weit
Streit / Bund s. Großes wirken, Streit / Bund
Streit, verderblicher s. kaiserlose Zeit
Streitbegier s. Unmut und Streitbegier
streng und fürchterlich »Du bist des Todes, Bube, sprich!« / Ruft jener streng und fürchterlich.
G-BA, Der Gang nach dem Eisenhammer; I,383
Strenge, das, mit dem Zarten s. prüfe, wer sich ewig bindet
Strenge, Denkmal meiner s. Denkmal meiner Strenge
Strenge, verfehlt s. Bogen, allzu straff gespannt
Strick reißt, anderer [Terzky zu Illo:] Wißt, daß wir auch nicht müßig sind – wenn *ein* / Strick reißt, ist schon ein andrer in Bereitschaft.
D, Piccolomini 3,1; II,360

Strom der Menge [Illo:] Die hohe Flut ists, die das schwere Schiff / Vom Strande hebt – Und jedem einzelnen / Wächst das Gemüt im großen Strom der Menge.
D, Piccolomini 2,6; II,346
Strom zerrinnt s. Jahrhundert, Strom zerrinnt
Struktur, geheime s. geheime Struktur, Mensch
Studium der Weisheit s. Weisheit, Griechen
Stunde der Gefahr s. Tugend, erprobt, Gefahr
Stunde des Glückes Und leis, wie aus himmlischen Höhen / Die Stunde des Glückes erscheint, / So war sie genaht, ungesehen, / Und weckte mit Küssen den Freund.
G-LY, Die Erwartung; I,403
Stunde, nächste [Wallenstein zu Gräfin Terzky:] Wer aber weiß, was uns / Die nächste Stunde schwarz verschleiert bringt!
D, W.s Tod 5,3; II,530
Stunde, wahrnehmen s. Augenblick im Leben, großer
Stunde, was vermag nicht eine s. Zeit, wundertätig
Stunden, goldene s. liebend umschlingen
Stupidität und Verstand s. Realität, Bedürfnis / Gleichgültigkeit
Sturm, schreckt dich nicht s. Leben, nicht den Schuß

Sturm, stranden im s. Fischer, leichter Mut
Sturz, auf der Rennbahn s. Roß / Esel
Sturz, niederstürzen s. Schöpfer, über Sternen
Sturz, tief und schmählich s. Denkmal meiner Strenge
Sturz, Welt im s. Welt im Sturz
stürzt mich tief s. Himmelsglück, zeigen / stürzen
stürzt, das Alte s. Altes stürzt / neues Leben
subaltern / mächtig s. Mann, der freie, mächtige
Sudler, loben einander s. loben / verschreien, einander
Sünde, Magnet [Kapuziner:] Denn die Sünd ist der Magnetenstein, / Der das Eisen ziehet ins Land herein.
D, W.s Lager 8; II,293
Sünder, majestätischer! s. Räuber, Monument des
sündigen / gefallen [Karlos zum Pagen:] Du kannst / Nicht schwerer sündigen, mein Sohn, als wenn / Du *mir* gefällst. –
D, Don Karlos 2,4; II,56
sündigen, laß mich Geschworen hab ichs, ja, ich habs geschworen, / Mich selbst zu bändigen. / Hier ist dein Kranz. Er sei auf ewig mir verloren, / Nimm ihn zurück, und laß mich sündigen.
G-LY, Freigeisterei der Leidenschaft; I,127

sündigen, mit Mühe s. Königinnen, spanische
Systeme, neue s. Philosophem, irriges
Systeme, Pracht / Irrtum Prächtig habt ihr gebaut. Du lieber Himmel! Wie treibt man, / Nun er so königlich erst wohnt, den Irrtum heraus!
G-ET, Die Systeme; I,307
Szene wird zum Tribunal s. Rache Strahl
Szepter der Sitte s. Männer, Stärke / Frauen, Sitte

T

Tadel(n) s. a. Lob(en)
Tadel, zärtlicher Was heißt zärtlicher Tadel? Der deine Schwäche verschonet? / Nein, der deinen Begriff von dem Vollkommenen stärkt.
G-ET, Delikatesse im Tadel; I,313
Tadellos sein, Ohnmacht / Größe Frei von Tadel zu sein, ist der niedrigste Grad und der höchste, / Denn nur die Ohnmacht führt oder die Größe dazu.
G-ET, Korrektheit; I,312
tadellos, erkannt für s. tun, weil wollen
tadeln ist leicht Tadeln ist leicht, erschaffen so schwer; ihr Tadler des Schwachen, / Habt ihr das Treffliche denn auch zu belohnen ein Herz?
G-ET, Die Unberufenen; I,314
tadeln, öffentlich / still Warum tadelst du manchen nicht öffentlich? Weil er ein Freund ist, / Wie mein eigenes Herz tadl ich im stillen den Freund.
G-EX, Ausnahme; I,283
Tag bricht an s. Mars regiert
Tag der Freiheit s. Freiheit, schauen / hören
Tag, jeden aufs neue s. Leben, genießen / erbeuten
Tage, Ende aller s. Ende aller Tage
Tage, schöne, zu Ende [Domingo zu Karlos:] Die schönen Tage in Aranjuez / Sind nun zu Ende. Eure königliche Hoheit / Verlassen es nicht heiterer.
D, Don Karlos 1,1 (Anfang); II,9
Tages Leuchten [Reding zu den Eidgenossen:] Kommt, laßt uns scheiden, / Eh uns des Tages Leuchten überrascht.
D, Tell 2,2; II,964
taghell ist die Nacht s. Alles rennet
Talismane, Feen s. Fabel, Liebe
Tanz der Horen s. Augenblickes Lust
Tanz, Paare Siehe, wie schwebenden Schritts im Wellenschwung sich die Paare / Drehen, den Boden berührt kaum der geflügelte Fuß.
G-EL, Der Tanz; I,237
Tanz, wirbelnder s. Heiter wie Frühlingstag
Tapferer, Blut verspritzen s. Leben, höchstes Gut
Tapferer, Entschlossener s. Seelen, starke, verwandt
Taschenbuch, Gewerbe s. Offenheit / Armut
Tat / Charakter s. Charakter / Tat
Tat ist stumm s. Tillys Worte
Tat vollbringen, weil gedacht [Wallenstein (Monolog):] Wärs möglich? Könnt ich nicht mehr, wie ich wollte? / Nicht mehr zu-

rück, wie mirs beliebt? Ich müßte / Die Tat *vollbringen,* weil ich sie *gedacht,* / [...] / Denn mich verklagt der Doppelsinn des Lebens, / [...] / Kühn war das Wort, weil es die Tat nicht war.
D, W.s Tod 1,4; II, 414
Tat, kühne s. Wallenstein, Ermordung
Tat, sich hüllen in s. Marquis Posa, Tat / Reue
Tat, ungeheure s. Hand, gebraucht
Tat, vorher / nachher [Dritter:] Ein andres Antlitz, eh sie geschehen, / Ein anderes zeigt die vollbrachte Tat. / Mutvoll blickt sie und kühn dir entgegen, / Wenn der Rache Gefühle den Busen bewegen, / Aber ist sie geschehn und begangen, / Blickt sie dich an mit erbleichenden Wangen.
D, Braut v. M.; II, 886
Tat, Wort, Poesie
s. Poesie, Tat / Wort
Taten und Gedanken
s. Mensch, Mikrokosmos
tauchen in diesen Schlund »Wer wagt es, Rittersmann oder Knapp, / Zu tauchen in diesen Schlund?« ...
G-BA, Der Taucher; I, 368
tauschen / zahlen s. haben / sein
tausend Brüste s. Großes wirken, Streit / Bund
tausend Körner Sandes s. Zeit, wundertätig

tausend Louisdore s. Mann, kann geholfen werden
tausend Masten
s. Jüngling / Greis
tausend Stimmen
s. Lindwurm, das ist
Tausende, entgegenführen
s. siegen, mit / gegen Wallenstein
Tausende, Halt für
s. Herrscherseele
Tausende, und Hunderte
s. Kunst, Muse
tausendfach neu
s. Begriff / Schönheit
Teleologie, Korkbaum / Stöpsel
Welche Verehrung verdient der Weltenschöpfer, der gnädig, / Als er den Korkbaum schuf, gleich auch die Stöpsel erfand!
G-EX, Der Teleolog; I, 258
Tell, einzigartig [Ruodi:] Wohl beßre Männer tuns dem Tell nicht nach, / Es gibt nicht zwei, wie der ist, im Gebirge.
D, Tell 1,1; II, 922
Tell, kein Hirte s. Leben, genießen / erbeuten
Tell, unbesonnen [Tell:] Wär ich besonnen, hieß ich nicht der Tell ...
D, Tell 3,3; II, 979
Tells Geschoß [Geßler:] Das ist Tells Geschoß. / [Tell:] Du kennst den Schützen, suche keinen andern!
D, Tell 4,3; II, 1011

Temperamentstugend s. Seele, schön / erhaben
Tendenz, keine bestimmte s. Schönheit, ohne Tendenz
Teufel umarmen s. Bösewichter, erstaunliche
Teufel, hol die Dichterei s. Hemderwaschen
Teufel, sich übergeben dem s. lustiges Leben
Teufel, und Wollust s. gefallen, der Welt und den Frommen
Theater s. a. Drama
Theater, Nacktheit O die Natur, die zeigt auf unsern Bühnen sich wieder, / Splitternackend, daß man jegliche Rippe ihr zählt. *G-EX, Ich; I,300*
Theater, Schöpfungen Still wandelte von Thespis' Wagen / Die Vorsicht in den Weltenlauf. /[...] / Schon sieht man Schöpfungen aus Schöpfungen erstehen, / Aus Harmonien Harmonie. *G-PH, Die Künstler; I,180*
Theater, Wirklichkeit, Moral s. moralische Weltregierung
Thekla s. Wallenstein / Thekla; Wallenstein, Ehrgeiz
Themse s. Markt der Welt
Theophagen s. Genuß, Ideen essen
Theoretiker, Gesetze Ihr verfahrt nach Gesetzen, auch würdet ihrs sicherlich treffen, / Wäre der Obersatz nur, wäre der Untersatz wahr! *G-ET, Theoretiker; I,307*

Theorie der Liebe s. Liebe, Essen, Gott
Thersites, Patroklus s. Glück, wahllos
Thron der Cäsaren s. Christentum, siegreich
Thron zu dienen s. Reich, Dienst / Kosten
Thron, der Königin s. Beredsamkeit nicht fehle
Thron, ein Mensch auf s. Mensch auf Philipps Thron
Thron, führen vor den s. menschliches Rühren
Thron, gründen, Waffen [König:] Dein bester Schirm ist deines Volkes Herz. / Rußland wird nur durch Rußland überwunden. / [...] / Ihr Herz erobre dir und du wirst herrschen. / Durch fremde Waffen gründet sich kein Thron. / Noch keinem Volk, das sich zu ehren wußte, / Drang man den Herrscher wider Willen auf. *D, Demetrius 1; III,25*
Thron, Philipps s. Herzog Alba, Thron
Thron, Weltenthron s. Gottheit, aufnehmen
tief nicht fallen mögen s. hoch streben / tief fallen
tief und heftig leiden s. Pathos, Leiden / Freiheit
tief und schmählich s. Denkmal meiner Strenge
tief unter uns s. Volk von Brüdern

tief versteckter Born s. Ernst, Wahrheit, Born
tief, Grund der Menschheit s. wachsen, mit größern Zwecken
tief, stürzt mich s. Himmelsglück, zeigen / stürzen
Tiefe / Schmerz s. Leben, Tiefe, Schmerz
Tiefe der Persönlichkeit s. Welt, ergreifen / begreifen
Tiefe des Abgrunds [Karl:] – lern erst die Tiefe des Abgrunds kennen, eh du hineinspringst! *D, Räuber 3,2; I,566*
Tiefe, heulende Was die heulende Tiefe da unten verhehle, / Das erzählt keine lebende glückliche Seele. *G-BA, Der Taucher; I,370*
Tiefen, verborgener Quell s. Sängers Lied
tiefer Fall, bedeutet s. Glanz in meine Hütte
tiefer Fall, donnernd s. Höhen / Fall, donnernd
tiefer Schacht s. Mensch, Mikrokosmos
tiefer Sinn s. Sinn, in Bräuchen [s. a. Gebräuche]
tiefgefurchte Stirn s. Stirn, glatt / gefurcht
tiefgetretne Spur s. Mensch, greift um sich
tiefste Quellen s. Zufall, es gibt keinen

Tier, entlaufen dem Bis in die Geisterwelt müssen sie fliehn, dem Tier zu entlaufen, / Menschlich können sie selbst auch nicht das Menschlichste tun. *G-ET, Moralische Schwätzer; I,307 f*
Tier, Mensch, Schmerz s. Schmerz, Tier / Mensch
Tier, Pflanze, Mensch s. Natur, Mensch, Bestimmung
Tier, vielköpfiges s. König / Volk
Tier, wildes, jagen s. Feind, gemeinsamen jagen
Tierheit dumpfe Schranke Jetzt fiel der Tierheit dumpfe Schranke, / Und Menschheit trat auf die entwölkte Stirn, / Und der erhabne Fremdling, der Gedanke, / Sprang aus dem staunenden Gehirn. *G-PH, Die Künstler; I,178*
tierisch / geistig Tierische Empfindungen begleiten die geistigen *T-ME, Zusammenhang; V,306*
Tigers Zahn s. Mensch in seinem Wahn
tilgen / vertilgen s. Bastard bin ich dir?
Tillys Worte [Wachtmeister über Tilly:] »Das Wort ist frei, / Die Tat ist stumm, der Gehorsam blind«, / Dies urkundlich seine Worte sind. *D, W.s Lager 6; II,287*
Timotheus s. Kraniche des Ibykus
tintenklecksendes Säkulum s. Jahrhundert, tintenklecksendes

Tisch, vor Tische [Tiefenbach:] Ich merkt es wohl, vor Tische las mans anders.
D, Piccolomini 4,7; II,391
Tochter s. a. Mädchen
Tochter aus Elysium s. Freude, Götterfunken
Töchter der frommen Natur s. Mädchen, schamhafte Sitte
Tochter, hübsche s. Ei in die Wirtschaft
Tochter, kann es wagen s. Wallenstein / Thekla
Töchter, Mutter Bild s. Eltern / Kinder
Tod / Hoffnung s. Grab, Hoffnung pflanzen
Tod aus allen Quellen s. Ozean vergiften
Tod ist los Der Tod ist los – schon wogt sich der Kampf; / Eisern im wolkigten Pulverdampf, / Eisern fallen die Würfel. / [...] // Gott befohlen, Brüder! / In einer andern Welt wieder.
G-LY, In einer Bataille; I,57
Tod oder Freiheit! s. Armee in meiner Faust
Tod, deiner / Leben, ihres s. Streich erleiden / führen
Tod, der Gattin Ach! die Gattin ists, die teure, / Ach! es ist die treue Mutter, / Die der schwarze Fürst der Schatten / Wegführt aus dem Arm des Gatten ...
G-LY, Das Lied von der Glocke; I,437

Tod, des Todes sein s. streng und fürchterlich
Tod, gebüßt mit s. Augenblick, im Paradies
Tod, Griechen Damals trat kein gräßliches Gerippe / Vor das Bett des Sterbenden. Ein Kuß / Nahm das letzte Leben von der Lippe, / Still und traurig senkt ein Genius / Seine Fackel. Schöne, lichte Bilder / Scherzten auch um die Notwendigkeit, / Und das ernste Schicksal blickte milder / Durch den Schleier sanfter Menschlichkeit.
G-PH, Die Götter Griechenlandes (erste Fassung); I,166
Tod, mächtiger Vermittler [Don Cesar:] Ein mächtiger Vermittler ist der Tod. / Da löschen alle Zornesflammen aus ...
D, Braut v. M.; II,907
Tod, nicht ästhetisch Lieblich sieht er zwar aus mit seiner erloschenen Fackel, / Aber, ihr Herren, der Tod ist so ästhetisch doch nicht.
G-EP, Der Genius mit der umgekehrten Fackel; I,250
Tod, rasch tritt [Barmherzige Brüder:] Rasch tritt der Tod den Menschen an, / Es ist ihm keine Frist gegeben, / Es stürzt ihn mitten in der Bahn, / Es reißt ihn fort vom vollen Leben, / Bereitet oder nicht, zu gehen, / Er muß vor seinen Richter stehen!
D, Tell 4,3; II,1013

Tod, verlornes Ach! Er ist hin – vergebens, ach vergebens / Stöhnet ihm der bange Seufzer nach! / Er ist hin, und alle Lust des Lebens / Wimmert hin in ein verlornes Ach!
G-LY, Amalia; I,410
Todesangst [Roller:] [...] Todesangst ist ärger als Sterben.
D, Räuber 2,3; I,546
Todesmächten, verfallen den s. glühend, hassen, lieben
Todesstrafe* s. Menschen, vertilgen
Toren, rasende s. Mensch, frei geschaffen
Torheit, begeh ich s. Neigung, billigen / bewilligen
Torheit, fort mit euerer s. Fromme, an
Tote / Lebende s. Achtung vorenthalten
Tote, glücklich »... Ach, wie glücklich sind die Toten!«
G-LY, Das Siegesfest; I,424
Tote, verloren geben [Karlos:] Ich gebe nichts verloren als die Toten.
D, Don Karlos 1,5; II,34
töten, Freier, Männer [Elisabeth zu Maria:] Bekennt Ihr endlich Euch für überwunden? / [...] / – Ja, es ist aus, Lady Maria. Ihr verführt / Mir keinen mehr. Die Welt hat andre Sorgen. / Es lüstet keinen, Euer – vierter Mann / Zu werden, denn Ihr tötet Eure Freier / Wie Eure Männer!
D, Maria Stuart 3,4; II,626 f

töten, Maria, wozu? [Leicester zu Elisabeth und Burleigh:] Wozu sie also töten? Sie *ist* tot! / Verachtung ist der wahre Tod. Verhüte, / Daß nicht das Mitleid sie ins Leben rufe!
D, Maria Stuart 2,3; II,595
Totenkeller, wie ein [Gräfin Terzky:] schwer ist mir das Herz in diesen Mauren, / Und wie ein Totenkeller haucht michs an ...
D, W.s Tod 4,9; II,514
toter Schlag, Uhr s. Natur, entgötterte
Tradition, Quelle, Organ s. Geschichte, Tradition, Sprache
tragen, Leichtes / leicht s. Schöngeist / schöner Geist
tragen, gefällt s. Säule, glänzende Last
Tragöden, Dramaturgen Ringsum schrie, wie Vögelgeschrei, das Geschrei der Tragöden / Und das Hundegebell der Dramaturgen um ihn.
G-EX, Herakliden; I,300
Tragödie, griechisch / modern Unsre Tragödie spricht zum Verstand, drum zerreißt sie das Herz so, / Jene setzt in Affekt, darum beruhigt sie so.
G-EX, Griechische und moderne Tragödie; I,292
Träne, Zwiebel s. Übel, folgt auf Unrecht

Tränen, Beglaubigung [Karlos zu Philipp:] Die ewige / Beglaubigung der Menschheit sind ja Tränen, / Sein Aug ist trocken, ihn gebar kein Weib –
D, Don Karlos 2,2; II,47
Tränen, kurzer Lenz
s. Arkadien, geboren in
Tränen, schöne Seele [Posa zur Königin:] O, diese Tränen kenn ich, schöne Seele; ...
D, Don Karlos 4,21; II,174
Tränen, vergeblich s. Klage, weckt Toten nicht
tränenleer, kein Auge
s. menschliches Rühren
Trank der Labe »Trink ihn aus, den Trank der Labe, / Und vergiß den großen Schmerz, / Wundervoll ist Bacchus' Gabe, / Balsam fürs zerrißne Herz.«
G-LY, Das Siegesfest; I,427
Trauerspiel / Magen leer
s. Waschdeputation
Traum, gebar Wesen s. Glaube, süßer, dahin
Träume seiner Jugend [Posa zur Königin:] Sagen Sie / Ihm, daß er für die Träume seiner Jugend / Soll Achtung tragen, wenn er Mann sein wird ...
D, Don Karlos 4,21; II,173
Träume vorbedeutend [Gräfin Terzky:] Wie? Glaubst du nicht, daß eine Warnungsstimme / In Träumen vorbedeutend zu uns spricht?
D, W.s Tod 5,3; II,531 f

träumen, angenehm s. Leben heißt träumen
träumen, weggeträumt
s. vergessen, Lethes Welle
Träumender, reden wie s. Amt, Mensch / Träumer / Jüngling
Traumes Wahn s. Jüngling, Lebens Bahn
Traumkunst träumt [Isabella:] Nicht Sinn ist in dem Buche der Natur, / Die Traumkunst träumt, und alle Zeichen trügen.
D, Braut v. M.; II,897
treffen, mein Kind s. Pfeil, mit dem zweiten
treffliche Künste
s. Künste / Wissenschaft
Treffliches belohnen s. tadeln ist leicht
trennen / vereinigen, Geist
s. philosophischer Geist
trennen / vereinen, Körper
s. Sprache / Körper
trennen, Haupt und Glieder
s. siegen, mit / gegen Wallenstein
Trennung, in keiner Not
s. Volk von Brüdern
Trennung, vormals [Octavio zu Max:] So pflegten wir uns vormals nicht zu trennen.
D, W.s Tod 2,7; II,451
treu, beständig s. Zeit / Beständigkeit
treu, dem Gelübde s. Gelübde, treu, schwören
treue Töchter, der Natur
s. Mädchen, schamhafte Sitte

Treue, Gattin, Weib »Glücklich, wem der Gattin Treue / Rein und keusch das Haus bewahrt, / Denn das Weib ist falscher Art, / Und die Arge liebt das Neue!«
G-LY, Das Siegesfest; I,425
Treue, kein leerer Wahn Drauf spricht er: »Es ist euch gelungen, / Ihr habt das Herz mir bezwungen, / Und die Treue, sie ist doch kein leerer Wahn, / So nehmet auch mich zum Genossen an, / Ich sei, gewährt mir die Bitte, / In eurem Bunde der Dritte.«
G-BA, Die Bürgschaft; I,356
Treue, von Rebellen
s. Rebellentreue
treulos, Begleiter s. Weges Mitte, ach!
Trieb / Not s. Not gehorchend
Trieb, sinnlich / formal s. Spieltrieb, physisch und moralisch
Trieb, Widerstand gegen
s. Würde, lächerliche und verächtliche
Triebe, rohe gesetzlose s. Kultur, Verwilderung / Erschlaffung
Triebfedern, Freude / Furcht
s. Furcht / Freude
trinken, niedertrinken
s. Regiment, bewirten
Tritt, leiser s. Versuche, Netze und Stangen
Triumph, Augenblick des
s. Augenblick der Rache
Triumph, schändlicher
s. Heldenstück, kein

Triumph, sittlicher s. Natur, unterdrückt / mitwirkend
Troja, Schutt und Staub Priams Feste war gesunken, / Troja lag in Schutt und Staub, / Und die Griechen, siegestrunken, / Reich beladen mit dem Raub ...
G-LY, Das Siegesfest; I,423
Trojas Hallen Freude war in Trojas Hallen, / Eh die hohe Feste fiel ...
G-BA, Kassandra; I,356
Trojas Schicksal Eris schüttelt ihre Schlangen, / Alle Götter fliehn davon, / Und des Donners Wolken hangen / Schwer herab auf Ilion.
G-BA, Kassandra (Schluß); I,360
Tropfen des Geistes Tropfen des Geistes / Gießet hinein, / Leben dem Leben / Gibt er allein.
G-LY, Punschlied; I,421
Tropfen Gift s. Gift, erbitten
Trost / Urteil, sprechen
s. Urteil / Trost, sprechen
Trost, süßer, geblieben
s. Häupter seiner Lieben
tröstend, zur Seite
s. Freundschaft, leise, zart
tue recht und scheue keinen
s. recht tun, gehaßt werden
Tugend, des Niedrigen
s. Gehorsam, Tugend
Tugend, erprobt, Gefahr [Maria:] doch eines Mannes Tugend / Erprobt allein die Stunde der Gefahr.
D, Maria Stuart 1,7; II,578

Tugend

Tugend, feige Weisheit
[Posa zu Philipp:] Die Menschen […] schmücken / Mit feiger Weisheit ihre Ketten aus, / Und Tugend nennt man, sie mit Anstand tragen.
D, Don Karlos 3,10; II,122

Tugend, fleckenfrei
s. Augenblick der Probe

Tugend, mit Neigung, leider Gerne dien ich den Freunden, doch tu ich es leider mit Neigung, / Und so wurmt es mir oft, daß ich nicht tugendhaft bin.
G-EX, Gewissensskrupel; I,299 (zu Kants Ethik)

Tugend, Neigung, Pflicht
s. sittlich, Handlungen / Wesen

Tugend, neue s. Denken, neue Tugend

Tugend, sich verblutet
s. Augenblick der Probe

Tugend, üben / sprechen »Wie, du hassest die Tugend?« – Ich wollte, wir übten sie alle, / Und so spräche, wills Gott, ferner kein Mensch mehr davon.
G-ET, Meine Antipathie; I,308

Tugend, üben, streben Und die Tugend, sie ist kein leerer Schall, / Der Mensch kann sie üben im Leben, / Und sollt er auch straucheln überall, / Er kann nach der göttlichen streben …
G-PH, Die Worte des Glaubens; I,215

Tugend, zu Tisch s. Poet, Wirt, Zeche

Tugenden / Tugend s. sittlich, Handlungen / Wesen

Tugenden, Größe / Güte Nur zwei Tugenden gibts, o wären sie immer vereinigt, / Immer die Güte auch groß, immer die Größe auch gut!
G-EP, Güte und Größe; I,253

Tummelplatz von Waffen
s. Europa, Friede / Krieg

Tun der Männer s. Weiber Klage / Männer Tun

tun, das Meinige / Ihrige
s. Kardinal, tun Sie das Ihre

tun, gemein / sein, schön Auch in der sittlichen Welt ist ein Adel; gemeine Naturen / Zahlen mit dem, was sie tun, schöne mit dem, was sie sind.
G-ET, Unterschied der Stände; I,303

tun, nicht lassen können [Tell:] Ich hab getan, was ich nicht lassen konnte.
D, Tell 1,1; II,922

tun, weil wollen [Königin zu Philipp:] Ich gestattete / Dem Prinzen die Zusammenkunft, um die / Er dringend bat. Ich tat es, mein Gemahl, / Weil ich es wollte – weil ich den Gebrauch / Nicht über Dinge will zum Richter setzen, / Die ich für tadellos erkannt – und Ihnen / Verbarg ich es, weil ich nicht lüstern war, / Mit Eurer Majestät um diese Freiheit / Vor meinem Hofgesinde mich zu streiten.
D, Don Karlos 4,9; II,148 f

Turm, des Metaphysikus
s. Metaphysikus, klein, groß
Tyrann / Tyrannei, hassen Einen Tyrannen zu hassen vermögen auch knechtische Seelen, / Nur wer die Tyrannei hasset, ist edel und groß.
G-EX-U, Einen Tyrannen zu hassen; I,340
Tyrannenketten s. Rettung von Tyrannenketten
Tyrannenmacht, Grenze [Stauffacher:] Nein, eine Grenze hat Tyrannenmacht, / Wenn der Gedrückte nirgends Recht kann finden, / Wenn unerträglich wird die Last – greift er / Hinauf getrosten Mutes in den Himmel / Und holt herunter seine ewgen Rechte, / Die droben hangen unveräußerlich / Und unzerbrechlich wie die Sterne selbst –
D, Tell 2,2; II,959

U

Übel größtes s. Leben, Güter höchstes nicht
Übel, bestrafen / verhindern s. Drakos Gesetze
Übel, der Demokratie s. Demokratie, Übel der
Übel, folgt auf Unrecht [Kapuziner:] Auf das Unrecht, da folgt das Übel, / Wie die Trän auf den herben Zwiebel ...
D, W.s Lager 8; II,293
Übel, kleinstes ausgewählt [Illo:] Wollte mans erpassen, / Bis sie zu Wien aus vierundzwanzig Übeln / Das kleinste ausgewählt, man paßte lange!
D, Piccolomini 1,2; II,321
Übel, Mörder / Spion s. spionieren, Übel
Übel, verlängertes s. Fortschritt / Dauerhaftigkeit
Übel, verzweifeltes s. retten / wagen, alles
Übel, zwei gewisse s. Streit der Pflichten
üben, Tugend s. Tugend, üben, streben
Überfluß, ästhetischer s. Schönheit, Selbstzweck
Überfluß, Größe s. Kenner, gnädigster Richter
Überspannung und Affektation s. Mensch ohne Form

Überzeugte überzeugen [Domingo zu Alba:] Zu überzeugen / Fällt keinem Überzeugten schwer.
D, Don Karlos 2,10; II,82
Überzeugung / Parteigeist
s. Parteigeist / Überzeugung
Überzeugung, schnell vertauscht
s. England, Gesetze / Unglück
Überzeugungen, Gebäude [Großinquisitor zu Philipp:] Wenn das / Gebäude Ihrer Überzeugung schon / Von Worten fällt – mit welcher Stirne, muß / Ich fragen, schrieben Sie das Bluturteil …
D, Don Karlos 5,10; II,213
Übung der Kräfte
s. Einseitigkeit, ambivalent
Übung, ästhetische
s. ästhetische Übung
Übung, früh s. früh übt sich
Übung, Verstand s. Erkenntnis, durch das Schöne
Übungen, gymnastische
s. Spiel / Übung
Ufers Grün s. Mägdlein, am Ufer
Uhr ist abgelaufen s. hohle Gasse, Küßnacht
Uhr schlägt keinem Glücklichen [Max zur Gräfin Terzky:] Es schien die Zeit dem Überseligen / In ihrem ewgen Laufe still zu stehen. / O! der ist aus dem Himmel schon gefallen, / Der an der Stunden Wechsel denken muß! / Die Uhr schlägt keinem Glücklichen.
D, Piccolomini 3,3; II,363

Uhr, Pendeluhr s. Natur, entgötterte
Uhrwerk des Staates s. Staat, Uhrwerk, bessern
Umgang als Verstellung
s. Mensch ohne Form
Umgang der Menschen s. Verstellung, danke dem Himmel
Umweg / Weg
s. Willkür / Ordnung
unangemeldet vorgelassen [Philipp über Posa:] Der Ritter / Wird künftig ungemeldet vorgelassen.
D, Don Karlos 3,10; II,131
unbillig, unerträglich
s. ertragen / nicht ertragen
Unding, dir Blindem s. Ding, betasten, beschmutzen
unendlicher Gehalt s. Darstellung, naiv / sentimentalisch
unendlicher Raum
s. Säugling / Mann
unendliches Meer s. Gedanke des Lichts
Unendliches, Ideal s. Ideal, Natur / Kultur
Unendliches, wesenloses
s. Goethe, Werther
Unendlichkeit / engster Kreis An dem Eingang der Bahn liegt die Unendlichkeit offen, / Doch mit dem engesten Kreis höret der Weiseste auf.
G-EP, Menschliches Wirken; I,255
unersättlich, frühes Grab [Melchthal:] So hat er nur sein frühes

Grab gegraben, / Der unersättlich alles wollte haben!
D, Tell 5,1; II,1018 f
Ungeheuer mit Majestät
s. Bösewichter, erstaunliche
Ungeheueres, lerne erwarten
s. Natur, ewiger Brauch
ungleich verteilt s. Natur, ewig gerecht
Unglück / Wahn [Max zu Octavio:] Ich weiß, daß man vor leeren Schrecken zittert; / Doch wahres Unglück bringt der falsche Wahn.
D, Piccolomini 5,1; II,395
Unglück schreitet schnell
s. Schicksalsmächte
Unglück, bewandert im
s. England, Gesetze / Unglück
Unglück, falsche Freunde
s. Freunde, falsche
Unglück, geht frei [Thekla:] Frei geht das Unglück durch die ganze Erde!
D, W.s Tod 4,11; II,518
Unglück, geschmeidigt
s. Stolze find ich
Unglück, großes, sich finden [Kennedy zu Paulet:] In *großes* Unglück lehrt ein edles Herz / Sich endlich finden, aber wehe tuts, / Des Lebens kleine Zierden zu entbehren.
D, Maria Stuart 1,1; II,552 f
Unglück, Hoffnung
s. Schicksals Waage
Unglück, Mütter s. Mütter, Unglück mit

Unglück, Schule [Talbot zu Elisabeth:] Dir war das Unglück eine strenge Schule.
D, Maria Stuart 2,3; II,593
Unglück, vom Jammer gefolgt [Erster Chor:] Durch die Straßen der Städte, / Vom Jammer gefolget, / Schreitet das Unglück – / Laurend umschleicht es / Die Häuser der Menschen ...
D, Braut v. M.; II,894
Unglücks tückische Nähe [Erster Chor:] Aber auch aus entwölkter Höhe / Kann der zündende Donner schlagen, / Darum in deinen fröhlichen Tagen / Fürchte des Unglücks tückische Nähe!
D, Braut v. M.; II,895
unglückselige Gestirne
s. Schuld, Gestirne
unglückselige Zeit! s. Zeit, bettelhaft, hektisch
Unheil schon getroffen Ach! vielleicht, indem wir hoffen, / Hat uns Unheil schon getroffen.
G-LY, Das Lied von der Glocke; I,436
Unmensch, sein können [Wallenstein zu Max:] Die Zeiten / Der Liebe sind vorbei, der zarten Schonung, / Und Haß und Rache kommen an die Reihe. / Ich kann auch Unmensch sein, wie er.
D, W.s Tod 3,18; II,482
Unmenschlichkeit, als Pflicht
s. Spartaner / Sklaven

Unmenschlichkeit, Inquisition
s. Inquisition, Urteile
Unmut und Streitbegier »[...] Doch an dem Herzen nagte mir / Der Unmut und die Streitbegier ...«
G-BA, *Der Kampf mit dem Drachen;* I,392
Unrecht leiden schmeichelt [Posa zu Karlos:] Du jauchztest, der Beleidigte zu sein; / Denn Unrecht leiden schmeichelt großen Seelen.
D, *Don Karlos* 2,15; II,97
Unrecht, Übel s. Übel, folgt auf Unrecht
Unschuld, Himmel [Gertrud:] Die Unschuld hat im Himmel einen Freund!
D, *Tell* 1,2; II,927
unseliges Mittelding
s. Philosoph, Vieh / Engel
unsichtbarer Feind s. Schicksal, Urne des
Unsinn, du siegst s. Dummheit, kämpfen mit
Unsinn, Mehrheit s. Mehrheit, Unsinn
unsterblich durch dich
s. Homer, der Wolfische
unsterblich im Gesang Was unsterblich im Gesang soll leben, / Muß im Leben untergehn.
G-PH, *Die Götter Griechenlandes (2. Fassung, Schluß);* I,173
unsterblich Unternehmen
s. Frevel, geglückter

unsterbliche Bürgerin
s. Geschichte, unsterblich
unsterbliche Mutter s. Held, fallend, Schicksal
unsterbliches Lied s. deutsche Flüsse, Ilm
Unsterblichkeit, nichts getan für [Karlos zu Philipp:] Heftig brausts / In meinen Adern – Dreiundzwanzig Jahre, / Und nichts für die Unsterblichkeit getan!
D, *Don Karlos* 2,2; II,49
Untat, jede s. Rache-Engel
unten ist's fürchterlich s. Nacht und Grauen
unterdrückt, Natur s. Natur, unterdrückt / mitwirkend
Unterdrückter, Rechte des [Demetrius:] Ich suche Schutz: der Unterdrückte hat / Ein heilig Recht an jede edle Brust.
D, *Demetrius* 1; III,11
untergehen, früh oder spät
s. Mehrheit, Unsinn
untergehen, im Leben
s. unsterblich im Gesang
untergehen, müssen
s. Dummheit, kämpfen mit
untergehen, sehen s. Flamme brausend
Unterschied, Aufhebung
s. Würde / Glückseligkeit
Unterschied, Röcke [Erster Jäger:] Der ganze Unterschied ist in den Röcken, / Und ich ganz gern mag in meinem stecken.
D, *W.s Lager* 6; II,283

Untersuchung, fordern / fürchten
[Aubespine:] Ich fodre Untersuchung. [Burleigh:] Fürchtet sie!
D, Maria Stuart 4,2; II,637
Untertan / Bürger s. Bürger / Untertan
untertänig, dies alles
 s. Polykrates
unveräußerlich und unzerbrechlich s. Tyrannenmacht, Grenze
unverlierbarer Besitz
 s. Ideenreich / Sinnenwelt
Unverstand entscheidet
 s. Mehrheit, Unsinn
Unverzeihliche, das Alles kann mißlingen, wir könnens ertragen, vergeben; / Nur nicht, was sich bestrebt, reizend und lieblich zu sein.
G-EX, Das Unverzeihliche; I,261
Unwissenheit / Weisheit s. Weisheit, Wissen / Nichtwissen
Uraniden, Stirn des hohen
 s. Sinnenglück und Seelenfrieden
Urbild, aus Nachbild
 s. Wahrheit, in Täuschung
Uri zwingen [Zweiter Gesell:] Mit diesem Häuslein wollt ihr Uri zwingen?
D, Tell 1,3; II,930
Urne, geheimnisvolle
 s. Schicksal, Urne des
Urteil / Gesetz s. Gesetz, verwenden
Urteil / Trost, sprechen [Maria zu Hanna:] Du sprichst mein Urteil aus, da du mich tröstest.
D, Maria Stuart 1,4; II,561

Urteil, Burleigh / Maria [Maria:] Lord Burleigh leiht dienstfertig dem Gerichte, / Dem er den Geist geliehn, nun auch den Mund. [Paulet:] Ihr sprecht, als wüßtet Ihr bereits das Urteil. [Maria:] Da es Lord Burleigh bringt, so weiß ich es.
D, Maria Stuart 1,7; II,572
Urteil, den / Herz, mein
 s. irren, Urteil / Herz
Urteil, fällen / vollziehen [Burleigh zu Elisabeth:] Hier ist kein Urteil / Zu *fällen, zu vollziehen* ists.
D, Maria Stuart 4,9; II,652
Urteil, höhere Gesetze
 s. Muster, Nacheiferung
Urteil, männlich / weiblich
 s. Weibliches Urteil
Urteil, nicht mehr vollziehbar
 s. Gnade, königliche Nähe
Urteilssprüche, Inquisition
 s. Inquisition, Urteile

V

Vandalen, Stein
s. Musen / Vandalen
Vater / König [Karlos zu Posa:] Wenn ich den Vater je in ihm verlernte, / Was würde mir der König sein?
D, Don Karlos 1,2; II,20
Väter / Söhne [Philipp zu Karlos:] Mir gefallen / Die Söhne nicht, die beßre Wahlen treffen / Als ihre Väter.
D, Don Karlos 2,1; II,45
Vater, blaß [Franz:] Aber ist Euch auch wohl, Vater? Ihr seht so blaß.
D, Räuber 1,1; I,493
Vater, überm Sternenzelt s. Kuß der Welt
Vaterhaus, heim ins
s. Mädchen / Knabe
Vaterland, Herz schlägt für
s. Großes wirken, Streit / Bund
Vaterland, jede Flur s. edles Herz, froh und groß
Vaterland, kämpfen für s. kämpfen, für Vaterland / Liebe
Vaterland, teueres [Attinghausen:] Ans Vaterland, ans teure, schließ dich an, / Das halte fest mit deinem ganzen Herzen.
D, Tell 2,1; II,947
Vaterland, zum Besten des
s. Fiesko, Moral des
Vaters Blut s. Eltern / Kinder

Veilchen / Lorbeer
s. Loorbeer / Veilchen
Venus Amathusia Ach! da euer Wonnedienst noch glänzte, / Wie ganz anders, anders war es da! / Da man deine Tempel noch bekränzte, / Venus Amathusia!
G-PH, Die Götter Griechenlandes; I,163
Venus, Geschenk der
s. Schönheit, verdienstlos
Venus, irdische s. Gedanke des Lichts
verachten / hassen [Philipp zu Alba:] – Gerne mag ich hören, / Daß Karlos meine Räte *haßt,* doch mit / Verdruß entdeck ich, daß er sie *verachtet.*
D, Don Karlos 2,3; II,52
verachten / schmeicheln
s. Volksdienst, Götze
verachten, Anmut s. Mensch ohne Form
verachten, Beschränktheit
s. Verstand, gemein / spekulativ
verachten, den Zaum
s. Geschmack / Genie
verachten, die Menschen
s. Realist / Idealist, Aversionen
verachten, nie s. Kenner, gnädigster Richter
verachten, sich selber s. Wert, sich geben
Verachtung, wahrer Tod
s. töten, Maria, wozu?
veralten s. alt

verändern / unveränderlich
s. Mensch, existieren
Veränderung / Identität s. Spieltrieb, physisch und moralisch
Veränderung, Salz [Ferdinand:] Veränderung nur ist das Salz des Vergnügens –
D, Kabale u. L. 5,7; I,851
Verbesserung, erhoffen Die Welt wird alt und wird wieder jung, / Doch der Mensch hofft immer Verbesserung!
G-PH, Hoffnung; I,216
verboten / erlaubt [Erster Jäger:] Da gibts nur *ein* Vergehn und Verbrechen: / Der Ordre fürwitzig widersprechen! / Was nicht verboten ist, ist erlaubt; / Da fragt niemand, was einer glaubt. / Es gibt nur zwei Ding überhaupt, / Was zur Armee gehört und nicht, / Und nur der Fahne bin ich verpflicht.
D, W.s Lager 6; II,287
Verbrechen, erklärt
s. Wallensteins Lager
Verbrechen, noch nicht
s. Grenze, so schmal
Verbrechen, verdanken dem
s. Dienste, Verbrechen
Verbrechens Früchte
s. ermorden, nicht richten
Verderben, erflehen
s. Fluch / Flehen
Verderben, Götter wollen »Die Götter wollen dein Verderben, / Fort eil ich, nicht mit dir zu sterben.«
G-BA, Der Ring des Polykrates; I,346

verderblich mich umstrickt
s. Netz, verstrickt mit eigenem
Verdienst / Dank [Philipp zu Posa:] Ihr machtet / Um meine Krone Euch verdient. Warum / Entziehet Ihr Euch meinem Dank?
D, Don Karlos 3,10; II,118
Verdienst / verdienen Hast du auch wenig genug verdient um die Bildung der Deutschen, / Fritz Nicolai, sehr viel hast du dabei doch verdient.
G-EX, Verdienst; I,280
Verdienst veraltet schnell [Wallenstein:] Neu Regiment bringt neue Menschen auf, / Und früheres Verdienst veraltet schnell.
D, Piccolomini 2,7; II,356
Verdruß, entdecken mit
s. verachten / hassen
vereinen, was flieht s. Männer, Stärke / Frauen, Sitte
verführen, keinen mehr
s. töten, Freier, Männer
Vergangenheit, ewig still
s. Zeit, dreifach
Vergängliches, schön Warum bin ich vergänglich? o Zeus! so fragte die Schönheit, / Macht dich doch, sagte der Gott, nur das Vergängliche schön.
G-ET, Einer; I,318
Vergeben, Sieg s. Sieg, göttlichster
vergessen, Grausames [Maria zu Elisabeth:] Ein ewiges Vergessen / Bedecke, was ich Grausames erlitt.
D, Maria Stuart 3,4; II,624

vergessen, Lethes Strom
s. Hektors Liebe
vergessen, Lethes Welle »Denn solang die Lebensquelle / An der Lippen Rande schäumt, / Ist der Jammer weggeträumt, / Fortgespült in Lethes Welle.«
G-LY, Das Siegesfest; I,427
Vergnügen, Moral, Poesie
s. Poesie, Vergnügen / Moral
Vergnügen, Salz des
s. Veränderung, Salz
vergnügte Sinne s. Polykrates
Verhängnis tötet ihn
s. Wallenstein, Ermordung
Verhängnis, geschehen »Warum gabst du mir zu sehen, / Was ich doch nicht wenden kann? / Das Verhängte muß geschehen, / Das Gefürchtete muß nahn.«
G-BA, Kassandra; I,358
Verhängnisse, Aussaat von
s. Sterne, Saatzeit erkunden
verhängnisvoller Abend
s. Abend, verhängnisvoller
verhängtes Geschick
s. Geschick, wenden / vollenden
verhehlen, Tiefe s. Tiefe, heulende
verhöhnen, grausam s. Opfer, verhöhnen
verhöhnt, erniedrigt [Kennedy:] Vor ihrem Buhlen habt Ihr sie verhöhnt! [Maria:] Vor Leicesters Augen hab ich sie erniedrigt!
D, Maria Stuart 3,5; II,629

verkaufen, für Humanität
s. Humanität, verkaufen für
verkaufen, Stimme
s. Mehrheit, Unsinn
verkaufen, unser Blut
s. Habsburger, Wien / Madrid
verlassen, sich auf [Paulet zu Leicester:] Die Königin verläßt sich / Auf ihn, und ich, Mylord, verlasse mich / Auf mich und meine beiden offnen Augen.
D, Maria Stuart 2,7; II,604
verlieren / aufgeben
s. eingestehen / verlieren
verlieren / erkämpfen
s. Riesenkraft
verlieren lernen s. Besitz, lerne verlieren
verlieren, Gehalt / gewinnen, Umfang s. Verstand, gemein / spekulativ
verlieren, mit Schimpf
s. Spektakel, betrogen um
verlieren, unverlierbar
s. Ideenreich / Sinnenwelt
verloren geben s. Tote, verloren geben
verloren, du mit mir
s. Geheimnisse aufdecken
verlornes Ach! s. Tod, verlornes Ach!
Verlust, droht s. Wechsel schreckt
Vermessenheit, Urteile
s. Inquisition, Urteile

Vermögen, besteuert nach [Hedwig:] Das Schwerste wird dein Anteil sein, wie immer. [Tell:] Ein jeder wird besteuert nach Vermögen.
D, Tell 3,1; II,967
Vernunft / Aberwitz s. Dummheit, kämpfen mit
Vernunft gesprochen stundenlang s. Weiber / Vernunft
Vernunft, baut ins Leere s. Genius, mehrt die Natur
Vernunft, heilige / Schwärmer s. Natur, am Pranger
Vernunft, prahlende [Großinquisitor über Posa:] Durch uns zu sterben war er da. Ihn schenkte / Der Notdurft dieses Zeitenlaufes Gott, / In seines Geistes feierlicher Schändung / Die prahlende Vernunft zur Schau zu führen.
D, Don Karlos 5,10; II,212
Vernunft, reine / Erfahrung Welches Treiben zugleich nach reiner Vernunft, nach Erfahrung, / Ach, sie stecken das Haus oben und unten in Brand.
G-EX-U, Metaphysiker und Physiker; I,323
Vernunft, und Sinnlichkeit s. ästhetischer Zustand
Vernunft, Verstand, Natur s. Philosophem, irriges
Vernunft, Verstand, Schranken s. Verstand, Schranken des
vernünftig / ästhetisch s. Mensch, vernünftig / ästhetisch machen

vernünftig / moralisch Dacht ichs doch! Wissen sie nichts Vernünftiges mehr zu erwidern, / Schieben sie's einem geschwind in das Gewissen hinein.
G-EX, Ich; I,299
Verrat trennt [Isolani zu Octavio:] Verrat trennt alle Bande.
D, W.s Tod 2,5; II,442
verraten, Eifer s. Eifer, kann verraten
Verräter an dem Kaiser [Gordon zu Buttler über Wallenstein:] Verräter an dem Kaiser – solch ein Herr! / So hochbegabt! O was ist Menschengröße! / Ich sagt es oft: das kann nicht glücklich enden ...
D, W.s Tod 4,2; II,497
Verräterei am Ganzen s. Grundsätze, liberale
Vers, fröhlicher s. Philister verdrieße
Versammlungen, große / kleine Alle große Versammlungen haben immer eine gewisse Gesetzlosigkeit in ihrem Gefolge, – alle *kleinern* aber haben Mühe, sich von *aristokratischem Despotismus* ganz rein zu erhalten. Zwischen *beiden* eine glückliche Mitte zu treffen, ist das schwerste Problem, das die kommenden Jahrhunderte erst auflösen sollen.
H, Lykurgus u. Solon; IV,832
verschweigen, Stil s. Stil, verschweigen

verschwiegen bleiben
s. entdecken / verschweigen
verschwiegene Gemächer
s. Not gehorchend
Verstand / Einfalt Und was kein Verstand der Verständigen sieht, / Das übt in Einfalt ein kindlich Gemüt.
G-PH, Die Worte des Glaubens; I,215
Verstand und Genie
s. Verstand, bewachen / erobern
Verstand verständig brauchen
s. Herrscherseele
Verstand, bewachen / erobern Sorgend bewacht der Verstand des Wissens dürftigen Vorrat, / Nur zu erhalten ist er, nicht zu erobern geschickt.
G-EX-U, Verstand und Genie; I,324
Verstand, erleuchteter
s. Philosophie, einseitige
Verstand, gemein / spekulativ Daher kommt es, daß, wenn der spekulative Verstand den gemeinen um seiner *Beschränktheit* willen verachtet, der gemeine Verstand den spekulativen seiner *Leerheit* wegen verlacht; denn die Erkenntnisse verlieren immer an bestimmtem Gehalt, was sie an Umfang gewinnen.
T-PH, Naive u. sentim. D.; V,773
Verstand, intuitiv / spekulativ Der intuitive und der spekulative Verstand verteilten sich jetzt feindlich gesinnt auf ihren verschiedenen Feldern [...]. Indem hier die luxurierende Einbildungskraft die mühsamen Pflanzungen des Verstandes verwüstet, verzehrt dort der Abstraktionsgeist das Feuer, an dem das Herz sich hätte wärmen und die Phantasie sich entzünden sollen.
T-PH, Ästhetische Erziehung, 6. Brief; V,583
Verstand, nur wenige
s. Mehrheit, Unsinn
Verstand, Schranken des Etwas nützet ihr doch, die Vernunft vergißt des Verstandes / Schranken so gern, und *die* stellet ihr redlich uns dar.
G-EX, Die borniertem Köpfe; I,263
Verstand, Vernunft, Natur
s. Philosophem, irriges
verstanden werden wollte [Eboli zu Karlos:] urteilen Sie, ob ich / Verstand, wo Sie verstanden werden wollten?
D, Don Karlos 2,8; II,69
verständig / edel s. edel, Form, Geist
Verständige, Verstand der
s. Verstand / Einfalt
Verstellung, fremd [Octavio zu Questenberg:] Verstellung ist der offnen Seele fremd ...
D, Piccolomini 1,3; II,327
Verstellung, danke dem Himmel Falschheit nur und Verstellung ist in dem Umgang der Menschen, /

Keiner erscheint, wie er ist – Danke dem Himmel, mein Freund.
G-EX-U, E. v. B. *(Emilie von Berlepsch); I,336*
Verstellung, mißverstanden
s. Mensch ohne Form
Versuche, Netze und Stangen Dich zu greifen ziehen sie aus mit Netzen und Stangen, / Aber mit leisem Tritt schreitest du mitten hindurch.
G-ET, *Die Versuche; I,306*
Versuchung, zu stark
s. Wallenstein, solche Macht
Vertrau auf Gott s. Mann, braver, rettet
vertrauen, dem Elenden
s. Rettungsbrücke bauen
vertrauen, hintergehen
s. fallen, fallen sehen
Vertrauen, verfolgen / fliehen [Octavio über Wallenstein:] Seit jenem Tag verfolgt mich sein Vertrauen / In gleichem Maß, als ihn das meine flieht.
D, *Piccolomini 1,3; II,326*
Vertrauen, wird kommen [Wrangel zu Wallenstein:] Das Vertraun wird kommen, / Hat jeder nur erst seine Sicherheit.
D, *W.s Tod 1,5; II,417*
Vertraun vergiftet [Wallenstein zu Max:] Denn Krieg ist ewig zwischen List und Argwohn, / Nur zwischen Glauben und Vertraun ist Friede. / Wer das Vertraun vergif-

tet, o der mordet / Das werdende Geschlecht im Leib der Mutter!
D, *W.s Tod 3,18; II,483*
Vertraulichkeit, Vorrecht
s. Du, brüderliches, Gleichheit
vertrieben / vertreiben s. Welt, eng / Gehirn, weit
verwandt, starke Seelen
s. Seelen, starke, verwandt
verwandtes Gemüt
s. Jahrhundert, Strom zerrinnt
verwegen wie Verzweiflung
s. Mittel, Gefahr
verwegen, ernst s. Horen, Erster Jahrgang
verwegene Arznei
s. retten / wagen, alles
verwegener Dienst s. Dienst, verwegener
Verwegenheit und Furcht
s. Mittelbahn des Schicklichen
verwegenste Bedeutung
s. Wort, verwegenste Bedeutung
Verweisung s. Emigration★
Verwesung lieber
s. Freiheit / Verwesung
verwünscht gescheit
s. Gedanke, gescheit / dumm
verzagt, zittern s. Weiber, zittern
Verzweiflung eingezogen [Meister Steinmetz zu Berta:] Wir waren frohe Menschen, eh ihr kamt, / Mit euch ist die Verzweiflung eingezogen.
D, *Tell 1,3; II,932*

Verzweiflung, verwegen wie
s. Mittel, Gefahr
Vesper schlagen
s. Meister / Bursche
Vieh und Engel s. Philosoph, Vieh / Engel
viel lerntest du s. lernen, kurz, viel
vieldeutig doppelsinnig
s. Pflicht und Ehre
vielen gefallen, schlimm
s. gefallen, wenigen / vielen
Vielseitigkeit / Tiefe s. Welt, ergreifen / begreifen
Volk / Aristokraten s. Gesellschaft, böse
Volk liebt mich zu sehr
s. ehren, Gott / Menschen
Volk von Brüdern [Rösselmann:] Bei diesem Licht, das uns zuerst begrüßt / Von allen Völkern, die tief unter uns / Schweratmend wohnen in dem Qualm der Städte, / Laßt uns den Eid des neuen Bundes schwören. / – Wir wollen sein ein einzig Volk von Brüdern, / In keiner Not uns trennen und Gefahr. / – Wir wollen frei sein, wie die Väter waren, / Eher den Tod, als in der Knechtschaft leben. / – Wir wollen trauen auf den höchsten Gott / Und uns nicht fürchten vor der Macht der Menschen.
D, Tell 2,2; II,964
Volk, Behandlung, schrecklich
s. rächen oder dulden

Volk, das glückliche
s. sein / tragen, tun, bedeuten
Volk, dieses kleine
s. Schweizer / Kaiser
Volk, edleres, einst s. Zeiten, schönere
Volk, eines, einig [Alle:] Wir sind *ein* Volk, und einig wollen wir handeln.
D, Tell 2,2; II,957
Volk, rennt, wälzt sich Was rennt das Volk, was wälzt sich dort / Die langen Gassen brausend fort?
G-BA, Der Kampf mit dem Drachen; I,390
Volk, universalhistorisches
s. Juden, gerecht gegen
Volk, Wahlfreiheit
s. Demokratie, Lenkung
Völker, jugendlich s. Weltalter, kindliches
Völker, Namen Wer zählt die Völker, nennt die Namen, / Die gastlich hier zusammenkamen?
G-BA, Die Kraniche des Ibykus; I,349
Völker, sich selbst befreien
s. Kräfte, rohe, sinnlos
Volkes Stimme s. Stimme des Volks, Gottes
Volksdienst, Götze [Elisabeth (Monolog):] O Sklaverei des Volksdiensts! Schmähliche / Knechtschaft – Wie bin ichs müde, diesem Götzen / Zu schmeicheln, den mein Innerstes verachtet!
D, Maria Stuart 4,10; II,655

Volksmenge, Tumult s. Regierung, Senat
Volksreligion / Weisheit s. Religion, der Weisen / des Volkes
vollendet in sich, jeder s. gleich, jeder dem Höchsten
Vollendet! Heil dir! s. Räuber, Monument des
vollkommen, niemals s. Ideal, Natur / Kultur
vollkommen, Welt / Qual, Mensch s. Welt, vollkommen / Mensch, Qual
Vollkommenes stirbt Siehe! Da weinen die Götter, es weinen die Göttinnen alle, / Daß das Schöne vergeht, daß das Vollkommene stirbt.
G-PH, Nänie; I,242
Vollkommenes, Begriff s. Tadel, zärtlicher
Vollkommenes, nur ernst s. Ernst / Spiel
Vollkommenheit, moralische s. Kant, Moralphilosophie
Vollzieher, gebietrischer s. Schicksal, behält Recht
Vorgänger, unser s. Martial, unser Vorgänger
vornehm niederschauen s. Metaphysikus, klein, groß
vornehm philosophieren Vornehm nennst du den Ton der neuen Propheten? Ganz richtig, / Vornehm philosophiert heißt wie *Rotüre* gedacht.
G-EX, An Kant (»Rotüre« = Routine); I,264

vornehm tun [Bauer:] Unter allen die Schlimmsten just, / Spreizen sich, werfen sich in die Brust, / Tun, als wenn sie zu fürnehm wären, / Mit dem Bauer ein Glas zu leeren.
D, W.s Lager 1; II,278
vornehm, schauen s. Empiriker, blinder Gott
Vorrecht, edelstes s. Selbstbestimmung, edel
Vorsehung / Weltenlauf s. Theater, Schöpfungen
Vorsehung, Thespis' Wagen s. Theater, Schöpfungen
Vorsicht, besser zu viel [Octavio:] Doch es gilt Kaisers Dienst, das Spiel ist groß, / Und besser, zu viel Vorsicht, als zu wenig.
D, W.s Tod 2,4; II,440
Vorsicht, weise s. Gedankens Tore
Vorstellung, Vorgestelltes, Vorstellendes Vorstellung wenigstens ist; ein Vorgestelltes ist also, / Ein Vorstellendes auch; macht, mit der Vorstellung, drei!
G-EX, Ein siebenter; I,299
Vortreffliche / alle s. gefallen, Vortrefflichen / allen
Voß und Iffland s. schildern, vermögen

W

wach s. wecken

wachsen, mit gößern Zwecken
Denn nur der große Gegenstand vermag / Den tiefen Grund der Menschheit aufzuregen, / Im engen Kreis verengert sich der Sinn, / Es wächst der Mensch mit seinen größern Zwecken.
D, W.s Lager, Prolog; II,271

Waffe / Arm [Hedwig:] Was willst du mit der Armbrust? Laß sie hier. [Tell:] Mir fehlt der Arm, wenn mir die Waffe fehlt.
D, Tell 3,1; II,968

Waffen ruhn [Johanna:] Die Waffen ruhn, des Krieges Stürme schweigen, / Auf blutge Schlachten folgt Gesang und Tanz, / Durch alle Straßen tönt der muntre Reigen, / Altar und Kirche prangt in Festes Glanz …
D, Jungfrau 4,1; II,773

Waffen, fürchterliche s. Wahnsinn, frommer

Waffen, gewaffnet s. Mordgewehr, gefährlich

Waffen, Welt in s. Welt in Waffen

wage zu irren s. Spiel, hoher Sinn

wagen / hoffen [Wachtmeister:] Die Weltkugel liegt vor Ihm offen, / Wer nichts waget, der darf nichts hoffen.
D, W.s Lager 7; II,290

wagen, frisch gewagt [Mortimer zu Maria:] Für alles werde alles frisch gewagt, / Frei müßt Ihr sein, noch eh der Morgen tagt.
D, Maria Stuart 3,6; II,630

wagen, niemand / seine Tochter s. Wallenstein / Thekla

wagen, und hoffen s. hoffen und wagen, weiter

Wagnis, eitel und vergeblich s. Rad der Zeit, fallen in

Wagnis, tauchen s. tauchen in diesen Schlund

Wahl, bange s. Sinnenglück und Seelenfrieden

Wahl, Bettler keine s. Mehrheit, Unsinn

Wahl, keine, ist Wohltat s. Streit der Pflichten

Wahl, letzte, frei [Gertrud:] Die letzte Wahl steht auch dem Schwächsten offen, / Ein Sprung von dieser Brücke macht mich frei.
D, Tell 1,2; II,927 f

Wahl, schwer / Not, drängt [Illo zu Terzky:] Die Wahl ists, was ihm schwer wird; drängt die Not, / Dann kommt ihm seine Stärke, seine Klarheit.
D, Piccolomini 3,1; II,359

Wahl, war Züchtigung [Großinquisitor zu Philipp:] Die Wahl, die man Sie blindlings treffen lassen, / War Ihre Züchtigung. Sie sind belehrt.
D, Don Karlos 5,10; II,214

Wahl, zum Verderben [Max:] Ihr habt gewählt zum eigenen Verderben, / Wer mit mir geht, der sei bereit zu sterben!
D, W.s Tod 3,23; II,495
wählen, das Rechte s. zwei Stimmen, wählen
Wahn ist kurz s. prüfe, wer sich ewig bindet
Wahn, falscher s. Unglück / Wahn
Wahn, kein leerer s. Treue, kein leerer Wahn
Wahn, Mensch in seinem s. Mensch in seinem Wahn
Wahn, Nebel des s. Schrift, Körper und Stimme
Wahn, schmeichelnder s. Hoffnung, kein Wahn
Wahn, schöner, entzwei Ach! des Lebens schönste Feier / Endigt auch den Lebensmai, / Mit dem Gürtel, mit dem Schleier / Reißt der schöne Wahn entzwei.
G-LY, Das Lied von der Glocke; I,432
Wahn, seines Traumes s. Jüngling, Lebens Bahn
Wahnsinn oder Blutgerüst s. Weg, ins Verderben
Wahnsinn, frommer [Elisabeth zu Maria:] Des frommen Wahnsinns fürchterliche Waffen, / Hier selbst, im Friedenssitze meines Reichs, / Blies er mir der Empörung Flammen an – / Doch Gott ist mit mir, und der stolze Priester / Behält das Feld nicht – Meinem Haupte war / Der Streich gedrohet, und das Eure fällt!
D, Maria Stuart 3,4; II,625
wahr / schön gesagt s. schön / wahr gesagt
Wahres mich lehren s. sehen, Mensch / Sache
Wahrheit für mich haben s. entbehren können / Wahrheit haben
Wahrheit vertragen, jede Jede Wahrheit vertrag ich, auch die mich selber zu nichts macht; / Aber das fodr ich – zu nichts mache mich, eh du sie sagst.
G-EX-U, Die Bedingung; I,336
Wahrheit, dienen / bestehlen s. Schöngeist / Philister
Wahrheit, durch Schuld Ihn riß ein tiefer Gram zum frühen Grabe. / »Weh dem«, dies war sein warnungsvolles Wort, / Wenn ungestüme Frager in ihn drangen, / »Weh dem, der zu der Wahrheit geht durch Schuld, / Sie wird ihm nimmermehr erfreulich sein.«
G-PH, Das verschleierte Bild zu Sais; I,226
Wahrheit, einst Schönheit s. Schönheit, als Wahrheit
Wahrheit, für Weise [Posa zur Königin:] Die Wahrheit ist vorhanden für den Weisen, / Die Schönheit für ein fühlend Herz.
D, Don Karlos 4,21; II,175

Wahrheit, Gattung zur
s. Einseitigkeit, ambivalent
Wahrheit, gebildet, geschaut
s. Poet, Philosoph, geboren
Wahrheit, im Abgrund Nur Beharrung führt zum Ziel, / Nur die Fülle führt zur Klarheit, / Und im Abgrund wohnt die Wahrheit.
G-PH, Sprüche des Konfuzius; I,227
Wahrheit, in Täuschung Die Menschheit hat ihre Würde verloren, aber die Kunst hat sie gerettet und aufbewahrt in bedeutenden Steinen; die Wahrheit lebt in der Täuschung fort, und aus dem Nachbilde wird das Urbild wiederhergestellt werden.
T-PH, Ästhetische Erziehung, 9. Brief; V,594
Wahrheit, malerische Hülle
s. Dichtkunst malerische Hülle
Wahrheit, nie schädlich
s. Strafe der Mutter
Wahrheit, nie verleugnen [Königin zu Philipp:] Wahrheit werde / Ich nie verleugnen, wenn mit Ehrerbietung / Und Güte sie gefordert wird. –
D, Don Karlos 4,9; II,148
Wahrheit, Ruhm, Liebe, Glück
s. Jüngling, Lebens Bahn
Wahrheit, schädlich / heilend Schädliche Wahrheit, wie zieh ich sie vor dem nützlichen Irrtum! / Wahrheit heilet den Schmerz, den sie vielleicht uns erregt.
G-ET, Was nutzt; I,306

Wahrheit, Sonnenbild s. Weges Mitte, ach!
Wahrheit, stille Quelle s. Irrtum, Schutt des
Wahrheit, versteckter Born
s. Ernst, Wahrheit, Born
Wahrheit, verstoßen Von ihrer Zeit verstoßen, flüchte / Die ernste Wahrheit zum Gedichte ...
G-PH, Die Künstler; I,186
Wahrheit, zu schwer
s. Wandsbecker Bote
wahrsagend Herz s. Herz, wahrsagend
Währung, echte s. Namen, echte Währung
Wallenstein, Albrecht von
s. a. Friedländer
Wallenstein / Buttler, Dämon [Wallenstein:] Buttler! Buttler! / Ihr seid mein böser Dämon ...
D, W.s Tod 3,16; II,479
Wallenstein / Buttler, solange [Buttler zu Illo und Terzky:] Ich bin des Kaisers Offizier, solang ihm / Beliebt, des Kaisers General zu bleiben, / Und bin des Friedlands Knecht, sobald es ihm / Gefallen wird, sein eigner Herr zu sein.
D, Piccolomini 4,4; II,380 f
Wallenstein / Cäsar [Wallenstein zu Max:] Was tu ich Schlimmres, / Als jener Cäsar tat, des Name noch / Bis heut das Höchste in der Welt benennet? / [...] / Ich spüre was in mir von seinem Geist, / Gib

mir sein Glück, das andre will ich tragen.
D, W.s Tod 2,2; II,436
Wallenstein / Kaiser [Buttler zu Questenberg:] Von dem Kaiser nicht / Erhielten wir den Wallenstein zum Feldherrn. / So ist es nicht, so nicht! Vom Wallenstein / Erhielten wir den Kaiser erst zum Herrn ...
D, Piccolomini 1,2; II,323
Wallenstein / Max [Max zu Wallenstein:] du willst den Riß, / Den schmerzlichen, mir schmerzlicher noch machen! / Du weißt, ich habe ohne dich zu leben / Noch nicht gelernt – in eine Wüste geh ich ...
D, W.s Tod 3,23; II,493
Wallenstein / Thekla [Gräfin Terzky:] Wie? Sein Monarch, sein Kaiser zwingt ihn nicht, / Und du, sein Mädchen, wolltest mit ihm kämpfen? [Thekla:] Was niemand wagt, kann seine Tochter wagen.
D, Piccolomini 3,8; II,376
Wallenstein, auf seinen Schlössern [Gräfin Terzky:] An einem Morgen ist der Herzog fort. / Auf seinen Schlössern wird es nun lebendig, / Dort wird er jagen, baun, Gestüte halten, / [...] / Und kurz ein großer König sein – im Kleinen!
D, W.s Tod 1,7; II,426
Wallenstein, Charakterbild Ihr kennet ihn – den Schöpfer kühner Heere, / Des Lagers Abgott und der Länder Geißel, / Die Stütze und den Schrecken seines Kaisers, / Des Glückes abenteuerlichen Sohn, / [...] von der Parteien Gunst und Haß verwirrt / Schwankt sein Charakterbild in der Geschichte ...
D, W.s Lager, Prolog; II,272 f
Wallenstein, Ehrgeiz [Wallenstein über Thekla:] eine Krone will ich sehn / Auf ihrem Haupte, oder will nicht leben.
D, W.s Tod 3,4; II,460
Wallenstein, Ermordung [Buttler:] Der hurtge Dienst gefällt den Königen. [Gordon:] Zu Henkers Dienst drängt sich kein edler Mann. [Buttler:] Kein mutiger erbleicht vor kühner Tat. [Gordon:] Das Leben wagt der Mut, nicht das Gewissen. / [...] / O warum schloß ich ihm die Festung auf! [Buttler:] Der Ort nicht, sein Verhängnis tötet ihn.
D, W.s Tod 4,6; II,505
Wallenstein, Frieden schenken [Max:] Gesegnet sei des Fürsten ernster Eifer, / Er wird den Ölzweig in den Lorbeer flechten, / Und der erfreuten Welt den Frieden schenken. / Dann hat sein großes Herz nichts mehr zu wünschen, / Er hat genug für seinen Ruhm getan, / Kann jetzt sich selber leben und den Seinen.
D, Piccolomini 3,4; II,368 f

Wallenstein, Geld / Herz
s. Männer, Geld, Herz
Wallenstein, Gewalt s. Gewalt, absolute
Wallenstein, Herrscher
s. Herrscherseele
Wallenstein, Herz / Tochter [Herzogin über Max:] Sein adeliger Sinn und seine Sitten – [Wallenstein:] Erwerben ihm mein Herz, nicht meine Tochter.
D, W.s Tod 3,4; II,460
Wallenstein, ich zeige mich
[Wallenstein:] Laß sehn, ob sie das Antlitz nicht mehr kennen, / Das ihre Sonne war in dunkler Schlacht. / Es braucht der Waffen nicht. Ich zeige mich …
D, W.s Tod 3,20; II,488
Wallenstein, kein zweiter
s. Friedland, kein zweiter
Wallenstein, langer Schlaf
s. Schlaf, langer
Wallenstein, maßlos unübertrefflich, wenn er Maß gehalten hätte.
H, Dreißigj. Krieg; IV,686
Wallenstein, Österreich, entbehrlich [Wallenstein zu Questenberg:] Macht mich erst schwächer, dann entbehrlich, bis / Man kürzeren Prozeß kann mit mir machen.
D, Piccolomini 2,7; II,356
Wallenstein, Österreich, Europa [Max zu Questenberg:] ihr schwärzt ihn an – / Warum? Weil an Europas großem Besten / Ihm mehr liegt als an ein paar Hufen Landes, / Die Östreich mehr hat oder weniger –
D, Piccolomini 1,4; II,332
Wallenstein, Österreich, siegen
s. Soldaten, keinen Feldherr
Wallenstein, Rechenkünstler [Buttler zu Gordon:] Ein großer Rechenkünstler war der Fürst / Von jeher, alles wußt er zu berechnen, / […] er wird / Sein Leben selbst hineingerechnet haben …
D, W.s Tod 4,8; II,509
Wallenstein, Reichsfürst [Wallenstein:] Mich soll das Reich als seinen Schirmer ehren, / Reichsfürstlich mich erweisend, will ich würdig / Mich bei des Reiches Fürsten niedersetzen.
D, Piccolomini 2,5; II,342 f
Wallenstein, Schicksal s. Mann des Schicksals
Wallenstein, solche Macht [Questenberg zu Octavio:] Und solche Macht gelegt in solche Hand! / Zu stark für dieses schlimmverwahrte Herz / War *die* Versuchung! Hätte sie doch selbst / Dem bessern Mann gefährlich werden müssen!
D, Piccolomini 1,3; II,324 f
Wallenstein, Unmensch
s. Unmensch, sein können
Wallenstein, weiß nichts [Max zu Octavio:] Der Herzog, glaub mir, weiß von all dem nichts!
D, Piccolomini 5,1; II,397

Wallensteins Lager Denn seine Macht ists, die sein Herz verführt, / Sein Lager nur erkläret sein Verbrechen.
D, W.s Lager, Prolog; II,273
wallet und siedet s. Meer, wallet und siedet
Wanderstabe, am s. Mädchen / Knabe
wandle still s. Löwin nicht wecken
Wandsbecker Bote Irrtum wolltest du bringen und Wahrheit, o Bote, von Wandsbeck; / Wahrheit, sie war dir zu schwer; Irrtum, den brachtest du fort!
G-EX, Erreurs et Verité; I,259
wankelmütige Menge [Elisabeth zu Davison:] Die wankelmütge Menge, / Die jeder Wind herumtreibt! Wehe dem, / Der auf dies Rohr sich lehnet! –
D, Maria Stuart 4,11; II,657
wanken, alles s. Glaube, fehlender
Wärme, des Eifers s. Eifers Wärme
Warnungsstimme s. Träume vorbedeutend
warnungsvolles Wort s. Wahrheit, durch Schuld
warten lassen, nicht zu lange s. Opfer verhöhnen
Was tun? spricht Zeus s. Zeus, was tun?
Waschdeputation Dumm ist mein Kopf und schwer wie Blei, / Die Tobaksdose ledig, / Mein Magen leer – der Himmel sei / Dem Trauerspiele gnädig!
G-HU, Untertänigstes Pro-Memoria; I,143 f
Wechsel / Beharren Und ob alles in ewigem Wechsel kreist, / Es beharret im Wechsel ein ruhiger Geist.
G-PH, Die Worte des Glaubens; I,215
Wechsel alles Menschlichen s. Hochmut rächen
Wechsel schreckt [Don Manuel:] Ein jeder Wechsel schreckt den Glücklichen, / Wo kein Gewinn zu hoffen, droht Verlust.
D, Braut v. M.; II,848
Wechselbalg / Leser s. Leser, Wechselbalg
wecken, den Leu s. Mensch in seinem Wahn
wecken, die Löwin s. Löwin nicht wecken
wecken, dunkle Gefühle s. Sängers Lied
wecken, Eifersucht s. Philipp II., Überlegenheit
wecken, gräßlich s. Auge des Gesetzes
wecken, Nacheiferung s. Muster, Nacheiferung
wecken, nicht zu zeitig s. Schlaf, langer
wecken, Wut s. geboren, Wut zu wecken
weckte mit Küssen s. Stunde des Glückes

Weg nach Küßnacht s. hohle Gasse, Küßnacht
Weg, finster, still s. Hoffnungsschimmer, kaum
Weg, ins Verderben [Karlos zu Posa:] Dieser Weg / Führt nur zum Wahnsinn oder Blutgerüste.
D, Don Karlos 1,2; II,18
Weg, krummer, deiner [Max zu Octavio:] Dein Weg ist krumm, er ist der meine nicht.
D, W.s Tod 2,7; II,449
Weg, krummer, Ziel s. Willkür / Ordnung
Weg, physisch / moralisch Die Natur zeichnet uns in ihrer physischen Schöpfung den Weg vor, den man in der moralischen zu wandeln hat.
T-PH, Ästhetische Erziehung, 7. Brief; V,589
Weges Mitte, ach! Doch, ach! schon auf des Weges Mitte / Verloren die Begleiter sich, / Sie wandten treulos ihre Schritte, / Und einer nach dem andern wich. / Leichtfüßig war das Glück entflogen, / Des Wissens Durst blieb ungestillt, / Des Zweifels finstre Wetter zogen / Sich um der Wahrheit Sonnenbild.
G-PH, Die Ideale; I,189
Wehe dem Fahrzeug s. Wiege, furchtbare
Wehe, losgelassen Wehe, wenn sie losgelassen / Wachsend ohne Widerstand / Durch die volkbelebten Gassen / Wälzt den ungeheuren Brand!
G-LY, Das Lied von der Glocke; I,434
Wehrstand / Nährstand s. Stand, Wehrstand / Nährstand
Weib s. a. Frau(en); Mädchen
Weib / Göttin, freien s. Kunst, göttlich / Staat
Weib, falscher Art s. Treue, Gattin, Weib
Weib, gebrechlich / stark [Talbot:] Denn ein gebrechlich Wesen ist das Weib. [Elisabeth:] Das Weib ist nicht schwach. Es gibt starke Seelen / In dem Geschlecht – Ich will in meinem Beisein / Nichts von der Schwäche des Geschlechtes hören.
D, Maria Stuart 2,3; II,593
Weib, holdes, errungen s. Wurf gelungen, großer
Weib, lieben / herrschen [Eboli zu Karlos:] Die Königinnen lieben schlecht – ein Weib, / Das lieben kann, versteht sich schlecht auf Kronen ...
D, Don Karlos 2,8; II,74
Weiber / Vernunft [Wallenstein zu Illo und Terzky:] Seid ihr nicht wie die Weiber, die beständig / Zurück nur kommen auf ihr erstes Wort, / Wenn man Vernunft gesprochen stundenlang!
D, W.s Tod 2,3; II,440

Weiber Klage / Männer Tun [Wallenstein:] Wenn ich soll bleiben, geht! Denn übel stimmt / Der Weiber Klage zu dem Tun der Männer.
D, W.s Tod 3,6; II, 463

Weiber zu Hyänen Da werden Weiber zu Hyänen / Und treiben mit Entsetzen Scherz, / Noch zuckend, mit des Panthers Zähnen, / Zerreißen sie des Feindes Herz.
G-LY, Das Lied von der Glocke; I, 440

Weiber, zittern [Karlos zu Eboli:] Weh dem Manne, / Den weibliches Erröten mutig macht! / Ich bin verzagt, wenn Weiber vor mir zittern.
D, Don Karlos 2,8; II, 65

Weiberblicke [Alba zu Eboli:] Ich traue *meinen* Augen nicht. Dergleichen / Entdeckungen verlangen Weiberblicke.
D, Don Karlos 2,12; II, 86

Weibergunst, Käufer s. Liebe, der Liebe Preis

Weibes Pflicht, Dienst [Muttergottes zu Johanna:] »Gehorsam ist des Weibes Pflicht auf Erden, / Das harte Dulden ist ihr schweres Los, / Durch strengen Dienst muß sie geläutert werden, / Die hier gedienet, ist dort oben groß.«
D, Jungfrau 1,10; II, 724 f

weibliche Reize s. Schönheit, allgemeine / gemeine

weibliches Urteil Männer richten nach Gründen, des Weibes Urteil ist seine / Liebe; wo es nicht liebt, hat schon gerichtet das Weib.
G-EP, Weibliches Urteil; I, 254

Weimar und Jena s. Berlin / Weimar und Jena

Wein, erfindet nicht [Isolani:] Der Wein erfindet nichts, er schwatzts nur aus.
D, Piccolomini 4,7; II, 391

Wein, goldener s. Gelübde, treu, schwören

Wein, ohne s. Wirtemberger ohne Wein

Wein, von Chemikus s. Männer, Phlegma

weinen, Schmerzen und Freude s. menschliches Rühren

weinend, aus diesem Bund s. Wurf gelungen, großer

Weise, Wahrheit für s. Wahrheit, für Weise

Weise / Volk s. Religion, der Weisen / des Volkes

weise, zu entdecken s. entdecken / verschweigen

Weisheit / Klugheit verlacht Willst du, Freund, die erhabensten Höhn der Weisheit erfliegen, / Wag es auf die Gefahr, daß dich die Klugheit verlacht.
G-EP, Weisheit und Klugheit; I, 246

Weisheit, beschwerlich Dich erklärte der Pythia Mund für den weisesten Griechen. / Wohl! der

Weisheit

Weiseste mag oft der Beschwerlichste sein.
G-EX-U, Sokrates; I,341
Weisheit, engster Kreis
s. Unendlichkeit / engster Kreis
Weisheit, feige s. Tugend, feige Weisheit
Weisheit, Griechen Damals war das Studium der Weisheit noch nicht wie jetzt von politischer und kriegrischer Wirksamkeit getrennt; der Weise war der beste Staatsmann, der erfahrenste Feldherr, der tapferste Soldat, seine Weisheit floß in alle Geschäfte seines bürgerlichen Lebens.
H, Lykurgus u. Solon; IV,823
Weisheit, mildere
s. Jahrhunderte, sanftere
Weisheit, Sonnenblick s. Liebe, vor Weisheit
Weisheit, Wissen / unwissend sein Weil er unwissend sich rühmte, nannt ihn Apollo den Weisen. / Freund, wieviel weiser bist du: was er bloß rühmte, du bists.
G-EX-U, Sokrates (der »Freund« ist Friedrich Leopold von Stolberg); I,341
Weisung auf das andre Leben
s. Jugend / Jenseits
weit gehen müssen [Wrangel zu Wallenstein:] So weit geht niemand, der nicht muß.
D, W.s Tod 1,5; II,418
Welle, bricht sich s. Mägdlein, am Ufer

Welle, die leisere s. deutsche Flüsse, Ilm
Welle, Lethes s. vergessen, Lethes Welle
Welle, und Wind, spielen
s. Wiege, furchtbare
Wellen, blindbewegt
s. Mensch, Mikrokosmos
Wellen, ins Meer s. Zeit, fliehende/ Ewigkeit
Wellenschwung s. Tanz, Paare
Welt s. a. Erde
Welt am Wanderstabe
s. Mädchen / Knabe
Welt anstecken s. Reich von Soldaten
Welt bauen, Leben bilden
s. Elemente, vier
Welt hat andere Sorgen
s. töten, Freier, Männer
Welt im Sturz [Max zu Octavio über Wallenstein:] Denn dieser Königliche, wenn er fällt, / Wird eine Welt im Sturze mit sich reißen ...
D, Piccolomini 5,3; II,404 f
Welt in Flammen [Karlos zu Eboli:] Mir wird, als rauchte hinter mir die Welt / In Flammen auf –
D, Don Karlos 2,8; II,68
Welt in Haß zerreißen
s. Könige, Fluchgeschick
Welt in Waffen [Mortimer über Elisabeth:] Nicht eine Welt in Waffen fürchtet sie, / Solang sie Frieden hat mit ihrem Volke.
D, Maria Stuart 1,6; II,570

Welt ist weggegeben s. Zeus, was tun?
Welt verflachen s. Gesetz, Freund des Schwachen
Welt zerstören, Zuchtlosigkeit s. Drache, schlimmerer
Welt, alt, jung s. Verbesserung, erhoffen
Welt, andere, wieder s. Tod ist los
Welt, aus sich geboren s. Stamm, entlaubter
Welt, ausgesöhnt Unser Schuldbuch sei vernichtet! / Ausgesöhnt die ganze Welt! / Brüder – überm Sternenzelt / Richtet Gott, wie wir gerichtet.
G-LY, An die Freude (Chor); I,135
Welt, bessere, dulden s. Duldet mutig
Welt, Bretter s. Bretter, Welt bedeuten
Welt, eng / Gehirn, weit [Wallenstein:] *Eng* ist die Welt, und das Gehirn ist *weit*, / Leicht beieinander wohnen die Gedanken, / Doch hart im Raume stoßen sich die Sachen, / Wo *eines* Platz nimmt, muß das *andre* rücken, / Wer nicht vertrieben sein will, muß vertreiben, / Da herrscht der Streit, und nur die Stärke siegt.
D, W.s Tod 2,2; II,435
Welt, ergreifen / begreifen Je vielseitiger sich die Empfänglichkeit ausbildet, [...] desto mehr Welt *ergreift* der Mensch, desto mehr Anlagen entwickelt er in sich; je mehr Kraft und Tiefe die Persönlichkeit, je mehr Freiheit die Vernunft gewinnt, desto mehr Welt *begreift* der Mensch ...
T-PH, Ästhetische Erziehung, 13. Brief; V,608
Welt, gefallen müssen der s. König, gefallen müssen
Welt, Gestalt verjüngt s. Ruhe eines Kirchhofs
Welt, hinehmen, Zeus »Nehmt hin die Welt!« rief Zeus von seinen Höhen / Den Menschen zu.
G-PH, Die Teilung der Erde; I,205
Welt, innere s. Mensch, Mikrokosmos
Welt, Knospe, groß Wie groß war diese Welt gestaltet, / Solang die Knospe sie noch barg, / Wie wenig, ach! hat sich entfaltet, / Dies wenige, wie klein und karg.
G-PH, Die Ideale; I,188
Welt, liebt zu schwärzen s. Strahlendes zu schwärzen
Welt, malt sich im Kopf [Philipp zu Posa:] Anders, / Begreif ich wohl, als sonst in Menschenköpfen / Malt sich in diesem Kopf die Welt –
D, Don Karlos 3,10; II,127
Welt, schöne, wo bist du? s. Natur, Blütenalter der
Welt, Seele, wir s. Ding, Welt und Seele

Welt, sittliche, Bau s. Leben, entsetzliches
Welt, unendlich / eng s. Säugling / Mann
Welt, vertilgen s. Realität / Formalität
Welt, vollkommen / Mensch, Qual [Chor:] Auf den Bergen ist Freiheit! Der Hauch der Grüfte / Steigt nicht hinauf in die reinen Lüfte, / Die Welt ist vollkommen überall, / Wo der Mensch nicht hinkommt mit seiner Qual.
D, Braut v. M.; II, 904
Weltalter, kindliches Er kommt aus dem kindlichen Alter der Welt, / Wo die Völker sich jugendlich freuten, / Er hat sich, ein fröhlicher Wandrer, gesellt / Zu allen Geschlechtern und Zeiten. / *Vier* Menschenalter hat er gesehn / Und läßt sie am *fünften* vorübergehn.
G-LY, Die vier Weltalter; I, 418
Weltenlauf, Thespis s. Theater, Schöpfungen
Weltenplan, weiser s. Dichtung, heilige Magie
Weltenschöpfer, Verehrung s. Teleologie, Korkbaum / Stöpsel
Weltenthron, Gottheit s. Gottheit, aufnehmen
Weltenuhr, Räder s. Freude treibt die Räder
Weltgeist, näher als sonst s. Menschenleben / Weltgeist
Weltgericht s. Weltgeschichte, Weltgericht

Weltgeschichte / Sprache s. Geschichte, Tradition, Sprache
Weltgeschichte, gleich und einfach Die Geschichte der Welt ist sich selbst gleich wie die Gesetze der Natur und einfach wie die Seele des Menschen. Dieselben Bedingungen bringen dieselben Erscheinungen zurück.
H, Niederlande; IV, 45
Weltgeschichte, Ruf der [Karlos zu Philipp:] Mich ruft die Weltgeschichte, Ahnenruhm / Und des Gerüchtes donnernde Posaune.
D, Don Karlos 2,2; II, 49
Weltgeschichte, Weltgericht Genieße, wer nicht glauben kann. Die Lehre / Ist ewig wie die Welt. Wer glauben kann, entbehre. / Die Weltgeschichte ist das Weltgericht.
G-LY, Resignation; I, 133
Weltgeschichte, wichtigstes Faktum s. Christentum / Weltgeschichte
Weltkenntnis, fruchtbarer s. Karikaturenregister
Weltkugel, offen s. wagen / hoffen
Weltmann / Philosoph s. Philosoph / Weltmann
Weltmann / Schwärmer Nimmst du die Menschen für schlecht, du kannst dich verrechnen, o Weltmann, / Schwärmer, wie bist du getäuscht, nimmst du die Menschen für gut.
G-EX-U, Doppelter Irrtum; I, 322

Weltmanns Blick s. Schwärmers Ernst / Weltmanns Blick
Weltregierung / Theater s. moralische Weltregierung
wenige / Haufen   Majestät der Menschennatur! Dich soll ich beim Haufen / Suchen? Bei wenigen nur hast du von jeher gewohnt.
G-EP, Majestas populi; I,249
wenigen recht machen s. gefallen, wenigen / vielen
Werk, ernst bereiten s. Wort, ernstes
Werk, erzwungenes s. Ewigkeit / Tod
Werk, lobt den Meister s. Schweiß, muß rinnen
Werk, Magd / Göttin s. Bedeutung / Schönheit
Werk, poetisches, rechtfertigen s. Poesie, Tat / Wort
Werke, untergehen sehen s. Flamme brausend
Werkzeug, tot / lebend s. Kugel, aus ihrem Lauf
wert / widrig   [Paulet zu Maria über Mortimer:] Was ihn Euch widrig macht, macht mir ihn wert.
D, Maria Stuart 1,3; II,559
Wert, sich geben [Buttler zu Gordon:] — Ein jeder gibt den Wert sich selbst. Wie hoch ich / Mich selbst anschlagen will, das steht bei mir. / So hochgestellt ist keiner auf der Erde, / Daß ich mich selber neben ihm verachte.
D, W.s Tod 4,8; II,511

Wesen, sittliches s. sittlich, Handlungen / Wesen
Wetter, finstre s. Weges Mitte, ach!
Wetterwolke zeigen [Posa (Monolog):] Warum / Dem Schlafenden die Wetterwolke zeigen, / Die über seinem Scheitel hängt? — Genug, / Daß ich sie still an dir vorüberführe / Und, wenn du aufwachst, heller Himmel ist.
D, Don Karlos 4,6; II,144
widerspenstiger Geist s. Drache, schlimmerer
Widerspruch, ist Unrecht [Gräfin Terzky:] Denn Recht hat jeder eigene Charakter, / Der übereinstimmt mit sich selbst, es gibt / Kein andres Unrecht, als den Widerspruch.
D, W.s Tod 1,7; II,428
widersprüchlich, Ästhetik s. Schönheit, ohne Tendenz
wie man Präsident wird s. Präsident werden
wiederkommen, nimmer s. Soldat, Abschied
Wiege, furchtbare   [Fischer:] Wehe dem Fahrzeug, das jetzt unterwegs, / In dieser furchtbarn Wiege wird gewiegt! / [...] Wind und Welle spielen / Ball mit dem Menschen —
D, Tell 4,1; II,989
Wiege, unendlicher Raum s. Säugling / Mann

Wieland und Lessing sein
s. Desideratum, das
Wien / Madrid s. Habsburger, Wien / Madrid
Wien, berichten nach [Kellermeister:] Das gibt nach Wien was zu berichten wieder!
D, Piccolomini 4,5; II,383
Wien, vierundzwanzig Übel
s. Übel, kleinstes ausgewählt
Wiener, vergeben nicht
s. Spektakel, betrogen um
wild, Verwilderung s. Kultur, Verwilderung / Erschlaffung
wilde Jagd s. Friedländers wilde Jagd
Wille / Gesetze
s. Schneckengang / Adlerflug
Wille / Gottheit s. Gottheit, aufnehmen
Wille / Größe [Buttler zu Gordon:] Den Menschen macht sein *Wille* groß und klein ...
D, W.s Tod 4,8; II,511
Wille, fest, unbezwinglich [Thekla zu Gräfin Terzky:] Daß ich mir selbst gehöre, weiß ich nun. / Den festen Willen hab ich kennenlernen, / Den unbezwinglichen, in meiner Brust, / Und an das Höchste kann ich alles setzen.
D, Piccolomini 3,8; II,376
Wille, heiliger, lebt s. Gott, heiliger Wille
Wille, ist Glück [Bürger:] Er erbt eine kleine Mützenfabrik. [Zweiter Jäger:] Des Menschen Wille, das ist sein Glück.
D, W.s Lager 7; II,289
Willen bändigen, eigenen
s. Pflicht / Wille
willenlos / wollend s. Pflanze, lehrt
willkommen, alle Gäste s. Mädchen aus der Fremde
willkommen, Max [Wallenstein:] Sei mir willkommen, Max. Stets warst du mir / Der Bringer irgendeiner schönen Freude ...
D, Piccolomini 2,4; II,340
willkommener Friede
s. Europa, Friede / Krieg
Willkür / Ordnung [Octavio zu Max:] Der Weg der Ordnung, ging' er auch durch Krümmen, / Er ist kein Umweg. [...] / Die Straße, die der Mensch befährt, / Worauf der Segen wandelt, diese folgt / Der Flüsse Lauf, der Täler freien Krümmen, / [...] / So führt sie später, sicher doch zum Ziel.
D, Piccolomini 1,4; II,329 f
Willkür zügeln s. Mensch, gebildeter / Natur
Willkür, Phantast s. Phantast, verläßt Natur
willkürlich / unwillkürlich
s. Reden / Gebärden
willkürlich, exzentrisch
s. Realist / Idealist, Aversionen
wimmern, stöhnen s. Tod, verlornes Ach!

Wimpern, nicht zucken
s. Pfeil, von Vaters Hand
Wind und Welle spielen
s. Wiege, furchtbare
Wir folgen dir s. General, kommandierst
wir subalternen s. Mann, der freie, mächtige
wirken müssen [Wallenstein:] Wenn ich nicht wirke mehr, bin ich vernichtet; ...
D, W.s Tod 1,7; II, 426
wirken und streben s. Mann muß hinaus
wirklich, wahr, natürlich
s. Natur, wirklich / wahr
Wirklichkeit / Schein s. Schein, nie Wirklichkeit
Wirklichkeit zum Raube
s. Glaube, süßer, dahin
Wirklichkeit, Ergebung
s. Zukunft, ängstigt
Wirkung, der Liebe s. Liebe, befriedigte
Wirkung, des Schönen
s. Schönheit, auflösend und anspannend
Wirkung, Wahrheit / Schönheit
s. Schönheit / Wahrheit
Wirtemberger ohne Wein Der Name Wirtemberg / Schreibt sich von Wirt am Berg – / Ein Wirtemberger *ohne Wein,* / Kann der ein Wirtemberger sein?
G-HU, Der Wirtemberger; I, 93

Wissen / Kunst s. Kunst, Mensch allein
Wissen / Vielwisser Astronomen seid ihr und kennet viele Gestirne, / Aber der Horizont decket manch Sternbild euch zu.
G-ET, Die Vielwisser; I, 307
Wissen ist Tod s. Irrtum ist das Leben
Wissen, ein Darlehen s. Schuld, abtragen
Wissens Durst, ungestillt
s. Weges Mitte, ach!
Wissenschaft / Geschmack
s. Geschmack / Erkenntnis
Wissenschaft, Brotwissenschaft
s. Gelehrte, Brotgelehrter
Wissenschaft, Göttin / Kuh Einem ist sie die hohe, die himmlische Göttin, dem andern / Eine tüchtige Kuh, die ihn mit Butter versorgt.
G-EX, Wissenschaft; I, 263
Wissenschaft, irret alle
s. Natur, aus ihren Grenzen
Wissenschaft, Mysterien der
s. Geschmack / Erkenntnis
Wissenschaft, Schranken erweitert s. Kunst, verengt / Wissenschaft, erweitert
Wissenschaft, von wannen [Karl:] Von wannen kommt dir diese Wissenschaft?
D, Jungfrau 1,10; II, 722
Wissenschaftslehre s. Fichtes Wissenschaftslehre

Witz / Genius s. Genius, Rasenden gleich
Witz / Schönheit Krieg führt der Witz auf ewig mit dem Schönen ...
G-GE, Das Mädchen von Orleans; I,460
Witz und Verstand s. Genius, kühn, fromm
witzelte, frech s. Spötter, Schlangenheer der
Wogen, Bogen Und donnernd sprengen die Wogen / Des Gewölbes krachenden Bogen.
G-BA, Die Bürgschaft; I,353
Wohl dem Ganzen s. Herrscherseele
Wohlfahrt, gedeiht nicht s. Kräfte, rohe, sinnlos
Wohlstand / Freiheit Wenn daher der Realist in seinen politischen Tendenzen den *Wohlstand* bezweckt, [...] so wird der Idealist, selbst auf Gefahr des Wohlstandes, die *Freiheit* zu seinem Augenmerk machen.
T-PH, Naive u. sentim. D.; V,775
Wohltat, keine Wahl haben s. Streit der Pflichten
wohnen, gebt ihm zu s. essen, wohnen, Würde
Wolf, Friedrich August s. Homer / Wolf, Friedrich August
Wolke, Wetterwolke s. Wetterwolke zeigen
Wolken heben mich s. Schmerz, kurz / Freude, ewig
Wolken ziehn s. Mägdlein, am Ufer
Wolken, fallen aus den s. Augenblick, Herrscher
Wolken, Segler [Maria:] Eilende Wolken! Segler der Lüfte! / Wer mit euch wanderte, mit euch schiffte!
D, Maria Stuart 3,1; II,617
wolkig, Pulverdampf s. Tod ist los
Wollust / Würde s. Schönheit, Würde / Trieb
Wollust, und Teufel s. gefallen, der Welt und den Frommen
Wollust, Wurm Wollust ward dem Wurm gegeben, / Und der Cherub steht vor Gott.
G-LY, An die Freude; I,134
Wonne / Leiden Jede Erdenwonne muß / Sich mit Leiden gatten ...
G-LY, An Körner; I,142
Wonnedienst, glänzte s. Venus Amathusia
Wort entfahren Doch dem war kaum das Wort entfahren, / Möcht ers im Busen gern bewahren; / Umsonst, der schreckenbleiche Mund / Macht schnell die Schuldbewußten kund.
G-BA, Die Kraniche des Ibykus; I,351
Wort ist frei s. Tillys Worte
Wort, ernstes Zum Werke, das wir ernst bereiten, / Geziemt sich wohl ein ernstes Wort; / Wenn gute

Reden sie begleiten, / Dann fließt die Arbeit munter fort.
G-LY, Das Lied von der Glocke; I,430

Wort, kühn / Tat nicht s. Tat vollbringen, weil gedacht

Wort, macht ungeschehen s. Opfer verhöhnen

Wort, Messers Schneide s. Jugend, schnell fertig

Wort, nützlich / Mund, schlecht [Gordon:] Oft kommt ein nützlich Wort aus schlechtem Munde.
D, W.s Tod 5,5; II,536

Wort, Tat, Poesie s. Poesie, Tat / Wort

Wort, tönend / frei Du kerkerst den Geist in ein tönend Wort, / Doch der freie wandelt im Sturme fort.
G-PH, Die Worte des Wahns; I,216

Wort, tot / Glaube, lebendig [Melvil zu Maria:] Des Herzens Andacht hebt sich frei zu Gott, / Das Wort ist tot, der Glaube macht lebendig.
D, Maria Stuart 5,7; II,670

Wort, verwegenste Bedeutung [Karlos:] Der Meinige? [Posa:] Auf ewig / Und in des Worts verwegenster Bedeutung.
D, Don Karlos 1,9; II,43

Wort, warnungsvolles s. Wahrheit, durch Schuld

Worte des Glaubens Drei Worte nenn ich euch, inhaltsschwer, / Sie gehen von Munde zu Munde, / Doch stammen sie nicht von außen her, / Das Herz nur gibt davon Kunde.
G-PH, Die Worte des Glaubens; I,214

Worte des Wahns Drei Worte hört man, bedeutungsschwer, / Im Munde der Guten und Besten. / Sie schallen vergeblich, ihr Klang ist leer, / Sie können nicht helfen und trösten.
G-PH, Die Worte des Wahns; I,215

Worte, entwischte [Domingo zu Alba:] Entwischte Worte sind beleidigte / Vertraute –
D, Don Karlos 2,10; II,80

Worte, inhaltsschwer s. Worte des Glaubens

Worte, Taten, Geduld [Tell:] Das schwere Herz wird nicht durch Worte leicht. [Stauffacher:] Doch könnten Worte uns zu Taten führen. [Tell:] Die einzge Tat ist jetzt Geduld und Schweigen. [Stauffacher:] Soll man ertragen, was unleidlich ist?
D, Tell 1,3; II,931

Wunden heilen, alle s. Freundschaft, leise, zart

Wunder, keine mehr [Bertrand:] Ach! Es geschehen keine Wunder mehr!
D, Jungfrau, Prolog 3; II,698

Wunderland, schönes Du mußt glauben, du mußt wagen, / Denn die Götter leihn kein Pfand, / Nur

ein Wunder kann dich tragen / In das schöne Wunderland.
G-LY, Sehnsucht; I, 411
Wundermär, zum König s. menschliches Rühren
wundertätiger Gott s. Zeit, wundertätig
Würde / Anmut s. Anmut / Würde
Würde / Glückseligkeit Es ist dem Menschen einmal eigen, das Höchste und das Niedrigste in seiner Natur zu vereinigen, und wenn seine *Würde* auf einer strengen Unterscheidung des einen von dem andern beruht, so beruht auf einer geschickten Aufhebung dieses Unterschieds seine *Glückseligkeit*.
T-PH, Ästhetische Erziehung, 24. Brief; V, 647
Würde / Wollust s. Schönheit, Würde / Trieb
Würde der Frauen s. Frauen, Würde der
Würde und Anmut, vereint s. Anmut und Würde, vereint
Würde und Anmut, verhüten Die Würde hindert, daß die Liebe nicht zur Begierde wird. Die Anmut verhütet, daß die Achtung nicht Furcht wird.
T-PH, Anmut u. Würde; V, 485
Würde, Anmut, Menschheit s. Anmut, Würde, Menschheit
Würde, der Menschheit Der Menschheit Würde ist in eure Hand gegeben, / Bewahret sie! / Sie sinkt mit euch! Mit euch wird sie sich heben!
G-PH, Die Künstler; I, 186
Würde des Menschen s. essen, wohnen, Würde
Würde, diese neue [Alba zu Domingo:] Wahrlich, diese neue Würde / Sieht einer Landsverweisung ähnlicher / Als einer Gnade.
D, Don Karlos 2,10; II, 81
Würde, falsche s. Anmut, affektierte / Würde, falsche
Würde, Herrscher / Anmut, Liberalität Bei der Würde also führt sich der Geist in dem Körper als *Herrscher* auf [...]. Bei der Anmut hingegen regiert er mit *Liberalität* ...
T-PH, Anmut u. Würde; V, 477
Würde, lächerliche und veächtliche Da die Würde ein Ausdruck des Widerstandes ist, den der selbständige Geist dem Naturtriebe leistet, dieser also als eine Gewalt muß angesehen werden, welche Widerstand nötig macht, so ist sie da, wo keine solche Gewalt zu bekämpfen ist, lächerlich, und wo keine mehr zu bekämpfen sein *sollte*, verächtlich.
T-PH, Anmut u. Würde; V, 478
Würde, moralische Kraft Beherrschung der Triebe durch die moralische Kraft ist *Geistesfreiheit*, und *Würde* heißt ihr Ausdruck in der Erscheinung.
T-PH, Anmut u. Würde; V, 475

Wurf gelungen, großer Wem der große Wurf gelungen, / Eines Freundes Freund zu sein; / Wer ein holdes Weib errungen, / Mische seinen Jubel ein! / Ja – wer auch nur *eine* Seele / *Sein* nennt auf dem Erdenrund! / Und wers nie gekonnt, der stehle / Weinend sich aus diesem Bund!
G-LY, An die Freude; I,133
Würfel, eisern fallen s. Tod ist los
Würgen / Schlagen s. Furien der Wut
Würgerbanden s. Freiheit und Gleichheit
Wurm, Biene, Mensch s. Kunst, Mensch allein
Wurm, schlimmerer s. Drache, schlimmerer
Wurm, Wollust s. Wollust, Wurm
Württemberg s. Wirtemberg
Wüste, in eine s. Wallenstein / Max
Wüste, Satansengel [Thibaut:] Bleib nicht allein, denn in der Wüste trat / Der Satansengel selbst zum Herrn des Himmels.
D, Jungfrau, Prolog 2; II,693
Wut der Neuerungen [Posa zu Philipp:] Die lächerliche Wut / Der Neuerung, die nur der Ketten Last, / Die sie nicht ganz zerbrechen kann, vergrößert, / Wird *mein* Blut nie erhitzen.
D, Don Karlos 3,10; II,121
Wut zu wecken s. geboren, Wut zu wecken
Wut, blindwütend s. Geist, finsterer
Wut, Furien der s. Furien der Wut
Wut, gerechte, bezähmen [Stauffacher:] Bezähme jeder die gerechte Wut, / Und spare für das Ganze seine Rache, / Denn Raub begeht am allgemeinen Gut, / Wer selbst sich hilft in seiner eignen Sache.
D, Tell 2,2; II,965
Wüterich reizen [Stauffacher zu Tell:] O warum mußtet Ihr den Wütrich reizen! [Tell:] Bezwinge sich, wer meinen Schmerz gefühlt!
D, Tell 3,3; II,987
Wüterich verscheidet [Armgard:] Seht, Kinder, wie ein Wüterich verscheidet!
D, Tell 4,3; II,1012
Wüterich, finster s. Kreuze bereuen

Z

zäh, kein zäherer [Wallenstein zu Wrangel:] Wohl wählte sich der Kanzler seinen Mann, / Er hätt mir keinen zähern schicken können. *D, W.s Tod 1,5; II,421*
Zahl(en) s. fünf; hundert; Millionen; tausend; zehn; zwei
zahlen / tauschen s. haben / sein
zahlen, im Jenseits s. Jugend / Jenseits
zählt die Häupter s. Häupter seiner Lieben
zählt nur auf sich selbst s. zusammen / alleine
Zähne, Drachen s. Rache-Engel
Zähne, grimmige s. Hai, Meeres Hyäne
Zähne, Panther s. Weiber zu Hyänen
Zähneklappern und Heulen s. Leben, entsetzliches
zart und streng s. prüfe, wer sich ewig bindet
zärtliche Gestalt s. Los der Schönen
zärtlicher Tadel s. Tadel, zärtlicher
Zauber binden wieder s. Freude, Götterfunken
zauberisch fesselnd s. Frauen, zauberisch fesselnd
zauberisch verschlossener Schrank s. Schrank, Schlüssel

Zauberring, in einem [Max über Wallenstein:] Fest, wie in einem Zauberringe, hält / Das Schicksal mich gebannt in diesem Namen. *D, Piccolomini 2,4; II,341*
Zaum anlegen s. Freiheit, genommen
Zaum, verachten s. Geschmack / Genie
Zecher, der alte s. Nestor, alter Zecher
zehn Jahre Zeit [Mondekar:] Ich fühle, daß ich strafbar bin – [Philipp:] Deswegen / Vergönn ich Ihnen zehen Jahre Zeit, / Fern von Madrid darüber nachzudenken. *D, Don Karlos 1,6; II,37*
Zeichen / Sinn s. Parteigeist / Überzeugung
Zeichen seiner Freude s. ehren, Gott / Menschen
Zeichen trügen, alle s. Traumkunst träumt
Zeichen, Feuerzeichen s. Freiheit, schauen / hören
Zeit s. a. Augenblick; Ewig(keit)
Zeit / Beständigkeit »Unaufhaltsam enteilet die Zeit!« – Sie sucht das Beständge. / Sei getreu, und du legst ewige Fesseln ihr an. *G-EP, Das Unwandelbare; I,256*
Zeit rennt s. Leute, Zeit
Zeit und Raum, hoch über s. Gott, heiliger Wille
Zeit, bettelhaft, hektisch Unglückselige Zeit! Wenn aus diesem

Archiv dich die Nachwelt / Schätzet, wie bettelhaft stehst du, wie hektisch vor ihr.
G-EX-U, Archiv der Zeit; I,330
Zeit, dreifach Dreifach ist der Schritt der Zeit: / Zögernd kommt die Zukunft hergezogen, / Pfeilschnell ist das Jetzt entflogen, / Ewig still steht die Vergangenheit.
G-PH, Sprüche des Konfuzius; I,226
Zeit, fliehende / Ewigkeit Kann nichts dich, Fliehende! verweilen, / O! meines Lebens goldne Zeit? / Vergebens, deine Wellen eilen / Hinab ins Meer der Ewigkeit.
G-PH, Die Ideale; I,187
Zeit, goldne s. Liebe, erste
Zeit, Idol der s. Nutzen, großes Idol
Zeit, köstliche s. Soldat, furchtlos
Zeit, Rad der s. Rad der Zeit, fallen in
Zeit, Richterin Die Zeit ist eine gerechte Richterin aller Verdienste.
H, Lykurgus u. Solon; IV,831
Zeit, scheint stillzustehen s. Uhr schlägt keinem Glücklichen
Zeit, unaufhaltsam s. Zeit / Beständigkeit
Zeit, wundertätig [Gordon zu Buttler:] O die Zeit ist / Ein wundertätger Gott. In einer Stunde rinnen / Viel tausend Körner Sandes, schnell wie sie / Bewegen sich im Menschen die Gedanken. / [...] O was vermag nicht eine Stunde!
D, W.s Tod 5,6; II,540
Zeitbürger, Staatsbürger s. Jahrhundert, kein anderes
Zeiten Hintergrund [Karlos:] O wer weiß, / Was in der Zeiten Hintergrunde schlummert?
D, Don Karlos 1,1; II,10
Zeiten, andere, kommen [Attinghausen (Monolog):] Das Neue dringt herein mit Macht, das Alte, / Das Würdge scheidet, andre Zeiten kommen, / Es lebt ein andersdenkendes Geschlecht!
D, Tell 2,1; II,948
Zeiten, Aussaat und Ernte s. Sterne, Saatzeit erkunden
Zeiten, die vergangen sind s. Freiheit, begraben
Zeiten, für alle Denn wer den Besten seiner Zeit genug / Getan, der hat gelebt für alle Zeiten.
D, W.s Lager, Prolog; II,271
Zeiten, schönere Lieben Freunde! Es gab schönre Zeiten / Als die unsern – das ist nicht zu streiten! / Und ein edler Volk hat einst gelebt.
G-LY, An die Freunde; I,419
Zeiten, Schuld der s. Beschäftigung, die nie ermattet
Zeiten, und Nationen s. Geschichte, unsterblich

zeitliches / ewiges Leben
s. ewiges Leben, Langeweile
Zeitschriftsteller
s. demokratisches Futter
Zeitungsblatt
s. melden / erleben
Zeitungslob, Fürstengunst
s. Gelehrte, Brotgelehrter
Zentrum, alle sich neigen Sicher ruhst du auf uns, und warum? Weil wir alle zum Zentrum / Gleich uns neigen und gleich unter uns teilen die Last.
G-EX-U, Gewölb; I,333
zephirleiches Leben s. Olymp, der Seligen
zermalmen / erheben
s. Schicksal, erhebt / zermalmt
Zerstreuung, fürchterliche
s. fürchterliche Zerstreuung
Zeus, stygischer s. Schönheit, sterblich
Zeus, von seinen Höhen
s. Welt, hinnehmen, Zeus
Zeus, was tun? »Was tun?« spricht Zeus. »Die Welt ist weggegeben, / Der Herbst, die Jagd, der Markt ist nicht mehr mein. / Willst du in meinem Himmel mit mir leben, / So oft du kommst, er soll dir offen sein.«
G-PH, Die Teilung der Erde; I,206
Ziehet, ziehet s. Glocke, hochgezogen
Ziel euch dazu geben
s. Mordgewehr, gefährlich

Ziel wird er sich setzen
s. Mann, seltener
Ziel, flüchtiges verfolgen
s. Leben, genießen / erbeuten
Ziel, führen zum s. Wahrheit, im Abgrund
Ziel, Kindes Haupt s. Milch der frommen Denksart
Ziel, Natur / Kultur s. Ideal, Natur / Kultur
Ziel, Weg / Umweg
s. Willkür / Ordnung
Zierat, Hut s. Hut, sitzenlassen
Zierat, unnützer s. Anmut, affektierte / Würde, falsche
Zierden, kleine, entbehren
s. Unglück, großes, sich finden
Zimmermann, Axt s. Axt im Haus
zittern, Ansehen [Elisabeth zu Burleigh über Leicester:] *So hab ich ihn erhöht, daß meine Diener / Vor seinem Ansehn mehr als meinem zittern!*
D, Maria Stuart 4,5; II,644
zittern, er hat gezittert
s. schwach gesehen, unverzeihlich
zittern, vor Lebender / Toter [Shrewsbury zu Elisabeth:] *Du zitterst jetzt / Vor dieser lebenden Maria. Nicht / Die Lebende hast du zu fürchten. Zittre vor / Der Toten, der Enthaupteten. [...] / Jetzt haßt der Brite die Gefürchtete, / Er wird sie* rächen, *wenn sie nicht mehr ist.*
D, Maria Stuart 4,9; II,653

zittern, vor Sklaven s. Mensch, frei geschaffen
zivilisierte Klassen s. Kultur, Verwilderung / Erschlaffung
Zofenfranzösisch Still doch von deinen Pastoren und ihrem Zofenfranzösisch, / Auch von den Zofen nichts mehr mit dem Pastorenlatein.
G-EX, Pfarrer Cyllenius; I,259
Zorn / Groll s. Groll / Zorn
Zucht / Empörung s. Drache, schlimmerer
Züchtigung, belehrt s. Wahl, war Züchtigung
zucken mit den Wimpern s. Pfeil, von Vaters Hand
Zufall / Genie s. Niederlande, Geschichte
Zufall, blind waltend [Wallenstein:] Ich bin es nicht gewohnt, daß mich der Zufall / Blind waltend, finster herrschend mit sich führe.
D, W.s Tod 1,3; II,413
Zufall, es gibt keinen [Wallenstein:] Es gibt keinen Zufall; / Und was uns blindes Ohngefähr nur dünkt, / Gerade das steigt aus den tiefsten Quellen.
D, W.s Tod 2,3; II,439
Zufall, grausende Wunder s. Gesetz / Zufall
Zufall, keiner mehr s. Mensch, entjochter
Zufall, regieren wollen [Posa:] Wer ist der Mensch, der sich vermessen will, / Des Zufalls schweres Steuer zu regieren / Und doch nicht der Allwissende zu sein?
D, Don Karlos 4,21; II,171
Zufall, roher Stein [Posa (Monolog):] Ein Zufall nur? Vielleicht auch mehr – Und was / Ist Zufall anders als der rohe Stein, / Der Leben annimmt unter Bildners Hand?
D, Don Karlos 3,9; II,117
Zufluchtsort s. Gewalt / Mord
Zug des Herzens s. Herz, Schicksals Stimme
Züge, kein Herz [Maria:] O Gott, aus diesen Zügen spricht kein Herz!
D, Maria Stuart 3,4; II,621
zugehen, mit rechten Dingen [Trompeter:] Es geht nicht zu mit rechten Dingen!
D, W.s Lager 6; II,288
(Vgl. »Pegasus im Joche«; I, 207)
Zügel, Furcht / Scham s. Fesseln / Zügel
zügellose Empörung s. Extreme, Gehorsam / Empörung
Zukunft dunkles Land s. Sterne, Saatzeit erkunden
Zukunft, ängstigt [Gräfin Terzky über die Herzogin:] Das Ferne, Künftige beängstigt / Ihr fürchtend Herz, was unabänderlich / Und wirklich da ist, trägt sie mit Ergebung.
D, W.s Tod 3,2; II,454

Zukunft, vermauert [Isabella:] Vermauert ist dem Sterblichen die Zukunft, / Und kein Gebet durchbohrt den ehrnen Himmel. *D, Braut v. M.; II,897*
Zukunft, zögernd s. Zeit, dreifach
Zunge, Schwertes Spitze s. Drache, Zunge, Augen
Zürnen, nicht fürchten [Thekla:] Ich fürchte keines Menschen Zürnen mehr. *D, W.s Tod 4,11; II,518*
zurück zur Natur s. Kultur / Natur, zurück
zurück, wie mirs beliebt s. Tat vollbringen, weil gedacht
zusammen / alleine [Stauffacher:] Wir könnten viel, wenn wir zusammenstünden. [Tell:] Beim Schiffbruch hilft der einzelne sich leichter. [Stauffacher:] So kalt verlaßt Ihr die gemeine Sache? [Tell:] Ein jeder zählt nur sicher auf sich selbst. [Stauffacher:] Verbunden werden auch die Schwachen mächtig. [Tell:] Der Starke ist am mächtigsten *allein*. *D, Tell 1,3; II,932*
Zustand, physisch / ästhetisch / moralisch s. Natur, erleiden, sich entledigen, beherrschen
Zustand, physisch, moralisch, ästhetisch s. ästhetischer Zustand
Zuversicht, und Lust s. Herrscherseele

Zwang bewacht s. Spaniens Frauen
Zweck der Menschheit s. Staat, Mittel / Zweck
Zweck eines Staates, einziger s. Staat des Lykurgus
Zweck, böser / guter s. betrügen, guter Zweck
Zweck, erreicht / verfehlt s. Bogen, allzu straff gespannt
Zweck, Staat / Menschheit s. Staat / Menschheit
Zwecke, wachsen mit s. wachsen, mit größern Zwecken
zwei Ding überhaupt s. verboten / erlaubt
zwei Eimer Zwei Eimer sieht man ab und auf / In einem Brunnen steigen, / Und schwebt der eine voll herauf, / Muß sich der andre neigen. *G-GE, Zwei Eimer; I,445 (Parabeln und Rätsel)*
zwei Fundamentalgesetze s. Realität / Formalität
zwei gewisse Übel s. Streit der Pflichten
zwei Grundsätze s. Poesie, Vergnügen / Moral
zwei Herrn zugleich s. Lutherische, Fahne, Herz
zwei Lebenspfade s. Grenze, so schmal
zwei Menschen wie ich s. Leben, entsetzliches

zwei Stimmen, wählen [Max:] es erheben / Zwei Stimmen streitend sich in meiner Brust, / In mir ist Nacht, ich weiß das Rechte nicht zu wählen.
D, W.s Tod 3,21; II,489
zwei Sudler s. loben / verschreien, einander
zwei Tugenden s. Tugenden, Größe / Güte
zwei unverträgliche s. Gegenteile, unverträgliche
zwei Worte s. reich, durch zwei Worte
zwei, die da bellen s. Nicolai, Friedrich, bellt
zwei, wie der ist s. Tell, einzigartig
zweierlei Dinge s. Ding, Welt und Seele
Zweifel flieht s. Notwendigkeit ist da
Zweifel, unglückseliger s. Glaube, fehlender
zweifeln, anfangen mit [Philipp zu Alba und Domingo:] Noch hab ich meinen Willen auch – und wenn / Ich zweifeln soll, so laßt mich wenigstens / Bei Euch den Anfang machen.
D, Don Karlos 3,4; II,110
Zweifels finstere Wetter s. Weges Mitte, ach!
Zweifelsqualen s. Nacht muß es sein
zweite Kunst s. Kunst, zweite höhere
zweite Liebe s. Spanien, zweite Liebe
zweite Schöpferin s. Schönheit, zweite Schöpferin
zweiter Friedland s. Friedland, kein zweiter
zweiter Pfeil s. Pfeil, mit dem zweiten
zweiter Weg s. Darstellung, naiv / sentimentalisch
zweites Heer, finden s. Heer, bewachen
Zwiebel, Träne s. Übel, folgt auf Unrecht
Zwietracht Furien s. Könige, Fluchgeschick
Zwietracht, löschen s. Männer, Stärke / Frauen, Sitte
Zwillinge, J – C s. Stolberg-Stolberg, Reichsgrafen
Zwinger, tut sich auf s. Finger, Zwinger

Friedrich Schiller
oder Das Geheimnis der geflügelten Worte

Der Klassiker

Die gute alte Zeit, das war die Zeit, als die deutsche Bildungsbürgerfamilie noch ein Dienstmädchen hatte, die »Minna«. Sie kam meist vom Lande, war gründlich ungebildet, aber durchaus helle, und beim Auf- und Abtragen und beim Umgang mit den Kindern schnappte sie dies und das und jenes auf. Auch die »Herrschaft« tut etwas für ihre Bildung. Zu Weihnachten schenkt man ihr z. b. eine Theaterkarte, schickt sie in eine Aufführung von Schillers *Wilhelm Tell*. Am folgenden Tag, beim Frühstück, blickt man sie erwartungsvoll an. »Na, wie hat's Ihnen denn gefallen?« – »Oh«, sagt die Minna, »es war ganz wunderbar! Ich hab ja so viel geweint! Aber ...« Die Minna stockt, und man ermuntert sie, ihren Einwand vorzubringen. »Aber«, sagt sie ein bißchen trotzig, »originell ist der Autor eigentlich nicht – lauter Zitate!«

Auch darin unterscheidet sich unsere Zeit von der guten alten Zeit: Früher wußte man es, wenn man Schiller zitierte. Als z. B. Bismarck 1890 bei seinem Rücktritt nach seinem Sohn Herbert gefragt wurde (der gleichfalls zurücktrat), sagte er: »Mein Sohn ist mündig!« – und wußte natürlich, daß er Octavio Piccolomini zitierte. Wer heute sagt »Die Axt im Haus erspart den Zimmermann« oder »Früh übt sich, was ein Meister werden will« oder »Drum prüfe, wer sich ewig bindet« oder »Raum ist in der kleinsten Hütte« oder »Schnell fertig ist die Jugend mit dem Wort« oder »Welcher Glanz in meiner Hütte!« oder »Und neues Leben blüht aus den Ruinen«, der hält diese Brocken in der Regel für sprichwörtliche Redensarten, nicht für Schiller-Zitate. (Wobei sich manches Zitat beim Eintauchen in die Umgangssprache geändert hat: »Wie kommt mir solcher Glanz in meine Hütte?« heißt es in der *Braut von Messina*; und wer zitiert »Der Mohr hat seine Schuldigkeit getan, der Mohr kann gehen«, der zitiert fehlerhaft, denn im *Fiesko* hat der Mohr nicht seine »Schuldigkeit« getan, sondern seine »Arbeit«.) All das ist jedoch weniger eine Mißachtung Schillers als vielmehr sein eigentlicher Triumph: Seine Sprache ist – ebenso wie die Sprache, die Faust, Mephisto und Gretchen sprechen – in die deutsche Sprache eingegangen. Was wir uns zu fragen haben, das ist, wie, wieso und mit welchem Resultat das passiert ist. Was also ist das Geheimnis dieser geflügelten Worte?

Da ist zunächst einmal etwas Überraschendes festzustellen: Ganz anders als Goethes frühe Lyrik besteht die des jungen Schiller aus eher flatterhaften als geflügelten Worten. Er begann als ein flotter Reimer, dem die ellenlangen Gedichte nur allzu flüssig aus der Feder flossen. Er selbst hat von den 26 Strophen des Gedichts *Die Götter Griechenlandes* später 12 gestrichen, aber auch in den verbleibenden 14 Strophen steckt noch viel mythologische Rhetorik, viel Ratata, Ratata, Ratata. Das erste Gedicht, das im Oktober 1776 von dem knapp siebzehnjährigen Eleven gedruckt wurde, ist kaum mehr als eine religiös gefärbte Talentprobe. »Jetzt schwillt des Dichters Geist zu göttlichen Gesängen«, heißt es da, aber den hier angekündigten Höhenflug erreicht Schiller erst zehn Jahre später. Wie also hat er das erreicht?

Der Dramatiker

»William, Stern der höchsten Höhe« – das hätte Schiller mit noch mehr Berechtigung sagen können als Goethe. Denn Schiller ist der deutsche Shakespeare. Allerdings liegen fast genau zweihundert Jahre zwischen den beiden, was ein Grund dafür ist, daß die Engländer ihren *national bard* zwar ständig zitieren, die Zitate aber nicht derart in die Umgangssprache eingedrungen sind wie die Schillerschen. Der Vergleich ist jedenfalls interessant. Beide kamen sie aus der Provinz, und Schiller, wären ihm die sechs oder sieben Jahre vergönnt gewesen, die der Elisabethaner länger gelebt hat als er, wäre vermutlich auch in die

Metropole seines Landes gelangt, nach Berlin. Beide begannen sie relativ konventionell; Schillers frühe Dramen (von den *Räubern* bis zum *Fiesko*) sind vielleicht sogar interessanter oder origineller als Shakespeares Königsdramen. Beide waren sie geborene und gelernte Dramatiker, die ihre Stücke von der ersten bis zur letzten Zeile spannend machten, aber Schiller war, zugespitzt gesagt, mehr noch Dramatiker als Shakespeare, Dramatiker in einem umfänglicheren Sinn. Es ist verwunderlich, daß kein namhaftes Bühnenstück über Schillers Leben existiert – dramatisch genug, ständig vom Schiffbruch bedroht, war es in jedem Fall. Völlig fremd, auch in seinem Privatleben, war ihm der Monolog, sogar die Philosophie hat er dramatisiert. Und daß er das dramatische Gedicht, die Ballade, zu einer weltweit einzigartigen Höhe führte, spricht für sich selbst.

Allerdings gibt er uns auch hier Grund zum Zweifel. Es wimmelt bei Schiller von Antithesen. Welt und Gott, Freiheit und Tyrannei, Kunst und Leben, Stoff und Form, Sinnenglück und Seelenfrieden, Anmut und Würde, hoch und niedrig, naiv und sentimentalisch – ging ihm das nicht gar zu leicht von den Lippen? Das wilhelminische Deutschland hat sich daran emporgerankt, aber früh schon, zu Schillers Lebzeiten bereits in Jena und Berlin, wurde Goethe gegen ihn ausgespielt (für den Sinnenglück kein Gegensatz war zu Seelenfrieden, sondern dessen Voraussetzung), und es wurde gefragt, ob dieser Marmor nicht eigentlich lackierter Gips sei. Nietzsche, der große Gegenspieler des Wilhelminismus, hat diese Skepsis klassisch formuliert: »Man kennt das Schicksal Goethes im moralinsauren altjungfernhaften Deutschland. Er war den Deutschen immer anstößig, er hat ehrliche Bewunderer nur unter Jüdinnen gehabt. Schiller, der ›edle‹ Schiller, der ihnen mit großen Worten um die Ohren schlug – der war nach ihrem Herzen.« Und heute ist es gar so, daß man das Wort »Pathos« fast nur noch in Verbindung mit dem Attribut »hohl« benützt. Der Schritt vom Erhabenen zum Lächerlichen ist überaus klein geworden.

Nachwort

Vergessen wir aber nicht die größte Antithese von allen: die zwischen einem kleinen schwäbischen Eleven, der bis zu seinem 21. Lebensjahr in der Zwangsjacke einer Eliteschule steckte, und »der Welt«. Diese beiden Pole hat Schiller überbrückt: »Auf den Brettern, die die Welt bedeuten« – auch das ein Schiller-Zitat – hat er aus den Antithesen die Synthese geschaffen. Kurz gesagt: Er hat die Antithesen vor allem deshalb so zugespitzt, um die Synthese zu erzwingen.

Der Rebell

Sogar unter Literaturstudenten ist folgende Vorstellung sehr verbreitet: Das Drama *Die Räuber* ist der Paukenschlag, mit dem ein junger, idealistischer Rebell die deutsche Bühne betritt und das Credo der Freiheit verkündet. Er wird verfolgt, muß seine Heimat verlassen, kämpft weiter, am Hungertuch nagend, begrüßt mit Begeisterung und mit Rousseaus Ideen in der Brust die Französische Revolution, wird von der Französischen Republik mit Dekret vom 26. August 1792 zum Ehrenbürger ernannt, besinnt sich dann aber angesichts von Königsmord und Schreckensherrschaft in Paris eines Besseren und wird – halb gezogen, halb hinsinkend – Weimarer Hofrat, Jenaer Geschichtsprofessor und, nach Heirat mit einer Adeligen, deutscher Nationaldichter, ein Klassiker.

Die Realität sieht anders aus. Das Pariser Dekret ist adressiert an einen *sieur Gille, publiciste allemand* (den man also nur vom Hörensagen kannte), und es gelangt erst sechs Jahre später in seine Hände. Aber schon bei Ausbruch der Revolution ist Schiller längst kein Rebell mehr, sondern hat ganz ohne Druck von außen, durch eigenes Denken, die klassische Synthese von Freiheitsdrang und Herrschaftszwang erreicht. Das Gedicht *Die Künstler,* das die Befreiung des Menschen durch die Kunst, nicht durch die Politik verkündet, also Schillers Ästhetik präludiert, wurde drei Monate vor dem Sturm auf die Bastille in Druck gegeben.

Nachwort

Was wir »Weimarer Klassik« nennen, ist im Kern überhaupt nur das Ergebnis der Reifung zweier großer »Stürmer und Dränger«, Goethe und Schiller, und daß diese beiden nicht nur in sich selbst eine Synthese aus Herkunft und Zukunft schufen, sondern dann auch noch zueinander fanden, so weit, daß sie absichtlich nicht mehr erkennen lassen wollten, wer von beiden ihre »Gastgeschenke« (Xenien) an die deutsche Nation verfaßt hatte, das ist ein echtes Weltwunder.
Was wir schließlich »Deutschen Idealismus« nennen, das ist die Vorstellung, daß der Mensch durch Ideen, durch Gedanken gefestigt und gesteigert werden kann und muß. Und diese Vorstellung ist heute so aktuell, so wichtig wie damals – und vielleicht nötiger noch. In seinem *Prolog im Himmel* hat Goethe dieses Credo Gott dem Herrn in den Mund gelegt: »Und was in schwankender Erscheinung schwebt, / Befestiget mit dauernden Gedanken.« Bei Schiller lautet das so:

> Nehmt die Gottheit auf in euren Willen,
> Und sie steigt von ihrem Weltenthron.
> Des Gesetzes strenge Fessel bindet
> Nur den Sklavensinn, der es verschmäht,
> Mit des Menschen Widerstand verschwindet
> Auch des Gottes Majestät.

Ludwig Feuerbach und Karl Marx mußten nicht sehr viel weiterdenken, um das Konzept der Entfremdung oder Selbstentfremdung zu formulieren: Was der Mensch in die Gottheit hinaufprojiziert hat, das muß er nur herunterholen, in sich selbst »aufnehmen«, um Humanität zu gewinnen. Während die Majestät Gottes verschwindet, beginnt die Thronbesteigung des Menschen.
Schiller war es freilich sehr klar, daß diese Thronbesteigung (politisch gesprochen: die Volkssouveränität) riskant war. Unermüdlich hat er fortan vor der Freiheit als Gefahr gewarnt. Schon der Räuber Karl Moor ist ein Opfer mißverstandener Freiheit. *Der Taucher, Der Kampf mit*

dem Drachen, Der Ring des Polykrates, Das verschleierte Bild zu Sais – das sind lauter Warnungen.

»Der Mensch ist frei geschaffen, ist frei, / Und würd er in Ketten geboren«, ja, das klingt nach Freiheitspathos. Aber es folgen die Zeilen:

> Laßt euch nicht irren des Pöbels Geschrei,
> Nicht den Mißbrauch rasender Toren.
> Vor dem Sklaven, wenn er die Kette bricht,
> Vor dem freien Menschen erzittert nicht!

Der Aristokrat

Vor dem seine Ketten brechenden Sklaven sollen wir also zittern – aber ist dieser Kettenbrecher nicht das Freiheitssymbol schlechthin? In der Tat, was Goethe nahezu amüsiert vermerkte, daß nämlich Schiller in viel höherem Maße ein Aristokrat war als er selbst, das sollte eigentlich unüberhörbar sein, wenn da von »des Pöbels Geschrei« und dem »Mißbrauch rasender Toren« die Rede ist.

Was kennzeichnet den Aristokraten, der kein Reaktionär ist, keine Privilegien verteidigt? Aversion gegen den Pöbel und Skepsis gegen Neuerungen. Auch davon spricht Schiller viel lauter, als manche meinen. Gewiß, Marquis Posa ist ein Freiheitsheld, aber zu König Philipp sagt er: »Die lächerliche Wut / Der Neuerung, die nur der Ketten Last, / Die sie nicht ganz zerbrechen kann, vergrößert, / Wird *mein* Blut nie erhitzen.« Marquis Posa ist, wie Schiller, ein Realist mit Idealen. Der Realist Schiller sagt in einem Epigramm mit dem Titel *Würde des Menschen:* »Zu essen gebt ihm, zu wohnen, / Habt ihr die Blöße bedeckt, gibt sich die Würde von selbst.« Und Wallensteins Kürassier läßt er sagen: »Etwas muß er sein eigen nennen, / Oder der Mensch wird morden und brennen.«

Ein Vers in dem Gedicht *An die Freunde,* das man durchaus als ein Schiller-Credo lesen kann, lautet: »Neues – hat die Sonne nie gesehn.«

Ein Erzkonservativer auf der Suche nach einem reputierlichen Wahlspruch könnte sich diese Worte zu eigen machen. Im selben Gedicht steht allerdings auch: »Ewig jung ist nur die Phantasie«, und dieser Vers erinnert dann doch wiederum an einen Slogan der Pariser Revoluzzer vom Mai 1968: *La phantaisie au pouvoir!*

Der Staatsdichter

Überraschend vielen deutschen Zeitgenossen ist nicht bewußt, daß die »Europahymne« (»Freude, schöner Götterfunken«) Beethovens Vertonung einer Schiller-Ode ist. Dazu, zum Thema Europa, eine zweite Schiller-Anekdote.

Im Herbst 1940 reist ein französischer Diplomat aus dem von der deutschen Wehrmacht überrollten Frankreich von Vichy nach Berlin. An der Grenze sieht der Paßkontrolleur, daß der Mann in einem Buch von Schiller liest. »Ah, unser großer Nationaldichter!« sagt der Kontrolleur. »Oh«, erwidert der Franzose, »isch habe eher den Eindruck, daß Friedrisch Schillär ein großer europäischer Dischter war.« – »Wieso?« fragt der Deutsche verblüfft und mißtrauisch. »Eh bien, sehen Sie, für uns Franzosen hat er geschrieben seine *Jungfrau von Orleans*, für die Italiener den *Fiesko* und die *Braut von Messina*, für die Schweizer den *Wilhelm Tell*, für die Spanier und zugleich für die Niederländer den *Don Karlos,* für die Österreicher – die damals noch nischt waren heimgekehrt in das Reisch – und auch für die Schweden den *Wallenstein*, für die Engländer – heute unsere Feinde, eigentlisch aber doch auch Europäer – die *Maria Stuart*, und sogar den Russen hat er hinterlassen ein Stück, seinen *Demetrius*.« – »Und für uns Deutsche hat er etwa kein Stück geschrieben?« – »Doch – die *Räuber!*«
Die Welthaltigkeit von Schillers Werken, sein Universalismus, läßt sich kaum plastischer darstellen. Wie Shakespeares Werke, so kreisen auch Schillers Dramen um den Staat, um Herrscherfiguren und ihre Tragik. In diesem Punkt hat Schiller sein großes Vorbild sogar über-

Nachwort

troffen: Philipp II. von Spanien, seinen Großinquisitor und den Herzog Alba hat er in seinen historischen Schriften als bornierte Übeltäter geschildert. Die Sprache aber, die er ihnen im *Don Karlos* in den Mund legt, ist großartig. Das ist kein Kampf von Gut gegen Böse, das ist vollendete Tragik. Das gleiche gilt für Königin Elisabeth oder für Octavio Piccolomini; ja sogar Landvogt Geßler wird mit großer Sprache ausgestattet. Die Dramenschlüsse führen die Fallhöhe dieser Figuren mit kaum zu übertreffender Eindringlichkeit vor Augen: »Dem Mann kann geholfen werden.« Oder: »Kardinal! Ich habe das Meinige getan. Tun Sie das Ihre.« Oder: »Dem *Fürsten* Piccolomini!« Oder: »Der Lord läßt sich entschuldigen, er ist zu Schiff nach Frankreich.«

Der Epigrammatiker

Klassisch ist bei Schiller also zum einen die große Synthese, zum anderen die pointierte Sprache. Beides kommt in den Epigrammen zum Ausdruck. Ein Beispiel zur Synthese zwischen Ich und Gesellschaft: »Willst du dich selber erkennen, so sieh, wie die andern es treiben, / Willst du die andern verstehn, blick in dein eigenes Herz.« Womöglich deutlicher noch wird Schillers Klassizität in den Wortwechseln seiner Dramenfiguren, mit denen er an die »Stichomythie« der griechischen Klassiker anknüpft, etwa an Rede und Gegenrede von Kreon und Antigone bei Sophokles. Ein Beispiel (von vielen möglichen) aus *Wilhelm Tell*:

Stauffacher: Wir könnten viel, wenn wir zusammenstünden.
Tell: Beim Schiffbruch hilft der einzelne sich leichter.
Stauffacher: So kalt verlaßt Ihr die gemeine Sache?
Tell: Ein jeder zählt nur sicher auf sich selbst.
Stauffacher: Verbunden werden auch die Schwachen mächtig.
Tell: Der Starke ist am mächtigsten *allein*.

So, in der Tat, entstehen geflügelte Worte.

Der Humorist

Von Schiller als einem Humoristen zu sprechen, mag überraschen. Wir sind es gewohnt, ihn als einen tiefernsten oder gar übermäßig ernsten Dichter und Denker zu sehen. Man kann wohl auch sagen, daß die Weimarer Klassiker sich nicht aufgerufen fühlten, die Welt humoristisch zu beglücken, und es ist natürlich ein Zufall, aber ein recht charakteristischer Zufall, daß Wilhelm Busch drei Wochen nach Goethes Tod geboren wurde. Das sagt aber gar nichts über die Humorfähigkeit der Klassiker. Bei Goethe ist es Mephistos grimmiger Humor, der das beweist, bei Schiller beweist ein Gedicht, wie humorvoll er sein konnte, wenn er wollte. Bei seinem Freund Körner hat er Unterschlupf gefunden und arbeitet an seinem *Don Karlos*. Da schreibt er »ohnweit dem Keller« als »Haus- und Wirtschaftsdichter« ein *Untertänigstes Pro-Memoria* bzw. folgende *Bittschrift, »eingereicht von einem niedergeschlagenen Trauerspieldichter«:*

> Dumm ist mein Kopf und schwer wie Blei,
> Die Tobaksdose ledig,
> Mein Magen leer – der Himmel sei
> Dem Trauerspiele gnädig.
>
> Ich kratze mit dem Federkiel
> Auf den gewalkten Lumpen;
> Wer kann Empfindung und Gefühl
> Aus hohlem Herzen pumpen?
>
> *Feur* soll ich gießen aufs Papier
> Mit *angefrornem* Finger? – –
> O Phöbus, hassest du Geschmier,
> So wärm auch deine Sänger.
>
> Die Wäsche klatscht vor meiner Tür,
> Es scharrt die Küchenzofe –

Und mich – mich ruft das Flügeltier
Nach König Philipps Hofe.

Ich steige mutig auf das Roß;
In wenigen Sekunden
Seh ich Madrid – am Königsschloß
Hab ich es angebunden.

Ich eile durch die Galerie
Und – siehe da! – belausche
Die junge Fürstin Eboli
In süßem Liebesrausche.

Jetzt sinkt sie an des Prinzen Brust,
Mit wonnevollem Schauer,
In *ihren* Augen Götterlust,
Doch in den *seinen* Trauer.

Schon ruft das schöne Weib Triumph,
Schon hör ich – Tod und Hölle!
Was hör ich? – einen nassen Strumpf
Geworfen in die Welle.

Und weg ist Traum und Feerei,
Prinzessin, Gott befohlen!
Der Teufel soll die Dichterei
Beim Hemderwaschen holen.

Der Zeitgenosse

Schiller heute, das ist unser Thema. Da heißt es einigen Staub wegwischen. Schiller ist nicht weit weg, in idealischer Ferne, er ist mitten unter uns, und wir können seinen Rat, seine Hilfe, sein Denken brauchen und nutzen. Die Situation um das Jahr 1800 war keine so ganz andere als die um das Jahr 2000. Der gemeinsame Nenner ist die Ratlosigkeit. Man wußte vor zweihundert Jahren nicht, wie man – zwischen den »rasenden Toren« und »des Pöbels Geschrei« auf der einen Seite und einer verlogenen Bigotterie auf der anderen Seite – der Humanität zu Wort und Stimme verhelfen sollte. Und das weiß man auch heute nicht.

Schiller hat diese Situation in seinen Briefen *Zur ästhetischen Erziehung des Menschen* beschrieben: »Hier Verwilderung, dort Erschlaffung: [...] In den niedern und zahlreichern Klassen stellen sich uns rohe gesetzlose Triebe dar [...] Die losgebundene Gesellschaft, anstatt aufwärts in das organische Leben zu eilen, fällt in das Elementarreich zurück. Auf der andern Seite geben uns die zivilisierten Klassen den noch widrigern Anblick der Schlaffheit und einer Depravation des Charakters, die desto mehr empört, weil die Kultur selbst ihre Quelle ist.«

Schillers Lösung dieser Diskrepanz, die heute so real existiert wie damals, klingt auf den ersten Blick harmlos. Früh schon hat er viel Hymnisches über »Schönheit« geschrieben, aber er ist der Sache auf den Grund gegangen und hat zwischen *homo religiosus* und *homo natura* den *homo ludens* entdeckt, den Spieltrieb und dessen Wert. Er hat das Bindeglied zwischen den Negativwelten gefunden, den Punkt, wo der Hebel angesetzt werden kann und der die Hälfte, und zwar die bessere Hälfte der heutigen Pädagogik und Ästhetik ausmacht. Das ist nicht Theorie, das ist Praxis. Wer z. B. ständig ins Fitness-Studio läuft, dem hat Schiller folgendes zu sagen: »Durch gymnastische Übungen bilden sich zwar athletische Körper aus, aber nur durch das freie und gleichförmige Spiel der Glieder die Schönheit.«

Schillers Universalformel lautet: »der Mensch soll mit der Schönheit nur *spielen,* und er soll *nur mit der Schönheit* spielen. Denn [...] der Mensch spielt nur, wo er in voller Bedeutung des Wortes Mensch ist,

Nachwort

und *er ist nur da ganz Mensch, wo er spielt.* Dieser Satz [...] wird [...] das ganze Gebäude der ästhetischen Kunst und der noch schwierigern Lebenskunst tragen.«

Schiller hat dabei von einem »dritten Reich« gesprochen, einem ganz anderen freilich als dem Adolf Hitlers: »Mitten in dem furchtbaren Reich der Kräfte und mitten in dem heiligen Reich der Gesetze baut der ästhetische Bildungstrieb unvermerkt an einem dritten, fröhlichen Reiche des Spiels und des Scheins«.

Schiller hat da nur formuliert, was er sein Leben lang unermüdlich praktizierte und was seine Wirkung tat. Fast zwei Jahrhunderte lang wurde *Das Lied von der Glocke* oft belächelt, öfter aber auswendig gelernt. Warum? Weil es ein Daseinslied ist, episch, lyrisch und dramatisch zugleich; weil es dem Menschen, der das *by heart* kennt, ein Lebensgerüst liefert. »Fest gemauert in der Erden«, das ist der Anfang, der Boden unten, und hoch oben in der Luft, dem sozusagen oben liegenden Schwerpunkt des Menschen, endet das Lied:

> Ziehet, ziehet, hebt!
> Sie bewegt sich, schwebt,
> Freude dieser Stadt bedeute,
> *Friede* sei ihr erst Geläute.«

Wer hier die Nüchternheit vermißt, irrt. *Die Ideale* hat Schiller das Gedicht betitelt, in dem er diese keineswegs verherrlicht, sondern Abschied nimmt von ihnen, und zwar zugunsten von Realität und Alltag. »Wer folgt mir bis zum finstern Haus?« fragt er und gibt sich die zugleich ernüchternde und erhebende Antwort:

> Du, die du alle Wunden heilest,
> Der Freundschaft leise, zarte Hand,
> Des Lebens Bürden liebend teilest,
> Du, die ich frühe sucht' und fand,

Und du, die gern sich mit ihr gattet,
Wie sie der Seele Sturm beschwört,
Beschäftigung, die nie ermattet,
Die langsam schafft, doch nie zerstört,
Die zu dem Bau der Ewigkeiten
Zwar Sandkorn nur für Sandkorn reicht,
Doch von der großen Schuld der Zeiten
Minuten, Tage, Jahre streicht.